校企（行业）合作
系列教材

酒店服务与管理教学案例集萃

主　编：黄秀琳　林春容

副主编：李荔娜　刘金阳　陈文强

厦门大学出版社
XIAMEN UNIVERSITY PRESS
国家一级出版社
全国百佳图书出版单位

图书在版编目(CIP)数据

酒店服务与管理教学案例集萃/黄秀琳，林春容主编.—厦门：厦门大学出版社，2020.7

ISBN 978-7-5615-6020-4

Ⅰ.①酒…　Ⅱ.①黄…②林…　Ⅲ.①饭店—商业服务—案例②饭店—商业管理—案例　Ⅳ.①F719.2

中国版本图书馆 CIP 数据核字(2020)第 068982 号

出 版 人　郑文礼
责任编辑　许红兵

出版发行　厦门大学出版社
社　　址　厦门市软件园二期望海路 39 号
邮政编码　361008
总　　机　0592-2181111　0592-2181406(传真)
营销中心　0592-2184458　0592-2181365
网　　址　http://www.xmupress.com
邮　　箱　xmup@xmupress.com
印　　刷　厦门兴立通印刷设计有限公司

开本　787 mm×1 092 mm　1/16
印张　19
插页　1
字数　348 千字
版次　2020 年 7 月第 1 版
印次　2020 年 7 月第 1 次印刷
定价　55.00 元

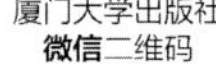

前言

近几年来，应用型高校校企双方通过“订单式”“师徒制”“工学结合”“3＋1”等校企合作的人才培养模式，已形成鲜明的办学特色，取得了较显著的教学成效。我校作为应用型示范性学校，在与诸多合作企业多年共同培养人才的过程中，共同商定人才培养方案，共同实施教学过程，共同参与教学评价，共同编制课程教材，校、企、生三方都获益良多。酒店员工在实际服务与现场管理接触中积累了较为丰富的鲜活案例，这些案例素材真实，情景多样，是理论知识教学转化为具体场景应用的有益补充。鉴于此，我们与各实习酒店合作，编写了这本《酒店服务与管理教学案例集萃》教材。

本书分为餐饮服务与管理、前厅服务与管理、客房服务与管理、酒店人力资源管理、酒店营销与商务发展、酒店财务管理、酒店设备与工程管理共7个篇章，近300个经典案例。每个案例按照情景描述、案例分析和服务优化3部分进行编写，案例素材绝大部分由各个合作酒店提供，同时也汲取了部分其他酒店服务与管理教材中精彩和经典的案例（该部分内容在书中已加注说明）。

本书可作为酒店管理专业或旅游管理专业酒店管理概论、餐饮服务与管理、前厅与客房管理、酒店人力资源管理、酒店客户管理、酒店运营管理、酒店工程管理等课程的辅助教材，也可以作为酒店员工的内训教材，还可以成为酒店管理人员和服务人员自学提高服务与管理能力的参考用书。

本书具有以下特点：

(1)遵循规范，适度灵活。教材遵循行业操作规范，经得起业界实践检验，同时又考虑行业的特殊性，在规范操作的同时适度共情与灵活处理。

(2)内容全面,分析到位。教材内容涵盖酒店全方位的服务与管理,内容与时俱进,案例分析能紧密结合理论与实践,入情入理,注重实用性和可操作性。

(3)情景多元,活学活用。酒店服务与管理场景多元多变,对于不同客人不同情景可能处理方法方式各异,便于读者灵活采用,易于学习和掌握。

本书在编写过程中得到晋江爱乐国际酒店、莆田三迪希尔顿逸林酒店、福州三迪希尔顿酒店、义乌皇冠假日酒店、莆田悦华酒店、深圳大中华喜来登国际酒店等合作单位的鼎力支持,感谢各酒店高层管理领导林雄副总经理、王伟兵副总经理、王瑞攀人力总监、林春容人力总监、黄美娜人力总监、屈楠人力经理、黄莉莉人力经理提供素材并对编写工作提出宝贵建议,也感谢摘录引用案例的作者。

由于案例纷繁复杂,在编写过程中难免存在一些不当或者疏漏之处,敬请读者批评指正。

编者

2020 年 3 月

目 录

第七篇章　酒店设备与工程管理 / 286

第一篇章　餐饮服务与管理

案例 1　迟迟不来的特色菜

【情景描述】

一天晚上中餐大厅来了一桌客人，要了菜单点菜。客人自己点了几个菜后，问服务员小陈："你们有啥特色菜呢？"小陈说："先生您好，这个季节，我们餐厅有一道特色砂锅千岛湖淳鱼，非常好吃，很受大家欢迎！您尝试一下？"客人说："好，那就再加这道菜。可以了，请快点上菜，我们逛了一天，现在又饿又累，想早点吃完去休息。"小陈即去下单。客人点的菜陆续到来，但其他菜都吃完了，特色菜千岛湖淳鱼等了 50 分钟还没有上来。客人叫来小陈，生气地抱怨："你们餐厅怎么搞的，菜上得这么慢？是不是忘记做了？"小陈赶紧说："先生对不起，您别生气，我去给您催一下。"客人不耐烦地说："不用了。你把你们经理叫过来，我要投诉！"餐厅王经理匆匆过来，听了客人的抱怨之后，立即说："很抱歉让各位久等了，我马上处理您所提的问题，请放心！"随后王经理迅速同厨房联系了解情况，并安排厨房优先制作客人点的特色菜肴。客人稍候了不到 1 分钟，王经理即回来，向各位客人说道："各位尊敬的客人，我已经让厨房将贵桌特色菜优先送来。这道特色菜是现抓鱼现备料制作，才能保证新鲜美味，所以烹饪时间较久，没能在点单时及时提醒各位，且厨房按点菜单顺序制作菜肴，时间上就更长了，这是我方人员考虑不周。特色菜已经快烹饪完毕，5 分钟左右就到。望各位客人谅解！为表歉意，我们赠送各位一份精美果盘，感谢各位为我们提出宝贵的改进意见！"客人听了王经理的耐心解释和处理措施，表示满意。

【案例分析】

当餐厅出现上菜太慢而引起客人投诉时，服务员应该马上向客人表示歉意，随即通知厨房以最快速度将菜做好。如果客人情绪比较激动，应该立即报告经理，与客人沟通，同时赶紧同厨房联系为客人做好菜肴。经理可以根据实际情况向客人提供一些免费水果给予安慰。

【服务优化】

1.点菜时提前告知。有一些菜肴本身的制作时间较长,服务人员在客人点餐时就应告知客人做菜的大概时间,让客人有心理准备。

2.按客人需求推荐合适菜肴。如果客人赶时间,应推荐一些快速菜肴,以免引起客人不必要的投诉。

3.厨房的专业配合。如客人点了较费时间制作的菜肴,厨房也应调配好做菜的先后顺序,保证各道菜在理想的时间段有序出品。

案例2 刘先生,您好!

【情景描述】

客人刘先生入住酒店后,中午来到酒店餐厅用餐。接待他的是一名刚上岗不久的实习生小张。按照酒店高标准的服务要求,工作人员应加上姓氏向客人问候。小张一边礼貌地招呼"先生您好,欢迎光临!",一边心中暗暗地着急,因为他对这位客人的名字一点印象也没有。小张沉住气仔细观察,在引领刘先生入座时,看到了刘先生随手放在桌边的房间钥匙牌,上面标有房间号码,于是马上想出了办法。当小张去帮刘先生取咖啡时,便利用这个空隙到收银台查询了客人姓名。等回到桌前为刘先生服务时,就亲切地称呼客人:"刘先生您好,这是您的咖啡,请慢用!"刘先生十分惊讶,他是第一次住进这家酒店,没想到餐厅服务员就能记住他的姓氏,说明餐厅工作人员十分细心认真地对待每一位客人。刘先生非常高兴,有一种来到熟悉的餐厅的感觉,倍感亲切和温馨。

【案例分析】

这名实习生小张想方设法叫出客人的姓氏,给客人带来惊喜与亲切,是具有强烈服务意识的体现。现代酒店的营销专家十分推崇"姓氏辨认",认为酒店员工如果在第二次或者第三次见到客人时,能在先生或小姐之前冠以姓氏,将会使客人感到异常亲切,这是一种人情味极浓的服务。

【服务优化】

酒店对客服务中,特别是对于常客及VIP客人能做到以姓氏称呼,体现了酒店高层次、个性化的服务品质。酒店宾客众多,光靠员工记忆毕竟有限。酒店要完善宾客信息数据系统,充分发挥宾客档案功能,使个性化服务成为制度化、常态化的工作。以下是一些获取客人姓名的参考技巧：

1.预订用车信息。如果客人在订了酒店客房的同时还预定了酒店的接机/接船服务，客人抵达酒店的那一刻，前台和礼宾的员工不知道如何称呼客人，是应该各打五十大板了。

2.客人行李上的航空会员卡。客人行李上可能有自己的行李牌、航空公司会员卡或者是飞机托运的行李标签，上面有乘客信息。行李员在后备厢下行李的时候，就已经可以获取客人名字并以此称呼了，然后引导客人到前台协助办理入住。

3.客人的证件、会员卡、信用卡或预订单。这些证件或资料上面都有客人名字。有时候发现自己不会念的复杂名字该咋办？直接问客人去，客人都会热心教咱的。

4.查看酒店管理系统。当从客人房间卡、钥匙卡或客人口述中已知客人房号时，即可从酒店管理系统获知客人姓名。万不可和客人沟通了半天，过后客人叫啥名字还不知道。

5.从客人同伴处获得客人名字。留意客人与同伴的对话，一般能很快知道客人如何称呼。

6.从同事处获取客人名字。当见到一些客人在眼前停留或经过多次而自己不知道时，也可以问问身旁的同事，看看同事是否知道客人的名字或房号，并记住他们的名字。一旦有需要和这些客人沟通的时候，便立即能叫出他们的姓氏。

案例3　Thomas先生的惊喜

【情景描述】

一天早上酒店的白金卡会员Thomas先生来自助餐厅用早餐，迎宾员Jane微笑问候，并迎领Thomas先生到他喜欢的面窗位置，帮他拉开椅子才离开。当Thomas先生挑选完三明治和煎蛋放到餐桌，刚想再去拿自己爱喝的热巧克力时，发现Jane已经拿了一杯热巧克力过来。Thomas先生很惊讶，说：“你怎么知道我喜欢喝这个呢？”Jane笑着说：“Thomas先生，昨天您过来时，连喝了两杯热巧克力。所以我大胆猜测这是您喜欢的热饮。”Thomas连连夸赞：“谢谢Jane！你们餐厅的服务真是好，我一定会介绍给我的朋友的，让他们也来光顾你们的酒店。”

【案例分析】

迎宾员Jane在工作中细心观察顾客喜好，并默记在心。在之后的服务中及时按顾客习惯提供了个性化的服务,因此得到了 Thomas 先生的肯定和表扬。

【服务优化】

1.有意识地主动记录。针对酒店的 VIP 会员,服务人员在客人住店过程中发现的客人喜好,都应记录下来并分享给运营部门。如餐厅每天早班的迎宾员可在上班时第一时间查看当天早上的 VIP 以及喜好,第一时间为客人提供优质的服务,并在工作中,细心观察记录 VIP 顾客的习惯和喜好,帮助自己和同事做到更加到位的个性化服务。

2.酒店管理系统的记录分享功能。酒店管理系统应针对会员客人设置一个能记录关于客人住房、用餐喜好的备注模块,该模块信息可在各营运部门共享。这样每当会员再次入住酒店时,餐饮部门就能显示和打印出当天在店的 VIP 客人的喜好,并能分享到餐厅沟通信息群,让所有餐厅员工都知道,从而及时为客人提供优质服务。

案例 4 用心的小杨

【情景描述】

金华市 A 公司在皇冠宴会厅举行客户答谢会,当晚公司董事长叶董在舞台上致辞、敬酒,脸上洋溢着开心的笑容,前前后后忙得不亦乐乎。晚宴在欢乐的气氛中开始了。餐厅经理安排小杨负责主桌的服务。叶董为了照顾好客人,一直没有时间坐下来好好吃饭,只是拿着酒杯给主桌的客人一个一个地敬酒,一瓶红酒不知不觉就喝完了。叶董的脸上微微泛起了红色,被服务员小杨看在眼里。当叶董坐下时,小杨马上端了一杯蜂蜜水放在了叶董的面前,轻声说:“叶董,这是蜂蜜水,您喝点可以解酒。养胃的,请慢用。”叶董听见后抬头望了望小杨,看了一下小杨胸前的名牌,说:“小杨,谢谢了,你真有心。”叶董吃了几口菜后放下筷子,拿起杯子准备开始每桌敬酒,小杨连忙拿起酒瓶跟在叶董的后面为其倒酒。敬到第九桌的时候,叶董身体已经有点开始晃了。小杨看到后面还有六七桌没敬酒,叶董已经有点醉意了,怎么办?小杨在心里想着,于是,他把酒瓶拿到一旁悄悄地往瓶里灌了王老吉,接着给叶董倒酒,叶董喝了一口,先是一怔,然后眉头一松。叶董忍不住又望了小杨一下,用赞许的眼光向小杨点了点头。酒敬完了,叶董在回到主桌的路上,拍了拍小杨的肩膀说:“今天多亏了你,不然我今天真要趴下了。”小杨很谦虚地说了一声:“这是我们应该做的。”

【案例分析】

小杨的服务意识强，做服务时能够全心全意地为客人服务，想客人之所想，急客人之所急。同时小杨注意观察，能够及时发现客人的需要，提供个性化的服务，让客人感到备受重视。细节决定成败，服务人员能够用心、用情为每位客人提供个性化的服务，提高服务质量，让客人感受到"刚想睡觉，就送来一个枕头"，就一定能争取到更多的回头客。

【服务优化】

酒店服务讲究"想客人之所想，急客人之所急"。服务人员要注意观察，揣摩客人的心理，在客人尚未说出要求时，即以最快的速度提供服务。酒店应在日常工作中通过鼓励培养、搜集整理、系统规范和培训奖励等，使之成为员工的自觉行动，从整体上促进服务质量的提高。可采取的管理措施如下：

1.鼓励培养：对于工作中有优秀表现和受到客人表扬的服务员，部门可将其列为骨干进行培养，使其服务意识和服务质量更上一层楼，同时也达到激励员工的作用。

2.培训奖励：部门可将从一线服务中发现的典型事例汇总整理成资料，作为培训教材，让新员工一开始就了解工作的要求及学习目标，使老员工通过对比找差距补不足，以此提高员工的认识。对于工作中表现突出的员工，部门应以各种形式进行表彰奖励，营造员工之间争先进、比贡献的良好氛围。

案例5　被感动的新郎母亲

【情景描述】

一场婚礼喜宴将在浙江义乌皇冠假日酒店举行。傍晚，新郎的父母来到三楼皇冠宴会厅检查当晚婚礼的准备工作。一切就绪后，新郎的母亲很满意地穿上礼服外套准备到酒店大堂接待客人。在一旁准备签到桌的前台员工小陈，看到新郎母亲突然一脸愁容，还不时地拉拉身上的外套。小陈就走到新郎母亲身边轻声询问："您好！请问我有什么可以帮您的吗？"新郎母亲听到后，好像找到救星似的，很着急地说："我的这件外套在来酒店的路上不小心把纽扣弄掉了，现在衣服敞开着接待客人很不礼貌，而且客人马上就要到了，真急人。"小陈听到后连忙安慰："您不要着急，我来帮您想办法吧。"小陈马上把这件事告诉了当班的领班小李。小李找来了红线和针，又从新郎母亲衣服上取下了备用纽扣，动作娴熟地把纽扣缝好了，整个过程不到10分钟。新郎母亲穿上外套并扣好后，左看看右看看，很满意地伸出大拇指，连连夸赞小李手艺真好，然后高兴地到酒店大堂迎接客人去了。

【案例分析】

1.员工小陈的洞察力、观察力非常强，能够在不经意间发现客人的潜在需求，并主动提出帮忙，让客人倍感亲切。

2.领班小李能够利用眼前的资源，及时有效地为客人提供优质服务，让客人感到备受关注，办事效率高，想客人之所想，急客人之所急。

【服务优化】

能够不花一分一毫，不费吹灰之力就恰到好处地帮到客人，让客人惊喜与感动，这也是优质服务的体现。只要人人都争做宾客身边的有心人，何愁服务做不好，无法感动客人呢？何愁酒店没有客人上门呢？

案例6　寒冬里的温情

【情景描述】

地处山区的世界自然遗产地迎来了一年当中最冷的时节，景区内外银装素裹，别有一番秀丽景象。大清晨，度假区内A酒店自助早餐厅里，暖气开得很足，精美的各色菜肴陈列有序，早起的游客已经在惬意地享用早餐了。一位40多岁的中年女士用完早餐后站起来要离开时，突然手捂胸口表情异常难受，紧接着缓缓地倒在了地板上。同行的客人吓得大声呼喊起来。餐厅主管小杨听到呼喊声马上赶了过来，因为不知道这位女士是什么情况，所以也不敢轻易移动。杨主管第一时间用自己的手机拨打了120急救电话，同时询问旁边的客人发生了什么事情，得知是B旅行社东方明珠系列团的客人后，又第一时间通知了酒店销售部联系组团社和地接社的领队导游。8分钟后，医院的急救车开到了酒店门口，医护人员经过简单检查后将客人抬上救护车送往医院救治。杨主管看到救护车开走后，马上将该情况反馈给酒店驻店经理。在了解事情经过后，驻店经理指示销售部朱经理代表酒店购买慰问品前去医院探望。

医院里，经过医护人员的急救，晕倒的女士病情已经好转。原来是客人本身有心脏病，今天早上突然发作，导致血压升高，脑部供血不足，幸亏现场处理及时，现在已移到普通病房进行康复治疗。朱经理代表酒店向客人转达了公司管理层的问候，并表示愿意向客人从上海赶过来的家属提供食宿便利，客人表示感谢。第三日，得知客人已经基本恢复,可以出院返程回家,酒店驻店经理和地接社总经理一起亲自到医院看望客人。客人及其家属对酒店如此关心和照顾表示感谢,在离开医院时,紧紧握住驻店经理的手说"在这个陌生城市的寒冬里,感受到了真正的温暖"。

【案例分析】

1.遇到突发情况,一定要沉着冷静,及时做出反应,有效进行处理。该事件中酒店工作人员反应比较及时,并且没有盲目采取错误的方式轻率地移动客人,而是第一时间拨打了120。

2.酒店作为服务行业,要注重宾客的体验感受,做好事件处理的后续跟进回访工作。该案例中,客人虽然是因自己身体原因导致突然晕倒,但是酒店管理层并没有推卸逃避,而是积极协助并提供便利帮助,体现了宾客至上的服务理念。

【服务优化】

1.应急处理培训。酒店应该全员培训一些必要的应急救护和安全事故处理的知识,不仅能保护客人,也能保护酒店自身。

2.应急预案。酒店应准备好应急预案,并要求所有员工熟知。当发生突发紧急事件时,所有员工就能按照应急预案有条不紊地快速、正确处理,避免更大的损失或影响发生。

3.事后处理。发生突发事件并进行妥善处理之后,酒店还应注意客人的心理需求,及时跟进,进行安抚和关心,让客人真正感受到像在"家"一样的温暖。

案例7　"你们刚才点的就是这道菜"

【情景描述】

一天,赵先生在酒店的中餐厅请客户吃饭。点菜时,有一位客户点了一道"白灼基围虾",但记菜名的服务员没认真听,误写为"美极基围虾"。当菜端上来以后,赵先生感到很奇怪,立即把服务员叫来,清楚地表示:"小姐,我们要的是'白灼基围虾',这道菜你上错了,请你赶快给我们换一下。"服务员一听不乐意了,辩解说:"刚才这位先生点的就是'美极基围虾',肯定没错。不信把菜单拿来核对一下。"她的话令刚才点这道菜的客人很不高兴,赵先生的脸也沉下来了:"请小姐把点菜单拿来给我们看一下吧。要是你错了,得赶快给我们换。"服务员过去拿来点菜单,上面果然写着"美极基围虾"。这一下,大家都感到奇怪了,刚才这位客人明明说得很清楚,但现在怎么就成了"美极"

了呢？那名服务员心里知道，自己当时一定是走神了，根本就没听清楚到底是“白灼”还是“美极”，但想到“美极基围虾”这道菜点的人多，想当然地就记成“美极”了。可是，她害怕赔偿，怎么也不肯主动承认是自己记错了，还是指着菜单硬说客人当时点的就是“美极基围虾”，菜根本没上错。这时候，赵先生请的那位客人实在坐不住了，他有些气愤地说：“把你们经理叫来，我有话对他说。”服务员极不情愿地去叫来了经理。这位经理大概已经听其他服务员汇报了情况，他走过来后便说：“不好意思，你们刚才点的就是这道菜。我们店服务员都是经过严格考核和培训的，记忆力都很好，在客人点菜时会如实地记下每一道菜名……”大家本以为这位经理会过来赔礼道歉，把菜给换了，但没想到他居然会说出这种话！经理这番话的意思很明显：不是店方错了，而是赵先生等客人错了。事情到这种地步，完全没有回旋的余地了。客人愤怒地拂袖而起，说道：“好吧，请你赶快给我们结账吧！”赵先生见此情景，也觉得很是尴尬，劝也不是，不劝也不是。愣了一会儿之后，他才赶忙对那位客人赔不是：“真对不起，请原谅！以后再也不到这种餐厅来吃饭了！”

【案例分析】

1.在发生类似顾客投诉时，服务人员应明确思想，要多站在顾客的立场为其着想，树立“顾客至上”的观念，餐厅的服务使客人满意才能有长远的生意。所以在酒店方出错时应首先诚恳认错，然后承诺马上给客人更换，再报告上级，承认错误。

2.如服务员没有做到位，经理出来面对客人时也应如此处理，并可以根据客人反应给予该道菜打折，或者全单打折或者送果盘等优惠以示歉意。

3.应关注餐厅员工素质，加强培训，采取适当的奖惩措施，防止以后再发生气走顾客的事例出现。

【服务优化】

这个案例应如此处理：

1.餐厅经理出面赔礼道歉，把美极基围虾撤掉，让厨房马上做白灼基围虾，给客人换上并优惠打折，再送上水果盘以示歉意。

2.让犯错误的服务员赔偿撤掉的美极基围虾。

3.以此事作为教训，培训全体员工，务求所有员工提高顾客服务意识。

案例 8

是鱼太大还是推销提成的吸引力大

【情景描述】

王先生带着客户到某星级酒店的中餐厅去吃烤鸭，这里的北京烤鸭很有名气，餐厅坐满了客人。由于没有预订，咨客先将王先生一行引到休息室等了一会儿，才安排他们到一张客人已预订却未到的餐桌前。大家入座后，王先生一下子就为 8 个人点了很多菜，除烤鸭外还有十几道菜，其中有一道是“清蒸鲴鱼”。由于餐厅近日推出了推销海鲜提成的方法，服务员小张高兴得没问客人要多大的鱼，就通知厨师去加工了。不一会儿，一道道菜陆续上桌了。客人们喝着酒水，品尝着鲜美的菜肴和烤鸭，颇为惬意。吃到最后，桌上仍有不少菜，但大家却已酒足饭饱了。突然，同桌的小谢想起还有一道“清蒸鲴鱼”没有上桌，就赶忙催服务员快点上。鱼端上来，大家都愣住了：好大一条鱼啊！看上去足足有 5 斤多重，这怎么吃得下呢？“小姐，谁让你做这么大一条鱼啊！我们根本吃不下。”王先生用手推了推眼镜，说道。“可您也没说要多大的鱼呀！”服务员小张辩解道。“你们在点菜时应该问清客人要多大的鱼，加工前还应该让我们看一看呀。这条鱼太大，我们不要了，请退掉！”王先生毫不退让。“先生，实在对不起，如果这条鱼您不要的话，餐厅就要扣我的钱了，请您务必包涵一下吧！”小张的口气并没有丝毫理亏的意思。“这个菜的钱我们不能付，不行的话就请你们经理来。”双方僵持不下。

【案例分析】

1.在点菜时服务人员就应该注意客人点的菜是否够吃了，如果菜差不多够吃的话，要提醒客人不要多点，或主动提醒再点些精致的饭后甜品、果盘等即可。

2.如果客人要点海鲜，则必须说明价格，问过客人要点的斤两和做法，有需要的话要带客人到海鲜池选择。绝不允许服务人员擅自替客人决定时价海鲜的斤两和做法，更不应该为了个人利益强迫客人消费。

3.本案例中服务员小张在给顾客点菜时工作存在疏忽，当顾客提出异议时也没有检讨、反省自己的不足，以致客人坚持要把鱼退掉。

4.在任何情况下，服务人员都要对客人保持礼貌和尊重，不允许对客人说出质疑或讽刺的话语。

【服务优化】

该案例应如此处理：

1.小张将鱼撤回厨房，并向主管汇报情况，将鱼从客人账单中划掉。

2.小张和经理对客人道歉，希望取得客人的谅解。

3.经理代表餐厅向客人赠送果盘或打折以表歉意。

4.撤掉的鱼由小张赔偿。且酒店要以此事作为教训，培训全体员工，务求所有员工提高顾客意识。

案例9　飞蟹小姐

【情景描述】

酒店的中餐厅来了两位衣着讲究的男士。根据他们的要求，咨客把他们带到幽静角落的18号餐台。入座后，服务员小丁忙着为他们送上迎宾热茶、热毛巾，并热情地询问是否可以点菜。客人示意先要两杯XO白兰地，过一会儿再点菜。小丁把酒送来后，在他们背后站了一会儿，仍不见他们有点菜的意思，就又上前询问。一位客人不耐烦地说："请不要打扰我们，需要时我叫你，你再来。"小丁见状便退身去为其他客人服务了。过了一会儿，小丁正在忙着，一名服务员突然告诉小丁："18号台的客人正找你呢。"小丁连忙走过去。"你怎么这么晚才来?"客人不高兴地说。小丁忙道了声"对不起"，并微笑着问客人要点什么菜。根据客人点XO酒的情况和他们的衣着、举止，小丁判断客人一定很有钱，便在他们看菜单的时候推介："我们这里海鲜很有名，有鲍鱼、龙虾、飞蟹、象拔蚌……""好了，你说的这些菜我们天天吃，今天想要一些清淡的菜，有没有?""有，我们这里有凉拌海蜇、蘸酱海参、清蒸海胆……"小丁又积极推荐道。"不，不，我们不要海鲜，我们想要花生米、青椒土豆丝之类的菜。"客人摆着手说道。小丁心里纳闷，这么有身份的人怎么就点这么便宜的菜呢。于是，又为客人推荐了扒鱼腐、生菜乳鸽包、鼎湖上素等菜，但客人仍不同意。小丁没办法，只好按客人的意思点了几样简单的菜。进餐完毕后，客人把小丁叫来说："你的微笑服务很好，但总想让我们吃龙虾、飞蟹，干脆就叫你飞蟹小姐吧！"客人的话使小丁十分尴尬。

【案例分析】

1.服务人员在点菜前应该观察客人的衣着打扮和言谈举止，大致判断其消费水平，便于介绍菜品。但也须知道，人不可貌相，所以在点菜时如果不是熟悉的客人，知道其饮食消费习惯的话，介绍菜品应从中档价位开始。如果客人说希望推荐些好点的，就要心里有数，把推介菜品的档次往上调；如果客人表示不喜欢，或者沉默，说“有没有别的”之类，那就要介绍一些更加实惠而大众化的菜式。总之，向不熟悉的顾客介绍菜品时，切不可一上来就推高价菜，让人有被宰的感觉；如果是熟悉的顾客，则应根据其平时的饮食爱好和消费习惯来推荐。

2.与顾客保持长久的良好关系才是让酒店财源不断的明智做法。

【服务优化】

推销菜品是一个短平快的过程，一般也就十分钟左右的时间，如何在短时间内让顾客了解餐厅的特色，心悦诚服地接受推荐的菜品和愉快地用餐，是每个服务员在菜品推销时必须掌握的技巧。

1.餐厅服务员要针对不同用餐者的身份及用餐性质，进行有重点的推销

一般来说，家庭宴席讲究实惠的同时也要吃些特色。这时，服务员就应把经济实惠的大众菜和富有本店特色的菜介绍给客人，客人既能吃饱、吃好，又能品尝独特的风味，达到在大饭店就餐既有排场又实惠的目的。而对于谈生意的客人，服务员则要掌握客人摆阔气、讲排场的心理，无论推销酒水、饮料、食品，都要讲究高档，这样既显示了就餐者的身份又显示了其经济实力。同时，服务员还要为其提供热情周到的服务，使客人感到自己受到重视，在这里用餐很有面子。

2.餐厅服务员要学会察言观色，选准推销目标

餐厅服务员在为客人服务时要留意客人的言行举止。一般外向型的客人是服务员推销产品的目标。另外，若接待有老人参加的宴席，则应考虑到老人一般很节俭，不喜欢铺张，因此不宜直接向老人进行推销，要选择健谈的客人为推销对象，并且以能够让老人听得到的声音来推销。这么一来，无论是老人还是其他客人都容易接受服务员的推销建议，有利于推销成功。

3.餐厅服务员要灵活运用语言技巧，达到推销目的

语言是一种艺术，不同的语气、不同的表达方式会收到不同的效果。例如，服务人员向客人推销饮料时，可以有以下几种不同的询问方式：一问“先生，您用饮料吗?”二问“先生，您用什么饮料?”三问“先生，您用啤酒、饮料、咖啡还是茶?”很显然第三种问法为客人提供了几种不同的选择，客人很容易在服务员的引导下选择其中一种。运用语言技巧，可以大大提高推销效率。

案例10　奇怪,他不要小费还那么热情?

【情景描述】

一天晚上,徐先生陪着一位美国外宾来到酒店餐厅用餐。点菜后,服务员小吴摆上酒杯,上好餐前小吃,又为外宾多加一份刀叉,再为两位客人斟茶水、换毛巾,又为他们倒啤酒,当汤端上来后便为他们盛汤,先盛了一碗。一开始,外宾以为这是吃中餐的规矩,听徐先生告诉他凭客自愿后,在服务员小吴要为他盛第三碗汤时他谢绝了。小吴在服务期间满脸微笑,手疾眼快,一刻也不闲着:上菜后即刻布菜,皮壳多了随即换骨碟,毛巾用过了忙换新的,米饭没了赶紧添加。他在两位客人旁边忙前忙后,并不时用英语礼貌地询问两位还有什么需要,搞得两位食客拘谨起来。当外宾把刀叉刚放下,从口袋里拿出香烟,抽出一支拿在手里时,"先生,请抽烟",小吴忙从口袋里拿出打火机,熟练地打着火,伸到客人面前,为他点烟。外宾忙把烟叼在嘴里,样子颇为狼狈。烟点燃后,他忙点着头向小吴说了声:"谢谢!"小吴又在忙着给他的碟子里添菜,客人忙熄灭香烟,用手止住小吴说:"谢谢,还是让我自己来吧。"小吴随即把烟灰缸拿去更换。外宾说:"这里的服务太热情了,就是热情得让人有点透不过气来。徐先生,我们还是赶紧吃完走吧。"当小吴把新烟灰缸放到桌上后,两人谢绝了小吴的布菜,各自品尝了两口后,便要求结账。递账单时,外宾拿出一张钞票压在账单下面。徐先生忙告诉他,中国餐厅内不收小费。外宾说:"这么'热情'的服务,你就无动于衷?"徐先生仍旧向外宾解释,外宾只好不习惯地把钱收了起来。结账后,小吴把他们送离座位,站在餐厅门口还连声说:"欢迎下次光临。"

【案例分析】

1.在本案例中,小吴过于热情的服务干扰了客人的用餐体验,使客人感到不自在和尴尬。服务员固执的热情,使美国客人认为这是服务员在索要小费的提示,尽管最后他也清楚并不是那么回事,但是他始终并不认同和接受这样的服务。这样的服务实际上是画蛇添足。有些聚在一起想聊聊知心话的朋友,正在热恋的青年男女,爱静静独坐的知识分子,到餐馆洽谈业务生意的商人,都不愿意接受这种过分热情、画蛇添足式的服务。所以说服务员并不是越殷勤、周到、热情,就越能获得顾客的好感,而是应当根据不同顾客的具体情况,来确定自己是不是应该那样服务。

2.餐厅在强调对顾客热情服务的同时,更应该强调以顾客感到自在、舒适和愉快为准则，不注意客人反应的过度热情也可能会把顾客吓跑。

【服务优化】

1.管理人员对小吴进行培训，强调服务应根据不同顾客的具体情况而进行。

2.以此事作为教训，培训全体员工，务求所有员工明确服务应具有灵活性，根据不同顾客的具体情况而进行。

案例11　自助餐上的香蕉

【情景描述】

有一位美国客人入住某酒店，他个性孤僻，不苟言笑。在该酒店住下后，他几乎从不开口，不跟别人打招呼，更难得让人看到一丝微笑。楼层服务员觉得这位客人极难伺候，任凭他们如何笑脸相待，主动招呼，所得到的总是一张铁板的脸，天天如此。每天早上，他都去自助餐厅吃早饭。这两天，当他吃完自己挑选的食品之后，总好像在台上寻找什么东西。第一天，服务员小梅曾问过他要什么东西，他没吭一声，掉转头便走出餐厅。第二天小梅又壮起胆询问他，他还是一张冷峻的脸，小梅尴尬得双颊发红。当这位美国客人正欲步出餐厅时，小梅又一次笑容满面地问他是否需要帮助。也许是小梅的诚意感动了他，他终于吐出"香蕉"一词。这下小梅明白了。第三天早上，那位沉默寡言的客人同平时一样又来到自助餐厅，餐厅一侧一盘黄澄澄的香蕉吸引了他的目光，他绷紧的脸第一次有了一丝微笑，站在一旁的小梅也喜上眉梢，又一次领悟到"精诚所至，金石为开"的道理。在接下来的几天里，酒店每天早餐都特地为他准备了香蕉。几个月后，这位客人又来到该酒店。第二天一早他步入自助餐厅，原以为这次突然"袭击"，餐厅一定没有准备好香蕉。孰料走进餐厅，迎面就是引人注目的一大盘香蕉。这位金口难开的客人见到小梅，第一次主动询问是不是特意为他准备的香蕉。小梅嫣然一笑，告诉他昨晚总台服务已经给餐厅带来了他入住本店的信息。"太感谢你们了！"美国客人几个月来第一次向酒店表示发自内心的感谢。

【案例分析】

1.常言说"于细微处见精神""精诚所至，金石为开"。酒店服务员面对来自天南地北，性格、文化、风俗习惯不同的客人，细心观察客人的言行举止，揣摩其心思，采取灵活机动的服务技巧，提供具有针对性的个性服务，是非常重要的。

2.自助餐准备一些香蕉，这不是一件难事，重要的是去探索客人的心理，了解他们的需求。这位美国客人对香蕉情有独钟的信息不仅餐厅知道,连总台都掌握了,可见酒店极为重视有关每个客人特殊需求的档案。此外,该酒店的信息传递渠道畅通,前厅、客房、餐厅共享顾客的相关信息。晚上客人到达,第二天早上餐厅已经有了充分的准备,由此可见酒店对客人的重视。

【服务优化】

1.要求餐厅所有服务员都记录下这位美国客人的饮食爱好,以便日后为其提供个性化的服务。

2.表扬小梅的处理方法,并对全体员工培训,分享此案例,鼓励和提倡所有员工多观察,尽量满足客人需求。

案例 12 惊喜的服务

【情景描述】

一天晚上,中餐厅的服务员项洁在 315 包厢值台。一大帮客人涌进包厢的时候,项洁一眼就看到了一位客人不对劲。她发现用餐时客人敬他酒,他显得格外不情愿喝,同时眼睛浮肿得很厉害,并且一直轻轻拍打前胸。项洁很快就断定他一定是缺少睡眠,并且这几天都在不停地喝酒。于是她立马去吧台拿了一碗蜂蜜过来,并用蜂蜜冲水给这位客人喝(蜂蜜可缓解神经紧张,促进睡眠,并有一定的止痛作用。蜂蜜中的葡萄糖、维生素、镁、磷、钙等能够调节神经系统,促进睡眠,能为肝脏的代谢活动提供能量准备,能刺激肝组织再生,起到修复损伤的作用),并小声地在客人的耳边提醒道:“先生,这边给您准备了一杯蜂蜜水,有提神养胃的功效哦。”客人愣住了。随后客人拿出电话,给餐厅经理范总说:“范总啊,有空过来 315 吗?我想和你敬个酒啊!”由于范总没空,于是安排了餐厅经理过来敬酒。经理一到包厢,那位客人二话不说,站起来举起手中的酒杯称赞道:“你们这样的服务,我至今还没有碰到过更好的,真的是体贴入微,是用心在做服务啊!”说完就把杯中的酒给干了。看得出这位客人一定是对酒店餐厅留下了美好的回忆。

【案例分析】

在服务中通过观察客人的神态、言行、举动,可以更好地为客人提供贴切、舒适的服务。项洁通过她细致的观察能力及灵活应变的处理能力,体会到客人的不适,并准确分析了原因,“对症下药”,为客人提供了惊喜的服务,给客人带来感动,令客人留下了美好的回忆。

【服务优化】

服务中不断发现客人的潜在需求，主动关心，让客人获得意想不到的惊喜。餐厅在专业培训中，可针对顾客在宴饮中常可能出现的状态，教导员工应对的方法，如醒酒的方法、酒精过敏的应对、食物过敏的应对等等。顾客来餐厅，除了让顾客能尽情享受美食，与友人欢聚外，保障顾客的健康安全，也是餐厅服务工作中应当做到的。

案例 13　优秀员工

【情景描述】

中餐厅厅面助理王雪香大姐话不多，笑起来有些腼腆，自今年初入职以来，好学、手勤、认真、心细，很快融入中餐厅同乐宫这个大家庭，得到了其他老员工和各级管理人员的认可。工作闲暇之余，王雪香大姐有时会和主管聊会儿天，她常会笑着和主管说："我虽然没读过什么书，没什么文化，但对道理我心里都是知道的。"一开始，主管听了只是笑了笑，不以为意。可是，后面发生的事，让主管有些惭愧。5 月初，因人事变动，原本厅面助理 7 个人的班次只有 5 个人，而当月酒店生意很好，宴会很多，员工们的工作压力很大，常工作到很晚。由于经营压力，只能给员工们排半天休，一起辛苦把当月工作撑起来。这天本是王雪香休息半天，到晚上 9 点才上班，但晚上 8 点钟雪香大姐就来了。问她为什么提前上班，她腼腆地笑了笑说："我早点来，和大家一起做点事，大家就没那么累了。"听完后，主管沉默了一会儿，对她说："大姐，谢谢。"5 月中旬，雪香大姐再次让主管沉默了。那天有 80 桌的宴会，雪香大姐原来好不容易可以休息半天，但是晚上 8 点，她又穿着工装来了。她说："今天有 80 桌的宴会，我是知道的。我要是休息，就只有 4 个人上班了。"当晚，主管向程经理请示，给雪香大姐通报表扬并奖励，程经理当即开出奖励单，以示鼓励。

【案例分析】

正是因为有了一群像王雪香大姐这样优秀的、有主人翁意识的员工在背后默默付出，酒店餐厅才能在市场上取得良好的经济效益和社会效益。他们是最可爱、可敬的人！

【服务优化】

1.带班管理要多和员工交流、沟通，多了解他们的生活、工作状态，营造温馨的工作环境，让她们在工作中能保持良好的心态。

2.强行逼员工加班，是违反劳动法规定的。但是当业务繁忙、人力不足、部门不得不高负荷运转时，身为管理者要做好思想工作，让员工明白大局为重；同时对于加班，应给予员工应得的报酬和补休；对于主动奉献、积极配合、表现突出、模范效应强、富有大局观的员工，应及时给予鼓励和奖励，并列为培养对象重点培养。

案例 14 随机应变

【情景描述】

一天晚上，中餐厅实习生王秀第一次在没有师姐带领的情况下，独立地在 523 包厢值台。当晚客人来时告知要加 4 个位子。第一次值台的王秀难免有些紧张慌乱，但她想起师姐的教导“遇到加位，不要急，确定位数后，先安顿好来的客人，再寻求其他包厢同事帮忙”，于是，她调整呼吸，不急不慌地向客人说道：“好的，请各位先在沙发区休息一下，喝点茶，吃点点心，马上帮你们加好位。”客人看着这个笑得像冬日暖阳一样的小姑娘，都投来了赞赏的目光。客人很配合地一一在沙发区就座等待。加好位后，王秀即引领客人上座，并马上开始上菜。其间，王秀在上好每道菜后，都会向后退一步，用标准服务的站姿，微笑着向客人报菜名，并配以标准的手势。客人频频点头。后面，客人喝了很多酒，有些微醺，情绪有些小激动，但是王秀全程都保持甜美的笑容，温和的语气，拿冰块，加开水，换毛巾，取客人之所需，急客人之所急，让客人享受着五星级酒店的优质服务。客人买单时，主动向区域管理当面表扬王秀，以感谢她一整晚的五星级服务，并表示醒酒的蜂蜜水很好喝噢！

【案例分析】

王秀虽为实习生，但其仪容仪表，面客时的精神状态，认真好学的良好心态，值得酒店每个人学习。在服务过程中，服务员要保持良好的职业形象，树立正确的职业价值观，不断向身边优秀的同事学习，提升自己的服务技能，不断为客人提供优质化、个性化的服务，才能得到客人更多的肯定和赞扬。

【服务优化】

1.每名新员工在独立值台的时候都会紧张，因此做好新员工独立上岗前的培训和跟岗学习非常重要。服务中的标准仪表、语言、流程是包厢服务工作的基本岗位要求，因此打好基本功是关键，只有具备扎实的岗位基本技能，方能让员工从容应对各种情况。

2.在保证各项标准服务流程之外，客人的各项要求都需要新员工随机应变，灵活处理，才能保证客人优质的服务体验。

案例 15　细节很重要

【情景描述】

冬天的一天夜晚，在晋江爱乐国际酒店中餐厅同乐宫 301 包厢，一席家宴正在进行。服务员汪洋洋热情地接待了贵宾陈先生一家。从贵宾莅临包厢到上桌用餐，汪洋洋都是带着微笑，积极主动地与客人互动交流。在引领这开开心心的一家子来到包厢的时候，汪洋洋先观察了一下家属的组成，发现有两位年迈的老人家，是陈先生的父母，辈分最高，还有一位妈妈抱着一个 1 岁大的孩子，又带着一个 8 岁的男孩子，其他的都是陈先生的同辈家属。汪洋洋先热情地向爷爷奶奶说："二位老人家看上去精神矍铄，身体倍儿好，是家中二宝呀！请这边尊位入座。"然后协助老人拉椅入座，再给两位老人家各倒上一杯热水。然后再引领客人妈妈和孩子坐在靠近老人的位置，一来可以让老人逗逗孙子更开心，二来靠近尊位处远离上菜位，对幼儿更安全。为了不让妈妈客人太累，汪洋洋征求客人意见后，帮忙拿来婴儿椅让小宝贝坐进去，这样孩子妈妈就能轻松地用餐并照顾孩子了。这时其他客人也已经陆续入座好。汪洋洋先给每位客人都铺好餐巾，倒上热水，然后开始上菜。同乐宫的每道新菜品、特色菜，汪洋洋都以专业的语言为客人介绍，并全程提供细致贴心的服务，让客人十分满意。汪洋洋还特地去备了一套可爱的塑料碗勺，给宝宝用，这样妈妈就不怕宝宝打翻弄坏餐具了。家宴结束后，贵宾陈先生的父亲特地在留言簿中写道："包厢服务员汪洋洋，服务周到，希望发扬光大。"临别时，陈先生向汪洋洋要了联系方式，表明下次再来爱乐，还是期待汪洋洋的服务。

【案例分析】

正如常说的"服务无小事，细节无小事"，汪洋洋在工作中善于发现客人的需求，及时主动地为客人提供细致周到的服务，这是值得所有员工学习的。在工作中，服务员要有善于发现的眼睛，及时为客人提供服务，即使是细小的需求，也会让客人感动且印象深刻。

【服务优化】

1.可以在客人预订时，提前了解主要的成员，有老人、幼儿的要特别注意照顾，并提前准备好相关物品，如椅靠垫、婴儿椅、幼儿餐具等。有条件的可准备一些小玩具，供孩子们娱乐，以免他们在包厢里外乱跑。

2.在上菜之前，可为客人按季节准备茶水，夏天可备解暑常温凉茶（非冰水），冬天可备热姜茶等，让顾客一进包厢，就能舒缓下来。

案例 16　工作氛围的重要性

【情景描述】

最美四月，翩跹而至。每年此时，晋江这座美丽的城市总会吸引着世界的目光，一年一届的晋江"鞋博会"如火如荼地进行着，世界各地的企业家们纷纷聚集于此。爱乐国际酒店作为海西最具代表性的高端五星级豪华酒店，隆重接待这些来自世界各地、五湖四海的贵宾，让他们感受到犹如回家般温暖的服务体验。在"热情好客，体贴入微"的服务宗旨指引下，爱乐中餐厅的小伙伴们，书写了一段又一段令人称赞的故事。

爱乐的中餐厅同乐宫包厢统统被订满了，餐厅已经对超额预定做了妥善安排，考虑到近期同事们一直处于高负荷的工作状态，于是对原本当天休假的人员，做出无须停休的通知。然而生活中总会有那么一些小插曲，计划赶不上"鞋博会"的人流量的变化。这天下午，虽然预订员一再告知客人，中餐厅包厢已全部订满，然而中餐厅预订电话还是一刻也没有闲着，未预订的客人还是如潮水般蜂拥而至。客人都表明是参加"鞋博会"的客户，他们对爱乐国际酒店非常认可，希望酒店能再临时增加接待场所，以便客户用餐。面对客人诚恳的请求，中餐厅管理层权衡利弊，当机立断，决定临时增加营业场所，满足客人的用餐需求，并同时协调各区域人员支援厅面，迎接晚上的超额预订，接待好这些给予酒店充分信任的贵宾。

很快到了营业高峰期，面对这超额的预定情况，人员显然是不够的，这可怎么办呢？此时区域的程经理和王主管、揭主管立马商量，提议是否能协商让休假人员来弥补这些空缺。于是程经理提出遵循自愿原则，在工作群里发布征求自愿上班的通知。有两名同事立马主动返回支援，他们便是正在休假的五楼厅面服务员李绍远、姜佳明。

这两位平凡而普通的员工向酒店展现了一种无私奉献的精神。作为一个集体，这样的精神值得每一名餐厅员工学习和称赞。李绍远当晚在 506 包厢全程为客人提供了优质服务，还得到了客人的高度认可，在结账时客人握手感谢，并给予了小费作为对其工作的肯定。

这一晚的中餐厅虽然忙碌，但却倍加温馨。在这么一批爱岗敬业、团结一致的同乐宫伙伴们的携手努力下，"鞋博会"的接待工作圆满完成。

【案例分析】

李绍远、姜佳明两位普通员工为工作主动牺牲个人正常的休息时间，加班加点，其思想觉悟高，奉献精神强。从这个案例中，可以看到餐厅各级员工间互相信任、支持的良好合作氛围。管理层尊重员工休假权，没有强行单方面逼休假员工返岗工作，而是采用自愿报名的方式，让下属倍感受到尊重；员工也很有大局观，在看到部门负荷较大时，能主动放弃休假回岗帮忙，力保部门的服务质量和顾客的良好体验。

【服务优化】

工作中不乏主动奉献的同事。他们心中装着集体，装着同事，装着部门，工作中可结合两名同事的优秀表现予以宣传，以增强部门工作人员的凝聚力。要让部门形成上下一心、互助友爱、有大局观的良好工作氛围：一是管理者要尊重每一名员工，做到分工公平合理，保障员工休息权利；二是日常对积极主动的员工，及时给予公开表扬鼓励，形成示范效应；三是在日常培训中注意对员工进行大局观的教育，让员工具备爱岗敬业、团结一致的精神。

案例 17　灵敏的服务"嗅觉"

【情景描述】

一天晚上，餐厅给客人丁总预留了可容纳 16 人座的 303 包厢。可是丁总来到 303 包厢后，感觉空间太大而不舒服。章总监在询问后得知客人只有 8 位，马上将客人调到了五楼 522 包厢。而 522 包厢此前刚接待完别的客人，由于那批客人加了桌，里面现在还挤挤地摆了两桌。在区域管理的安排下，立马召集人员撤掉一桌，把沙发搬进来。5 分钟不到的时间就给客人创造了温馨的用餐环境，同时营业经理顺便和客人商量，在摆台期间就安排好了菜单。因为是临时调整的，客人对这样的速度已经是非常满意。接下来在服务过程中，见桌上的菜客人都没怎么动筷，值台服务员陆姣姣就主动把鱼分给每位客人，并微笑地询问客人好头好尾给哪位。在主人的指引下，姣姣利索地分给了贵宾，让贵宾倍感受到尊重。姣姣又及时提醒客人趁热才好吃。值台人员用饱满的热情向客人介绍,有了互动,大家不再拘束,场面逐渐热闹轻松起来。客人频频夸姣姣很有礼貌,服务技能好。丁总说:“你们这里的服务呀,就是比其他的酒店好!”他还开玩笑说:“连开水都比其他酒店的好喝!”逗得大家哈哈大笑起来。其他客人对晚上的聚餐也很满意,在离开时,还特地在留言本上留言表扬。

【案例分析】

好的服务不是靠外驱动的,而是要给自己装上内动力,以饱满的精神状态,餐中做到“三轻四勤”,不断地为他人做事情,做他人需要的事情,而且时刻开心地留意观察客户的感受。这个案例中不只包厢值台人员做得好,从预订到客户经理跟踪再到用餐,每个环节都离不开所有人的努力。

【服务优化】

在接到客人预订时,可先了解大概有几位客人用餐,以及特殊的喜好,和客人做充分沟通,根据客人的喜好来安排包厢。提前做好准备,可免去客人到店后的一些不必要的忙乱。

案例 18 个性化服务

【情景描述】

3 月 8 日是全世界妇女的节日。当晚 308 包厢到女性客人 17 位。因为是重要客人,酒店范总很重视,特意交代包厢服务要做好。在早上,中餐部门提前准备了鲜花,由于康乃馨数量有限,谢彬领班从各包厢凑齐了 17 朵康乃馨准备在餐后赠予女性客人一人一朵,让客人在爱乐感受到节日的温馨。服务人员韦萍和黄燕红特地组织了一段语言,在巡台的过程当中找到合适的机会对在座客人齐声说:“大家晚上好,欢迎大家光临爱乐国际!感谢大家对爱乐的支持!在这个特殊的节日里,我们代表爱乐国际全体成员祝在场的所有女同胞‘女神节快乐’!同时,我们也奉上了一点心意,希望大家能够喜欢,再次祝大家女神节快乐!”客人非常开心,一直道谢,觉得爱乐国际酒店中餐厅的服务很好,让人很惊喜。大家脸上洋溢着喜悦,并集体到沙发区留影。用餐结束后两名服务人员分工合作,黄燕红指引客人至电梯,韦萍陪同主人聊天,询问客人对菜肴的意见,一路有说有笑,鞠躬至客人进电梯。

【案例分析】

两名服务人员受到客人的表扬也很开心,验证了一句话:赠人玫瑰,手有余香。为同一目标(感恩客户,为客户提升体验)而出发,客户温馨的体验离不开上下级员工的配合与准备,精心的语言组织在与客人亲切沟通中拉近了彼此之间的距离,获得了客人一致的赞许,引起了共鸣,给客人在爱乐创造了可回忆的故事。

【服务优化】

1.针对重要客人,除了可根据客人的喜好来安排工作中的一些特别布置外,还可结合节日进行灵活的安排。

2.工作中除了动作,语言也能轻易拉近人与人之间的距离。在服务中可拟好专门的用语让服务人员作为参考,结合每场接待灵活运用,做到服务、语言都有一定的标准。

案例 19　用心去感受

【情景描述】

一天晚上,中餐厅的 505 包厢在举行家庭式聚会,当天是女主人的生日。得知这一消息后,505 值台服务人员毛金章、岑羲在包厢里做了精心的准备,用气球装饰了 505 包厢,让整个包厢洋溢在喜悦、温馨的氛围中。

在服务过程中,服务人员毛金章、岑羲从始至终都保持着热情的微笑,并且向客人介绍了菜肴,尤其是新出品的菜肴,从选料、准备工序、制作方法、摆盘讲究到其营养价值,两位对菜肴近乎专业的讲解,令每一位客人讶异和惊呼。客人表示爱乐国际酒店的服务员太专业了,并表示到爱乐国际酒店用餐真的是在享受五星级的服务。

因为当天是女主人的生日,除了赠送的蛋糕外,服务人员向区域管理申请了鲜花及苹果。11 朵红、黄、粉玫瑰包装成的玫瑰花束,精心包装的苹果以及用心制作的生日贺卡,为客人带来了极大的惊喜,客人们再次为服务人员的用心所感动！管理人员过来敬酒的时候,客人一再表扬服务人员的优质服务,并表示:“我们很高兴来爱乐吃饭,很高兴来爱乐过生日,这真是一个令人难忘的生日宴,感谢爱乐国际酒店!”

【案例分析】

没有想不到,只有做不到。只要用心,任何员工都可以给客户带来惊喜的服务。两名服务人员首先收集和了解了当晚客人的信息,得知是生日宴后就一齐为客人创造惊喜服务,用心的服务总能给人留下难忘的记忆。在用餐服务过程中,两名服务人员用他们专业的菜肴知识给客人介绍菜肴,令客人感到满意和惊喜。

【服务优化】

1.“让每一位来酒店消费的客人都成为酒店的忠实客户”，为了这个目标，酒店需要能打动客人的服务。案例中的工作人员，通过提前收集客人的信息，精准地为客人提供感动和惊喜服务。另外，服务员专业的服务技巧和专业的菜品知识，让客人信赖，更让客人赞不绝口。

2.为过生日的客人准备的惊喜礼物可先罗列一个初稿，列出为过生日的客人提供的标准礼物清单后，再结合每位客人的实际情况，调整或增加专属于客人的礼物。

案例20　细节决定成败

【情景描述】

一天晚上，酒店陈总经理在中餐厅312包厢宴请贵宾。得知当晚客人的重要性后，服务员黄玉兰和小汪事先取好陈总寄存的酒水放到包厢。主宾到后，陈总请贵宾先点爱吃的菜肴。客人翻了翻菜单说：“我就喜欢一种小菜，那个叫什么来着……”可一直想不出菜名。玉兰耐心地与客人沟通，从外观、味道一一提示，方得知客人要的是口水鸡，马上单点了一份并通知厨房加快。这时刚好有位客人不停地在咳嗽，玉兰和小汪均细心观察到了，马上请示经理是否送一份冰糖雪梨缓解一下客人的咳嗽。本来两人还准备了贺卡，但观察到由于现场聊天气氛热烈，客人可能没空细看贺卡，以贺卡形式体现不出酒店对客人的关心，最后玉兰决定用言语表达。待到客人都上桌入座后，玉兰端着一碗温暖的雪梨汤送到咳嗽客人的面前说：“您好，打扰一下，刚才在跟您聊天的过程当中发现您的喉咙不舒服，特意代表酒店为您奉上一碗冰糖雪梨汤。在工作当中要注意身体，祝您早日康复！”这位客人觉得非常惊喜和感动，他转头询问陈总经理：“这是您安排的吗？”陈总感到很有面子，说：“没有，没有，是我们的小妹懂事。”

在餐后，陈总特地公开表扬晚上玉兰和小汪的服务非常好，黄先生和客人很感动，整场晚宴很满意，已报酒店表彰。

【案例分析】

很多让客人感动的服务，往往都来源于对一些细节的观察，就算是有了可发挥的条件，也还离不开一颗真诚想为客人服务的心。对于顾客来说，酒店员工可能只是路上的过客，是陌生人，但一个陌生人能为了顾客身体的健康而着想，对顾客来说一定是开心的，也是感动的。顾客的赞誉对酒店工作来说是一种最好的认可。

【服务优化】

1.出乎意料的细节服务往往能让客人惊喜，这需要服务员细心观察顾客个性化需求并及时做出反应。

2.不厌其烦、耐心周到的服务往往能让客人感动，这需要服务员耐心地同顾客沟通，了解顾客的想法和需求，方能准确做出反应。

3.雪中送炭地解决问题往往能让客人终生难忘。个性化服务讲究的是急客人之所急，要提供顾客急需的服务，雪中送炭比起锦上添花，会让顾客更感动和难忘。

案例21　追求最高境界

【情景描述】

一晚，有一对新人正在8楼中餐福乐厅举行属于他们人生中最重要的一个仪式——结婚典礼。当新娘来到福乐厅准备时，服务员黄雪倩注意到新娘是一位准妈妈，已经微有身怀。当新娘在8楼福乐厅门口拍照时，黄雪倩及时为她送上了一杯温开水，同时考虑到新娘喝水可能弄花妆容，雪倩还特地在杯子内配上了吸管方便新娘喝水。婚宴仪式中，福乐厅的员工还特地用玫瑰精心点缀了交杯酒酒杯，让简单的仪式增添了一丝浪漫。果然，新娘在拿起交杯酒酒杯时明显被惊艳到，笑得眉眼弯弯，喝完后还一时舍不得放下酒杯。在开餐后，雪倩考虑到新娘穿高跟鞋不安全，于是为新娘准备好拖鞋，并且去包厢借了抱枕放在椅背上，让新娘入席时垫在身后可以坐得更舒服些。雪倩还贴心地去咨询盘厨当晚菜单里有没有不适合怀孕时吃的食品，在服务的时候提醒了新娘。餐中服务时勤换骨碟、主动倒酒水等服务让新郎新娘倍受感动。新娘还特地拉过雪倩问："我今晚的待遇为何如此高？真的超感动！"雪倩笑着说："因为您是今晚最美丽的新娘，必须让您感到最幸福呀！"婚宴结束离开时，新娘特地对管理人员和服务员表示感谢，连连说："辛苦你们了！"

【案例分析】

热情周到、体贴入微是酒店服务的宗旨；让顾客满意、感动、惊喜则是酒店追求的服务境界。雪倩善于观察，关注客人的一举一动，知道客人需要什么并且及时主动提供给客人，她用心的服务赢得了客人的称赞。

【服务优化】

餐厅应在内部专业培训时，将不同类型宴会常遇到的情况和案例进行讲解和分享，如婚宴流程、婚宴宾客的特殊性、常见需求、心理特点和可能遇到的突发情况及应对预案或应对技巧。这样员工面对这一类宴会时，就能很快注意到并从容处理好顾客各种的需求。

案例22　宾至如归

【情景描述】

有一对日本夫妻在跨年之际到福州旅游，入住酒店10天。每天早上他们夫妻二人都去西餐厅享用丰盛的早餐，感觉非常愉快。但第三天，丈夫田中先生胃肠突然严重不适，上吐下泻，吃不下东西，十分虚弱。妻子森女士非常焦急，于是跟餐厅商量："我老伴本来吃得比较清淡，可能这两天一下吃得太好不适应了。可不可以在午餐和晚餐的时候，请餐厅给做点粥？"餐厅缪经理了解到这一情况后，像对待自己的亲人一样关心帮助他们，不仅安排每顿饭给田中先生免费煮一份粥送到房间，还随粥配了小咸菜和咸鸭蛋，以增加盐分，补充体力。缪经理还把客人的具体情况告知厨房的负责人王厨师。王厨师也和缪先生一样，对顾客充满关怀，他主动建议田中先生吃小米粥，因为小米粥养胃。田中先生吃了两天这样"简单"却又温暖贴心的"特制早餐"后，很快胃肠就舒适正常了，能继续愉快地游览福州的美景了。当这对夫妻最后要离开酒店的时候，缪经理还特地安排给他们打包了午餐用的小米粥，照例加了可口的咸菜和咸鸭蛋，并用锡纸包了起来，准备了小勺子，保证在机场候机的时候，田中先生还能够吃上热乎乎的小米粥。回到日本之后，森女士特地来信写道："在酒店期间我先生突发不适，经过贵酒店几天的精心调养，我先生的身体有所恢复，能够游完景点，顺利回到了家。现在回想起前几天在福州的经历，心里依然是特别感激。我们觉得有必要把这次平凡却又难忘的经历写出来，以表达我们的感激之情。我们从心底里感谢缪建光经理，感谢厨房的负责人和西餐厅的全体员工，在我们最困难的时候，给了我们亲人般的关怀和家一样的温暖。'宾至如归'这四个字，在贵酒店，不是冰冷的标语，而是暖心的体验。下次去福州，我们还会毫不犹豫地选择福州三迪希尔顿酒店！"

【案例分析】

在该案例中可以看到，缪经理得知客人身体不适时，及时和自己的团队沟通，为客人提供适合养胃的粥，以便及时缓解客人的身体不适。在客人要离开酒店的时候，又能特意安排为客人打包一份米粥带走，保证客人路上饮食舒适。虽然是很小的举动，但让客人感到宾至如归。缪经理用自己的行动向宾客诠释了“我们是希尔顿，我们热情好客”。

【服务优化】

对于远道而来的顾客，要注意观察其身体是否有水土不服的情况，主动询问顾客的饮食是否适应，并记录他们的饮食习惯。若顾客发生身体不适等情况，各部门可以互相配合，及时应对，力保顾客住店期间舒适、健康。

案例23　丢失的手提包

【情景描述】

晚上9点53分，餐厅值班经理郭经理接到酒廊陈主管的电话：“郭经理您好，向您汇报一下，我们酒廊座位上有客人遗留了一个女士黑色手提包。我已经先把它收起来了，避免被其他人误拿。”郭经理立刻赶去酒廊，询问陈主管：“这个手提包是住店客人遗留下的？”陈主管说：“我和当班员工确认过，这个包是刚刚来酒廊消费的9111房间的客人遗留下的。”郭经理通过系统查看了一下9111房间客人信息，是蔡先生和尤女士夫妇入住的。他便通过酒店内线电话，拨打过去。电话通了，是一位男士接听的。郭经理说：“晚上好，打扰了！我是餐饮部的郭经理，请问您是蔡先生吗？”蔡先生说：“是的，有什么事吗？”郭经理说：“是这样的，刚才可能是您的夫人尤女士前来酒廊小坐，离开时忘记拿手提包了。所以我们和您确认一下。”蔡先生吃了一惊，问过妻子后，忙说：“哎呀，没错，她刚发现忘记拿包了。我们马上来取。”郭经理礼貌地说：“蔡先生您不要急，我们会给你们送到房间的。但为了确保无误，我们能和您夫人确认一下关于这个包包的信息吗？”蔡先生有点不快，说：“怎么？你还不相信我的话？”郭经理认真且耐心地解释：“您好蔡先生，请不要误解，我们酒店会尽一切努力保证每一位客人的财物安全。确认失物信息，也是为了避免失物被其他人误领。假如我今天问了其他客人，没有确认主人身份就让他把包拿走，这样才真正会造成失主的损失。还请您谅解！谢谢您！”蔡先生语气缓和下来：“有道理。好吧，我夫人的包是深红色的皮包，单肩带。她说包里有一个眼镜盒，还有一个小化妆袋，没有钱币。您可以打开查对一下。”郭经理一边接听一边核对：“好的，请您稍等……蔡先生您好，核对无误。我们马上将这个包给您送到房间。”晚上10点15分，郭经理亲自把手提包送到了9111房间。蔡先生和尤女士非常感谢，连连称赞酒店的处理措施和效率。

【案例分析】

酒廊主管发现有客人遗留下来的手提包，马上先收起来，并及时上报给了值班经理，经过和服务员的沟通了解到手提包是属于 9111 房间房客的。值班经理在管理系统中查询之后立刻致电客人，但并没有立即将手提包还给客人，而是在仔细询问之后，确认客人所描述的包与值班经理手中的包一致的时候才归还给了客人。酒店的失物招领流程既通畅，又在细节处把关，确保失物能准确找到主人。在与客人的沟通中，郭经理耐心解释，说明信息核对的重要性，表明对客人的高度责任感，获得了客人对酒店的认同和称赞，同时客人对酒店留下了良好印象。

【服务优化】

失物是主管发现的，在时间上已经晚了一些。如果客人不是住店，只是来酒廊消费即离开酒店，就不容易联系到客人。万一客人是要坐动车、飞机，到了出发时刻才发现忘记的包包，已经难有时间回酒店取回。包中若有重要证件，就更耽误事了。所以应当在客人刚离开酒廊还未走远时，服务人员就及时到客人的位置上检查有没有遗留物品，这样更能够及时发现，并归还给客人。

案例 24　点餐出现的误会

【情景描述】

一天晚上，总机员工小林在整理文件时，接到 8116 房来电。她马上坐回椅子上，右手拿起笔准备记录，左手放在电话上等待响铃 3 声了才接起，语气欢快温柔地说："晚上好，这里是 A 酒店总机，我是小林，请问有什么可以帮您的？"电话那头的耿女士有点生气地说："我要投诉！我点了白粥配腐乳、咸鸭蛋和油条三样小菜，可是小菜没有按菜单送来，没有腐乳和咸鸭蛋，而是变成了咸菜和花生米。我要求餐厅给我更换。"小林马上说："对不起耿女士，我马上告知西餐厅帮您确认和处理。"小林马上打了西餐厅值班经理丁经理的电话，告知此事，请丁经理确认一下情况。丁经理马上查看了菜单，发现菜单上写的是"白粥配咸菜/咸鸭蛋/腐乳/花生米/油条"，意思是白粥可从 4 样配菜中选 3 样搭配，如果无备注，厨师将随机选择 3 样配菜。值班经理经送餐部了解，因咸鸭蛋已经估清，厨师就自己随机换了花生米，但误把腐乳也给换成了咸菜。丁经理马上安排送餐部员工补送腐乳以及一份水果到耿女士房间，当面向客人道歉，并告知咸鸭蛋估清，不好意思所以补送一份水果，原来的小菜也免费赠送。但耿女士说："我粥已经喝得差不多了，不需要了，我要休息了。"送餐员工回来向丁经理汇报过程。丁经理亲自致电回访，向耿女士道歉："这是我们的工作失误，非常抱歉！感谢您帮我们发现不足之处，我会把情况向餐饮部以及管理层反馈，并采取相应的更改措施。"耿女士说："好了好了，算了……咳咳咳……"丁经理听到咳嗽声，马上关心地问："您是否不舒服，需要帮助吗？"耿女士说："不用，暂时不需要。"丁经理说："好的耿女士，您好好休息。明天晚上回店如果您还需要粥，我们会非常乐意为您准备好！"耿女士说："好，有需要我会说的，谢谢！"第二天早上，耿女士到西餐厅吃自助早餐，丁经理亲自端了一份温热的梨汤过来，说："耿女士您好，昨晚在电话中感觉您嗓子不舒服，我让厨房特别备了梨汤，希望您喜欢！今晚若您还需要吃粥，我们会免费赠送您一份。希望您住店愉快！"耿女士很惊喜，连连说："感谢你们的关爱！"

【案例分析】

在这一案例中可以看出造成服务不当的原因主要在于没有及时沟通，送餐部同事应该及时与客人沟通，告知客人此时已经没有咸鸭蛋了，询问能否用其他的替代品，然后再根据客人的回答进行后续的服务。酒店厨师在看到客人的订单里有小菜估清之后，自作主张随机选择了3样配菜，是不对的，应该先征得客人的同意。后来丁经理及时跟进，了解真实情况后，及时向客人道歉，并采取补救措施。在发现客人身体可能不适后，酒店帮客人准备了舒缓嗓子的梨汤，并免费赠送一份晚上的粥，赢得了客人的原谅和感动，及时挽回了客人对酒店的印象。

【服务优化】

改进订餐服务工作，一是要求厨房及时向餐厅反馈已经估清的菜肴；二是发现客人点的菜已经估清时，应征求客人意见后更改；三是送餐员在送餐前，要核对所送菜肴和预订单是否一致，如有误则退回厨房。三个环节做到位，就能避免以上问题的发生。

同时餐厅也应记录下客人的喜好，在客人下次入住的时候为客人提前准备好喜爱的食物，使客人有喜出望外之感。

案例25　独特难忘的自助餐

【情景描述】

住店客人李先生来到酒店西餐厅用自助餐。西餐厅领位小刘热情地上前欢迎客人："欢迎光临！请问先生您是一个人吗？"李先生说："我等会儿还有几个朋友前来一起用餐并谈事情，帮我找个大一点的位置。”于是小刘给李先生安排了一个靠窗又相对比较安静的大座位。细心的小刘在给李先生拉椅协助入座时，看到他放在桌旁的房卡是8012房的。于是小刘到酒店系统看了一下，发现这位客人之前有来过酒店西餐厅用餐，宾客档案里记录着他每次都会喝冰咖啡。于是小刘又回去亲切地询问：“李先生您好！您是否还和往常一样先来一杯冰咖啡呢？”李先生很惊讶，说：“哎呀，这你们都记住了？感谢感谢！那麻烦你帮我拿一杯。”小刘微笑着说：“不客气，很高兴为您服务！”

李先生的朋友由于堵车晚到。看到一个人用餐的李先生，当区服务员小范主动上前，趁收盘时和客人简单聊天。在聊天的过程中了解到客人喜欢吃中式虾饺，但是酒店餐厅的虾饺很受欢迎，刚刚取餐的时候已经没有了。得知这个消息后小范及时通知了当班的张主管，并将消息告知西餐厨房其他同事。厨房同事在虾饺蒸好后第一时间通知餐厅相关人员，当西餐厅张主管把热气腾腾的虾饺端过去的时候，李先生非常高兴。

此时李先生的朋友也到了，坐下一同用餐。在用餐途中，小范发现其中有一位女士趴在桌子上，手捂着小腹，所以关切地上前询问。得知女士肠胃不舒服，小范马上将情况反馈给当班主管，并联系西餐厅厨师为这位客人特地准备了红糖姜茶送来。这位女士喝了姜茶，感觉舒服了很多，向小范表示了衷心的感谢，并大大赞许了酒店周到贴心的服务。

【案例分析】

首先领位小刘热情地欢迎了客人并称呼客人的名字，在得知客人是前来谈事情的后能预见客人的需求，安排安静的座位，并且记住了客人的喜好，主动为客人提供冰咖啡，让客人感受到关怀。当区服务员小范得知客人的朋友堵车可能晚到，主动和客人交谈，并且和厨房协同合作给客人准备了想吃的虾饺；用餐中途还及时预见到客人朋友的需求，贴心地准备了红糖姜茶。整个用餐过程中，客人得到了充分的关注，餐厅也用其专业的服务给客人提供了一次独特难忘而又个性化的体验。

【服务优化】

在服务中发现客人的新喜好，如本例中李先生除了冰咖啡，还喜欢吃中式虾饺，那么餐厅就要及时把新发现的信息补充到宾客档案中。

案例 26　错误的座位安排

【情景描述】

住店客人徐女士和朋友来到自助餐厅用早餐，领位员小曾上前迎接。徐女士告知小曾等下还有 1316 号房的两位客人也会来和她们一起用餐，她们的房间不含早餐，等会儿自付。于是小曾安排客人入座 8 号的四人桌。徐女士和朋友先行去取餐。过了一会儿，1623 号房的客人王先生和刘先生来到餐厅，又是小曾上前迎接。王先生对小曾说："我的朋友已经在等我们了。"小曾误以为王先生二位就是和徐女士一起的客人，故将他们引向了徐女士的餐桌。此时徐女士和朋友取餐未回，餐桌无人，王先生就先坐等朋友取餐回来。一会儿，徐女士取餐回来后，惊讶地发现怎么自己桌上坐了别人。王先生也吓了一跳。双方发现并不是彼此的朋友，便因座位的事情发生了激烈的争吵，王先生性格比较暴躁，还差点和徐女士发生了肢体上的冲突。餐厅陈经理发现情况后，立即上前调解。他先给情绪相对比较稳定的徐女士重新找了位子，并安抚她。徐女士表示很委屈，严重影响了她用餐的情绪，况且自己先坐的位置，取餐回来却要重新换位，并且还受到王先生的粗鲁对待，要求给予一定的补偿。陈经理说："徐女士您放心，我一定给您满意的答复。请您稍等一下，我马上向同事了解一下事情的过程。"陈经理了解了来龙去脉，得知是小曾的工作失误造成的，同时他还查看了徐女士和朋友们的住宿信息，得知徐女士和另外两位朋友的房间并不包含早餐。小曾知道自己有错，也被刚才客人间的冲突吓得不敢说话。陈经理返回，向徐女士说："徐女士您好，我们误以为你们是一起用餐的朋友，是我们没做到位。非常抱歉，因为我们的失误给您带来了不快！为表示歉意，赠送您和朋友今天的早餐。您看能否消消气？"徐女士这才较为满意地点点头。陈经理拿出名片递上说："我是餐厅经理，这是我的名片。很希望能和您保持联系，希望您下次入住本酒店可以提前告知我，我一定全心全意做好接待工作。非常乐意为您效劳！"徐女士欣然接受。陈经理离开前，特地嘱咐当区服务员小丽密切观察这桌客人在用餐期间的需求，要尽力满足。

【案例分析】

1.这个案例中的冲突是由领位员小曾没有确认客人的信息，想当然地处理而导致的。

2.对于来到自助餐厅用餐的客人，都必须由领位员带到位置上去，这样服务员能及时为客人提供咖啡或茶，也不会引起后来的客人自己去找位置却坐到已安排了客人的位置上，引起客人与客人之间的矛盾，导致客人用餐体验不佳。

3.餐厅经理在处理这件事情时很妥当，抓住客人的心理特点，看情形知道男客人王先生已失去理智，性格比较暴躁，而徐女士虽然是先坐到位置上的，但性格温和，还有商量的余地，就理性地劝导徐女士去另外的桌子用餐。安抚好双方客人后，在短时间内把原因调查清楚，并给受委屈的徐女士合理的早餐优惠，安抚徐女士的情绪。

【服务优化】

1.加强培训，提高领位员的工作技能和服务标准，提高其为客人带位的意识。

2.对于房客自报房间号来餐厅用餐，必须和客人当场重复自己听到的房间号，并与客人确认后引领入座。

3.培养员工敢于承认错误的精神。当发现因为自己工作失误引起客人之间争吵时，员工应敢于向客人承认错误并及时向经理反馈，节约经理调查缘由的时间，以更快地解决问题。

案例27　不懂事的员工

【情景描述】

常客王先生是一名律师，他经常在晚餐时间段光顾餐厅，每次都会带着他的客户过来一起用餐聊天。他总是选择餐厅最安静角落的桌子，常常是点完餐后，除了上菜，都不希望有人打扰到他。有一天，一如往常，点完餐后他打开电脑和客户谈论起来。就在他们讨论得比较忘我时，服务员刚好把做好的菜肴端过来，打断了他们的交谈。王先生生气了，他把餐厅严经理叫过来投诉，说：“你们的员工实在是不懂事，明知道我在和别人谈话，应该示意我一下再决定是否把菜端上来。哪里能这样直接就端过来，这样就打断了我和客户的重要谈话。”严经理忙向王先生道歉说：“非常抱歉！我们只想到要尽快给您上菜，却忽略了您的需求。”王先生说：“我每次过来都带着客户，有时候会和客户谈论比较重要的话题，所以很不希望被打断。”严经理表示理解，说：“感谢王先生指出我们的不足！我会告知所有员工您的要求。王先生，若您有重要的谈话会在用餐时进行，我很乐意为您安排更隐秘、不受打扰的小包间用餐，这样更可以保护您的隐私。”王先生头一抬，很开心地说：“那当然好，请马上带我去小包间吧。谢谢！”

【案例分析】

酒店餐厅往往是写字楼白领喜欢光顾的场所，是商务洽谈的重要场地。不管是两三人的小型就餐，还是一些会议的大型用餐，都要注意满足客人商务交流的需求。在这个案例中，王先生已经多次表现出不喜欢被打扰的习惯，但员工还是没观察到，导致客人的不满。经理的处理比较妥当，不但及时承认服务失误，而且把客人的需求放在心上，主动提出更好的服务措施，令客人转怒为喜。

【服务优化】

按照餐厅的服务规范，服务员要时刻注意客人的动态，除了要正常点单上菜，还需要通知厨房有相应的保温措施，等到客人需要时再上菜。上菜时一要注意菜肴的消耗速度，太快上菜，会让菜堆满桌面，久了会冷掉并影响口感，但太慢会让客人等得不耐烦，桌上一直是空盘，主人在面子上也不好看；二要注意顾客的特殊需求，如本案例中客人想等交谈完再上菜。在上菜前，服务员可端正站立在客人视线范围内，随时接受客人的指示，观察用餐进试，灵活掌握上菜时机。

了解到客人的喜好后，要及时补充进客人档案，才能在下一次服务时带给客人意想不到的满意。

案例 28　细心和专心

【情景描述】

7月是酒店生意的旺季，家庭客人较多。一天晚上，有一个家庭来酒店用晚餐，其中有位女士抱着一个新生儿，孩子不过10个月左右，刚来时一直在妈妈怀里睡着。陈霞英是当区的服务员，负责服务这个家庭的用餐。过了一会儿，她突然听到小孩的哭声，引得附近客人纷纷张望，有的客人露出不满之色，哭闹声影响着整个餐厅客人的用餐体验。陈霞英赶紧过去，看到那位妈妈正紧张地东张西望。于是她询问："您好女士，请问是否需要帮忙？"那位妈妈说："不好意思，小孩饿了，需要喂奶。但是我不好意思在这喂。"陈霞英想起酒店的儿童乐园就在附近，是个独立的房间，而且现在不对外营业，可以临时用作哺乳室，于是她向那位妈妈说："您不用担心，请跟我来。"她把那位妈妈引到儿童乐园，并细心地拿来了纸巾和温水，说："宝宝饿了，您安心在这喂奶，我会给您关好门。如果有换尿布，您就在这给宝宝换。待会您直接回座位就好。我会来收拾的。"女士非常满意，连声向她道谢。

【案例分析】

本案例充分体现了陈霞英的细心和专心。她能够细心观察，时刻注意客人的需求，为客人全心全意服务；并且主动为客人着想，想着宝宝喝完奶一般都会尿尿，需要换尿布才舒服，于是又拿来了纸巾和温水，以方便孩子妈妈使用。这些举措让客人感受到了暖心的个性化服务，为客人带来意外的惊喜和感动。

【服务优化】

餐厅总会遇到带着婴儿的客人。这一类客人有照顾婴幼儿的特殊需要。餐厅除了准备喂奶间，还可以准备婴儿椅、婴儿床让妈妈能放下宝宝，更轻松地享用餐点。儿童乐园可布置在餐厅不远处，既不能太近，使孩子们玩耍的声音吵到餐厅，也不能太远，以方便家长随时来看看孩子的情况。儿童乐园在就餐时也应开放，因为孩子一般都会很快吃完，而家长们会边吃边聊天，或吃完继续聊，让孩子一直在旁边等，孩子就会不耐烦，可能乱跑动，影响餐厅秩序。儿童乐园还要安排看护人员，这样家长就能更放心、更舒适地享用餐点和聊天了。

案例 29　意外的菜肴

【情景描述】

一天晚上，汉宫中餐厅 308 包厢正接待一批来自江西的客人。服务员陆龙姗在服务过程中听到一位客人对另一位客人说“这道菜没有加糖，您可以吃一点”的时候，细心地发现客人面前摆放着胡萝卜汁，马上判断这位客人很可能是不吃甜食和水果的，于是立即为客人送来了一份小黄瓜。客人说：“我们好像没点这道菜呀？”陆龙姗微笑着说：“我猜您可能不吃甜食，所以给您补送一份小菜。”客人感到很惊讶，高兴地问陆龙姗：“你怎么知道我不吃甜食的？”陆龙姗微笑着回答：“从您面前的胡萝卜汁，以及朋友向您介绍的菜品，就能看出您的需求。”客人很满意，说：“你的服务实在是太好了！只要我入住这个酒店，就一定来你们这个餐厅用餐。”

【案例分析】

此案例中，服务员陆龙姗在为客人提供服务的时候，通过听客人所言、观客人所行，及时细心地发现客人的需求，并通过自己的努力，满足和超越了客人的用餐期望，为客人带来触动心灵的体验。

【服务优化】

不同的客人，因健康原因等，会有特殊的就餐需求。餐厅在平时业务培训时，应介绍不同体质或健康需求的客人会有什么样的表现，适合用哪些菜或饮品，方能让员工在工作中提供更精准的个性化服务。

案例30　受伤的小孩

【情景描述】

一天下午，有两位客人带着他们的小孩来到大堂吧，并点了下午茶套餐和咖啡。但是上了一杯拿铁咖啡之后，他们的小孩不小心把装满冰咖啡的玻璃杯打碎了，于是小孩号啕大哭起来。大堂吧服务员胡宇蕾立马走过去询问客人的小孩是否有受伤，客人检查了一下，回复说没有受伤。于是，胡宇蕾立即把碎玻璃和咖啡、冰块等清理干净。胡宇蕾收拾完之后，发现小孩还是在哭，周围的其他客人受到影响，不满地频频看向他们。家长也觉得很不好意思，对孩子呵斥道："哭什么哭！你把餐厅东西打坏了还敢哭！"孩子听了，哭得更加厉害。胡宇蕾看了几眼孩子，发现他一直想抬手摸脸的样子，却只是举起又放下。于是胡宇蕾再次上前，蹲下来和蔼地和小孩子说："小朋友，你脸上不舒服吗？"小孩子边哭边点头，又摇头。胡宇蕾轻轻扶住孩子的手，温柔地说："小朋友别动哈，让姐姐帮你看看。"她仔细查看，发现小孩的脸没事，但左边脖子上有被玻璃碎片划到，流了一点点血，没仔细看是察觉不到的。可能是一动就疼痛，小孩一直在哭泣，但是他的父母还没有发现。胡宇蕾立即去大堂副理那里找来止血贴和药物递给客人，告诉客人小孩的脖子受伤了，并协助客人给小孩的伤口消毒，贴上止血贴。处理后，小孩就不再哭了。孩子的父母连连说："惭愧惭愧，我们自己竟然没发现。太感谢你了！"

【案例分析】

服务员胡宇蕾细心地发现了小孩受伤，及时协助客人进行伤口处理，得到了客人的认可。这一案例再次说明了，只要用心服务，一定能给客人带来触动心灵的体验，从而赢得顾客的满意。

【服务优化】

孩子在就餐中好动，容易打碎餐具，特别是杯身较高、容易碰倒的杯子。餐厅可设计一些适合低年龄幼儿的餐点饮品，搭配较安全的、外形可爱的餐具，这样既受孩子喜欢，又能避免意外事故的发生。

案例31　触动心灵的体验

【情景描述】

吴妙容来酒店工作一年多了，现已通过自身的努力晋升为中餐厅的领班。她服务细心周到，做事勤勤恳恳。

中餐的同事都知道中餐厅有一位老客人黄先生，每次住店时来用餐都喜欢订306包厢，而且这位黄先生餐前喜欢喝一小杯酸奶，还爱吃香蕉，每次餐后水果都会要求有香蕉。一天下午，吴妙容接到了一位叫黄先生的订餐电话，订的是306包厢。吴妙容心想："不会就是那位黄先生吧？"吴妙容通过酒店系统中的客史资料和联系方式，查到当天订餐的这位黄先生就是之前常来包厢用餐的黄先生。于是，在黄先生到来之前，吴妙容就提前让厨房准备了一小杯酸奶和一盘香蕉。黄先生到来后，吴妙容就马上给黄先生送上酸奶。黄先生眼睛一眯，微微点头。餐后，吴妙容不需黄先生吩咐，就拿来了香蕉，笑着说："黄先生，我猜您喜欢这种水果，是不是呀？"黄先生哈哈大笔，激动地说："我已经很久没来你们这吃饭啦，你们还记得我的喜好，服务真是细心啊！"

【案例分析】

服务要让宾客满意，并赢得宾客的赞许，是一件不容易的事。此案例中吴妙容通过客人的订餐电话查到客人的喜好，通过自己贴心、诚心和细心的服务，让客人感受到触动心灵的体验，为餐厅的服务增色！

【服务优化】

酒店预订系统应包含客史档案，当顾客来电预订时，通过输入联系电话或姓名，即会自动跳出过往消费记录和客人喜好等信息。预订任务随着顾客信息下发给负责的员工，当班员工在接到任务后，就可以提前准确地做好准备，为客人提供个性化的服务。

案例 32　态度决定一切

【情景描述】

3 月 20 日到 4 月 4 日期间，莆田迎来了举世瞩目的世界技巧锦标赛。酒店西餐厅为此次比赛活动中运动员们的主要用餐餐厅，西餐厅在各方面做了充足的准备。在接待的第一天，西餐厅服务员李蒙在给以色列代表队服务的时候发现，以色列代表队的队员每天在餐前都会饮用冰柠檬水，于是就把这个细节记了下来，并在开餐前准备好，当他们再次来用餐的时候就会把水提前倒好。由于班次不一样，她怕别人关注不到这个细节，就及时把这个情况反映给当班的经理，分享给同事们，以确保服务质量。并且她还建议专门留一条长桌给以色列队，因为据她观察，以色列队的团队意识和安全意识很强，用餐基本上都是在一起的。于是，西餐厅经理有意识地让李蒙专门负责以色列队。在接待过程中，以色列队的队员都认识了李蒙，每次来用餐都会和她热情打招呼，比赛结束，要回国前还依依不舍地和她拥抱告别。

【案例分析】

本案例充分体现了服务员李蒙在工作中专心观察和积极负责的态度，了解客人的信息之后，考虑到服务的连贯性，她及时把信息反映给上级，可见她对工作的细心。

【服务优化】

不同国家的运动员都会有不同的用餐习惯。经理可每天在换岗时安排几分钟用于工作交流，让员工们分享一下自己负责的运动员队伍的特点，让所有员工不仅能负责好一个国家的运动员，还能兼顾好其他国家运动员的需求，使整个餐厅的服务水平显著提升。

案例 33　生日聚会

【情景描述】

一天晚上，有客人过生日，邀请的朋友达 50 人，专门包了自助餐厅显眼的一块区域。其中有很多小孩，导致这块区域不断地发出各种喧闹声。附近区域的老顾客王先生叫来服务员，投诉说："今天你们这用餐环境实在是太差、太吵了！请马上解决！"服务员向张主管反映，张主管立即过来和王先生说："实在对不起！今晚旁边的客人过生日，小孩子较多，所以比平时吵。还请谅解！"王先生说："过生日也不能影响其他人吃饭呀！他过生日又没包了整个餐厅。我实在无法忍受！"张主管一时难以解释，最后只好说："这样吧王先生，我帮您调换一个比较安静的角落。为表歉意，今晚给予您九折优惠。以后我们会更注意安排好团体聚餐的地点，不再影响其他顾客的。"王先生也叹气说："好吧，还能怎么样呢！"张主管帮王先生把就餐位置调换到拐弯处较远的角落，总算是安静了许多。

【案例分析】

这个案例中，餐厅没能细心地估计50人用餐过生日会给其他顾客带来的影响，安排的生日餐位于显眼的核心位置，导致周围其他客人都被吵到。就算张主管给王先生换了位置，王先生心中还是不满的，更不用说其他客人了。王先生虽然没投诉，但也一定会对餐厅产生不好的印象。

【服务优化】

首先，碰到有生日聚会的客人，应尽量安排在比较私密的独立或半独立空间，或使用隔断围出，同时其他散客安排的位子要远离聚会的客人。

若实在无法准备独立空间，就要把生日聚会安排在餐厅一侧，而不是中间。当客人来到时，门口的迎宾人员首先要礼貌地告知过生日客人不要大声喧哗，以免影响其他顾客就餐，引发不必要的冲突；同时应告知其他散客今天有生日用餐，可能会对用餐环境造成一定影响。

案例34　委婉的拒绝

【情景描述】

某天，一位住店客人孙先生和几位朋友在大厅吃饭，孙先生把他特地从家里带来的两瓶酒摆上桌说："这是我从法国带回来的红酒，给大家尝一尝。"这时服务员小吴看到了，忙过来说道："对不起先生，我们餐厅是不让客人自带酒水的。如果客人自带酒水，我们必须收开瓶费。"王先生眉头一皱，问："开瓶费多少钱？"小吴说："每瓶50元。"王先生一听不太高兴，道："我已经不止一次在这里用餐了，还是住在这里的老顾客，你们还收服务费?”小吴说:“这是我们酒店的规定。”王先生很生气地说:“把你们经理叫来!”餐厅张经理很快赶来,一看是老顾客王先生,连忙先道歉,对王先生解释说:“对不起王先生,请莫怪,酒店的确是这样规定的。在点菜本上也是有说明的。”王先生心里还是有点不愉快,表现在了脸上,也拒绝翻看小吴递上的点菜本。张经理一看王先生马上又要发作的样子,立刻说:“但是王先生是我们酒店的老顾客了,按照 VIP 的待遇,可以只按五折收取开瓶费。我们员工有失误,没有提醒您这一点,王先生大人有大量,还请原谅。为表歉意,我们补赠一份果盘,您看是否满意?”张经理这么说,王先生顿感有面子,就满意地点点头说好。

【案例分析】

服务人员对待客人时应时刻注意语气委婉,不可对客人说“不行”“必须”等强硬性的拒绝语言,应随时站在客人的角度去处理客人的需求,在给客人面子的同时为客人提供优质的服务。此案例中,小吴一开始的语气较硬,让客人在朋友面前没面子,影响其消费心情,甚至有可能离开。若小吴在开头能委婉地解释,客人也并非不讲理。

在案例中,张经理处置得当。他先是耐心有礼地解释,然后发现客人情绪并没有改善时,当机立断,通过客人常客的身份,按 VIP 待遇给予优惠,并赠送果盘,满足了客人的面子和自尊。虽然少赚了一点点,但整个酒席的大收入因此不变,客人也对酒店服务转变了态度,表示满意,挽回了这位老顾客,保护了酒店的形象。

【服务优化】

小吴一开始可这么说:“哇,王先生,您这两瓶酒可是市面上难得买到的。您的朋友真有口福!”让客人感觉很有面子,然后私下低声和王先生说:“王先生您好,按酒店规定,客人可以自带酒水,但需要按每瓶 50 元收开瓶费。这些服务包括开瓶、醒酒、斟酒等专业服务,保证您和朋友能饮用到口感最佳的美酒。”若这样,客人既有面子,又觉得收一点费用能享受更好的服务,从而会欣然接受,而避免了后面事情的发生。

案例 35　一碗面损失一位顾客

【情景描述】

一天中午,一位外宾 Mike 先生来到西餐厅用餐。他点了一份海鲜意面、牛尾汤和鸡肉沙拉。Mike 先生吃完沙拉和牛尾汤后,感觉还挺满意。但是等海鲜意面上来后,Mike 先生一看,皱起了眉头,招呼附近的实习生服务员小周过来,说:“我对你们餐厅的菜品非常不满，这道意面和菜谱上的图片不一样。图中是用鲜虾和花蛤搭配的，但你们送来的这份面却是用香肠和鱿鱼搭配的。我不能接受！”小周忙说：“请您稍等，我去帮您问一下。”由于领班和主管正好去吃午饭了，小周只能向当时餐厅的吴经理汇报了客人的意见。吴经理对小周说：“噢，这是因为今天厨房鲜虾和花蛤原料不多，所以供给中餐菜肴使用了，这道意面今天就暂时换了配菜。你去和客人解释一下。”小周只好硬着头皮过去，按经理的原话解释给 Mike 先生。Mike 先生听了还是很生气，说：“如果配菜不一样，就应该早一点告诉我，我不喜欢香肠，我只吃新鲜的食材。如果你们不能按菜谱制作，那我拒绝为这份面付款，请退了它。”小周只好再去向吴经理汇报，这时吴经理才过来亲自和 Mike 先生交涉。但 Mike 先生始终不能接受“改良”后的意面，并表示要向酒店高层进一步投诉。吴经理只好同意退掉这道菜，去中餐区领原料给 Mike 先生重新做一份意面，并给予八折优惠，以示歉意。Mike 先生这才消了气。

【案例分析】

在这一案例中，有错的是酒店方，没有在顾客点单时就说明菜肴配方有变动。在事情发生后，经理没有第一时间亲自和客人沟通，而是让身为实习生的小周一趟趟地跑，导致客人多等，情绪更加不好。经理亲自交涉后，还想着说服客人能接受改变后的菜肴，无视客人之前已经很生气，并明确说自己不吃香肠的信息，这怎么可能让客人满意呢？虽然最后经理按客人要求重新制作了原配方的意面，但这位 Mike 先生一定对餐厅有了很不好的印象。为了一碗面，损失一位顾客，是非常不值得的。

【服务优化】

当小周第一次汇报时，餐厅经理就应及时赶到现场，对客人表示歉意，当客人对服务和饭菜不满意拒付款时，应视情节轻重，尽量满足客人的合理要求。

事后应召集有关人员认真总结经验教训。如果是客观原因，要培训员工在交接班时充分交流信息，告知菜肴动态，员工才能在客人点单时先说明，征求客人意见后再下单；如果是主观原因，后厨擅自更改菜谱，就要对引发事故者做出相应的罚款或纪律处分。加强对员工菜品知识的培训，对菜品质量的把关，发现菜品不符合出品标准的，一律退还给厨房。

案例 36

客房服务计划卫生不周导致宾客投诉

【情景描述】

2014 年 10 月某日早上，A 酒店客房部林主管根据部门计划卫生项目要求，安排 12 楼保洁员小李对客房水壶和茶具进行定期消毒，并交代了具体注意事项。小李按照工作安排，开始对 12 楼所有客房内的水壶和茶具进行消毒。13 时左右，小李的对讲机里传来房务中心的指示，该楼层有三个房间(1203、1205、1206)的客人已经在总台登记，马上要入住了，要求小李立即回房。小李接到通知后匆忙在房间里对水壶和茶具消毒并进行回房操作，赶在客人到达房间前退出了房间。14 时 30 分左右，总台服务员接到 1203 房间客人杨先生的投诉，称其在房间烧水泡茶时感觉茶水有异味，查看后发现是水壶里烧出的水有股 84 消毒液的味道，现在人很不舒服，要求酒店安排人员到房间处理。总台立即将杨先生的投诉信息上报给酒店当日高值陈经理。陈经理立即到达 1203 房间，经过简单的确认后，发现该房间水壶里的确有股刺鼻的异味，当即向杨先生道歉并建议由酒店安排车辆陪同客人去医院检查。经医院检查，杨先生并无明显的食物中毒迹象，从杨先生留存作为证据的茶叶中也未检测出有毒成分。但是杨先生情绪激动，坚称自己身体不舒服，要住院观察，并要求酒店给予说法。经过酒店管理层向杨先生多次道歉并协商沟通，最后以支付杨先生住院三天的费用并赔偿人民币 2 万元达成和解。

【案例分析】

事后，经酒店质检部调查还原了此次投诉事件的整个过程：

1.清洁员小李未按照操作规范将水壶和茶具统一撤除到楼层消毒间进行消毒处理，而是在每个房间里单独进行操作，在客人入住前没有足够的时间进行回房工作。

2.房务中心未在酒店的管理软件系统上将该楼层房态更改为计划卫生状态，导致总台按照空净房状态进行销售。

3.客房部督导人员只是进行了任务安排，没有进行后期的跟进检查，清洁员违反操作程序的行为没有得到及时纠正。

4.员工应对突发情况的能力不足，部门之间缺乏有效沟通。清洁员小李接到客人入住通知后，明知计划卫生工作未完成也无法完成，但没有及时将这个情况反馈给房务中心或者督导人员，以协调客人更换楼层入住。

【服务优化】

1.规范客房的各项操作程序，严格按照标准执行。此案例中的水壶和茶具消毒作为计划卫生工作之一，应该进行统一操作，在确保卫生质量达标后再配送回客房。

2.要时刻保持房态的真实准确。进行重大维修或者计划卫生操作的房间，应该在管理系统上修改状态，以免总台按照空净房对外销售。

3.酒店一线部门要采取走动式管理，下达指令要明确，标准检查要严格，发现问题要解决。

案例37　是鲜橙汁吗

【情景描述】

某日，咖啡厅来了4位本酒店的住店客人，点了4杯鲜榨橙汁。服务员按规定时间，将新榨的鲜橙汁迅速送到客人面前。当时客人处于半醉状态，其中两人还上了洗手间。等一齐回座后时间大约过了20分钟，他们刚饮用鲜橙汁后，马上投诉说"橙汁是苦涩的，不是新榨橙汁"，要求退货或换货。事情反映到领班那里，领班当即进行了耐心的解释，但客人酒后情绪难以控制，气粗声高，一再坚持说橙汁不新鲜，同时要求见店方负责人。此事一时惊动了四座宾客。焦点为：是鲜橙汁吗？

【案例分析】

事情迅速反映到餐饮部陈经理那里。他马上赶到现场，4位客人你一言他一语，断定橙汁一事是酒店方过错。陈经理当时的反应是：

(1)客人对新榨橙汁的习性、口感特征缺乏了解，酒店不可能出售冒牌货。

(2)客人处于酒醉状态，且情绪激动，请他们换个地方交谈、解释已不可能。

(3)此事已惊动四座宾客，若不当场释疑必将对酒店声誉造成不良影响。所以，陈经理决定采取现场解释、转守为攻的办法。

【服务优化】

陈经理平心静气地请其中一位看来较为清醒的客人到咖啡厅操作台处。他叫服务员马上再榨一杯鲜橙汁，并在客人面前展示。他诚恳地请客人品尝，同时有意找其他话题与客人交谈，大约过了20分钟，再请客人喝一口鲜橙汁。陈经理同时也请其他客人先后喝了两种橙汁，客人疑虑顿消。因为客人亲眼见、亲口尝、亲身辨别，一切解释都不必要了。

1.作为酒店领导，特别是餐饮管理者，必须储备各种商品的知识，尤其对自己经营的食品、饮料、酒水都应有足够的了解，对其特征更须有分辨能力。

2.餐饮服务工作由于存在生产与销售、消费与服务同时进行的特点，而宾客方面又存在众口难调、众癖难和的服务难度，对此我们必须有深刻的认识和充分的准备；同时，要很好地培训员工，包括了解服务范围内商品的特性。另外，管理人员还应有良好的个人涵养，如敏捷的反应，多谋善断，处变不惊。

3.当店方与客人有争执、误解时，必须审时度势，切不可针尖对麦芒，那样会使客人对酒店留下不良印象。

案例38　如何保证厨房出菜速度

【情景描述】

某一星级饭店拥有500个餐位，坐落于城市繁华地区，主要吸引来往游客。该餐馆开业后，经营情况不佳，营业额呈持续下降趋势，餐馆经理为此进行了一次顾客调查，发现主要原因是顾客对饭店的上菜速度极其不满。其中80%的客人觉得上菜速度太慢，还有10%的客人抱怨经常遇到上错菜的情况。为了解决这一问题，扭转营业颓势，饭店成立了以经理为组长，厨师长为副组长，厨房各班班长、餐厅主管及各个相关部门主管为组员的工作小组，并聘请了酒店管理专业的专家担任顾问，共同研究对策。

【案例分析】

目前，在经营规模较大的酒楼和酒店餐厅，常常会碰到客人对上菜速度太慢的投诉。如何解决这一问题，直接关系到顾客回头率乃至酒店的生存。在此，对这一问题的解决办法做一探讨。

【服务优化】

1.厨房管理的统筹安排

首先，摸索客人的就餐规律，做好半成品的充分备料。根据餐厅接待的客源类别不同进行分类：以接待休闲度假类型客源为主的餐厅，周末客人较多，一般在周五、周六、周日这三天生意较好；以接待公款消费类型客源为主的餐厅，则在周二、周三、周四、周五这几天生意较好。营业开餐前的准备工作，不应该仅仅是姜、葱、蒜等配料的准备，更重要的是要充分做好原材料的粗加工及半成品的备料。除了特殊菜点的切配外，一般的比如肉丝、肉片、土豆丝、茄子等要事先切好，而不是等到客人点了这个菜，服务员把菜单送到厨房后，厨师才开始削皮切丝。有些厨师会认为这个环节花不了多长时间，不会耽误多少事，其实恰恰相反，厨房出菜慢的很大一部分原因就是源于厨师的这种思想！一道菜耽误几分钟，十道菜就耽误几十分钟，在就餐集中的情况下，势必造成出菜通道的堵塞，影响厨房的上菜速度。

其次，统筹安排，合理调配，最大限度地做到人尽其能、物尽其用。一般情况下，炉灶厨师都是一人一灶，各司其职，厨师长作为厨房的管理者，现场调控、现场协调、现场指挥显得尤为重要。对于餐厅而言，客人就餐高峰也就集中在1.5～2小时，也就是说在这短短的一两个小时内，厨房可能要做几百甚至上千个菜。而从整个厨房的用工成本考虑，炉灶上的炒菜厨师相对于出菜高峰时段而言极不匹配，怎么办？唯一的办法就是一人用二灶或三灶（在有多余灶眼可用的情况下）：一个灶炸，一个灶烧，一个灶炒，充分做到人尽其能、物尽其用。实践证明，这种做法对解决厨房上菜速度慢的问题有很好的效果。

再次，统一配方，提前兑汁。像川菜中的鱼香汁、宫保荔枝汁及其他菜系的糖醋汁、咸鲜汁，都可根据当日生意状况事先兑好。这样，既可提高菜肴出品的速度，又使菜肴制作的标准化作业向前迈进了一步，避免同一个厨师做出的同一个菜肴味道不同的怪事。

2.餐厅服务员的娴熟技能与密切配合

餐厅服务员会不会点菜，熟不熟练，对出菜速度的影响也是很大的。有些不会点菜或点菜不熟练的服务员，磨磨蹭蹭、支支吾吾就耽误半个多小时甚至更长；这还不够，点完菜后自己又嫌字写得难看，趴在吧台上重抄一遍，又是十分钟八分钟，等送到厨房，客人已坐下好长时间了。如果你是客人，也早就不耐烦了。除了提高服务员的点菜技能和熟练程度，别无他法。平时除了请厨师长给服务员讲解菜单、让服务员熟记菜单外，经常性的点菜模拟操作也很重要。为了区分餐厅和厨房的责任，在点菜单上注明下单时间是一个办法：客人进入餐厅时由迎宾员注明时间，服务员点完菜后送单入厨时由传菜员注明时间，各岗厨师在接到点菜单后应核对入厨时间，避免服务员故意将时间往前写推卸责任的做法。

案例39 适得其反的离谱菜名

【情景描述】

某日，经商的王先生邀请几位外地来观光的客户到酒店就餐。几个人兴冲冲地打开菜谱，不禁愕然："情人眼泪""生死恋""金屋藏娇"等稀奇古怪的菜名跃然纸上。它们究竟是啥？让人云里雾里。

王先生怎肯在朋友面前丢脸，只得装出一副十分熟稔的样子，硬着头皮点了"情人眼泪""生死恋""黄金万两""金屋藏娇""龙王喜得子"和"霸王会蛟龙"。待服务员端上来时，这些菜终于露出了"庐山真面目"：原来，芥末拌肚丝被谓之"情人眼泪"；一公一母两只牛蛙炖在一起称为"生死恋"；几块地瓜饼沾上面包渣，油中一滚就成了地道的"黄金万两"；"金屋藏娇"不过是炒熟的鸡蛋下盖着几片西红柿；而一大一小两只龙虾搅在一起成了"霸王会蛟龙"。众人捧腹大笑之余顿感受到捉弄。

顾客不仅会对这样的菜单反感，甚至会"吃一堑，长一智"，以后不再光顾该餐厅。

【案例分析】

本案例中的菜单由于菜名取得离谱，且名不副实，引起顾客的反感，很可能导致顾客以后不再光顾该餐厅。菜单是餐厅重要的促销工具，是引导顾客选购其产品的"服务指南"。作为与顾客接触的一个重要窗口，酒店方在设计菜单时要下一番功夫。

【服务优化】

其实除了菜肴命名外，还要注意以下几个方面：

首先，菜单的设计要注意艺术、美观的整体效果，要与餐厅的经营宗旨相匹配，要体现和推销餐厅的形象。例如一家牛排餐馆，菜单的封面附有菜品的图形，这种设计能立即反映出该餐厅提供什么菜式。

其次，菜单要很好地运用颜色和照片，菜品的照片要有利于顾客加快点菜的速度，而颜色的利用则可起到推销菜品的作用。

再次，管理者和厨师长应定期调整菜单，而服务员则应不断地征询、收集、传递宾客的意见和建议。

最后，菜品的菜量不能单一，这样容易造成就餐客人少而菜量过大，导致浪费。酒店在菜单设计上应尽可能设计大、中(倒盘)、小份不同规格。比如，同是霉干菜烧肉，例盆每盆标价18元，小盘是10元，价钱是例盆的一半多一点，而数量仅是例盆的1/3。

也就是说，酒店以 1/3 的数量卖了 1/2 的价钱，可是顾客反倒感到实惠、合算。

总之，酒店在菜单的设计上要有利于向顾客购买行为的方向转化，从而达到促销的目的。

案例 40 餐厅人员的合理配置

【情景描述】

某酒店宴会厅客人数量突破 200 人，餐厅桌位显得十分紧张，许多客人进行了拼桌以尽快用餐。由于厨房只有 10 名厨师上班，餐厅加上领班只有 8 名服务员，出菜供不应求，上菜也有些慢。一男客人点了一份饺子和一盘香辣肉蟹，之后一对情侣和他拼桌点了一份宫保鳕鱼籽、一份烤鱼。20 分钟后，情侣的菜上齐了，男客人的菜一个都没上，客人已经向 3 名服务员催了菜，得到的答复均是“马上就上，再稍等一会儿”。然而 30 分钟后，服务员却请客人换个菜，并告知肉蟹没有了。客人立马火了，大声质问服务员：“为什么不在点餐的时候说没有了？一起来的，人家都快吃完了，你才告诉我没菜了？没见过这样的服务态度！……”服务员越解释，客人越生气，就在餐厅中大声喧哗起来，经理见状便前来安抚客人。然而客人情绪激动，完全无视经理的解释。其他客人也纷纷起哄，向服务员催菜，导致局面有些失控。最终男客人拂袖而去。

【案例分析】

本案例属于酒店餐饮部的服务意识问题。由于餐厅用餐人数超出了接待能力，酒店服务质量严重下降，致使服务人员对客人服务时没有按餐厅服务标准进行，也没有及时与后厨沟通原材料是否充足等；在客人表达不满后也没能及时安抚客人，缺少服务意识和沟通技巧，使客人更加不满，导致邻桌客人集体起哄，场面失控。

【服务优化】

服务员应及时了解菜品的情况，并及时告知客人，当客人催菜时，更应及时安抚，尽快向客人解释原因，而不是等客人发火之后再去解释。这样会让客人觉得所谓的理由都是借口，因而更加生气。而且在客人发火时应尽量将客人与其他客人隔离开，请他到单独的房间进行安抚，以免客人情绪激动，影响其他客人的情绪。餐厅人员要端正服务态度，努力提高饭菜质量并限制客流，从而保证正常营业秩序以及服务质量。同时，餐厅应合理配置厨师和服务人员，以保证餐厅正常运转。

案例 41

白金卡享受免单还是免费服务?

【情景描述】

一天两位客人来酒廊,服务员看到后热情地接待了他们,客人询问这里是不是某银行白金卡享受下午茶的地方,服务员回答“是”并引领两位客人入座,递给他们酒单并介绍饮品和食品,客人看过酒单点了些饮品,还选择了要吃的蛋糕和面包,服务员用最快的速度为客人上全所需饮品和食品。服务员在客人用餐期间积极主动为客人添水。一个多小时后,两位客人起身准备离开,服务员赶紧追上客人说:“不好意思,您还没有结账呢。”客人说:“不是用白金卡就免费的吗?”服务员解释说:“对不起,并不是免费的,只是为您做些优惠并减免服务费,所以只要 150 元并用白金卡结账就可以享受这个下午茶活动。”客人听到后却说:“如果知道不是免费的服务就不来了,东西也不好吃。”结完账后就离开了。

【案例分析】

酒店与银行没有沟通好到底是由哪一方向客人具体介绍白金卡活动的内容。客人入座后,服务员在为客人点单时并没有介绍活动细节,在客人要离开时又叫住客人,要求客人结账,客人措手不及又有一点不好意思,因而引起客人不满。也可能是因为来酒店用下午茶的客人相对较少,与客人的沟通交流经验不足,说话的方法和态度有一定问题,激发了客人的不满情绪。且服务员后续并没有对客人进行安抚工作,造成不良影响。

【服务优化】

酒店在与银行组织活动时,应与银行沟通好是由哪一方向客人介绍具体的活动内容。银行在为客人办理白金卡业务,向客人介绍活动时也一定要说清楚细节。在持有白金卡的客人来到酒店消费时,服务员要及时询问客人是否了解这个活动,如果了解,就立即为客人点单;如果不了解的话,就要向客人介绍活动细则,最重要的是让客人彻底了解活动内容再为其点单。服务员在与客人沟通时态度一定要好,说话一定要大方得体,不要引起不必要的误会。如果有误会发生,一定要及时报告当班主管或让他们解决,处理得当的话,客人下一次还是会选择到酒店来消费的。

案例 42　一句话引起的纠纷

【情景描述】

2012 年 11 月，上海某星级酒店的中餐厅正中间摆放着一张特大的圆桌，从桌上的大红寿字和到场的老老少少的宾客可知，这是一次为家人庆祝寿辰的宴会。朝南坐的是一位白发苍苍的八旬老翁，众人不断地向他表示祝贺，可见这位白发苍苍的老人就是今晚的寿星。不一会儿宴会开始了，一道又一道缤纷夺目的菜肴被送上餐桌，客人们对今天的菜感到十分满意。寿星的阵阵笑声为宴席增添了欢乐，融洽和睦的气氛感染了整个中餐厅。稍后又是一道别具一格的点心被送到了大桌子的正中央，客人们异口同声喊出“好”来。整个大盆连同点心拼装成一个象征长寿的仙桃状，引起邻桌食客的关注，宴会的主人因此感到很满意。不一会儿，盆子见底，点心被吃光了。可是不知是何缘故，上了这道点心之后，再也不见端菜上来。欢笑声过后便是一阵沉寂，客人们开始面面相觑但又不好多说什么，热闹的生日宴会慢慢冷却下来。众人怕老人不悦，便开始拉拉家常，分散他的注意力。

一刻钟过去了，仍不见餐厅部的服务员上菜。一位看上去是老翁儿子的中年人终于按捺不住，站起来朝餐厅部服务台走去。接待他的是餐厅的领班。领班听完客人的询问之后很惊讶：“你们的菜不是已经上完了吗?”中年人把这一消息告诉了大家，众人听后都感到很尴尬。在一片沉闷中，客人怏怏离席而去。

【案例分析】

本案例属于酒店餐饮部宾客关系管理中的宾客沟通技巧问题。酒店在餐饮服务工作中，会遇到许多琐碎事情，然而正是这些琐事才构成了酒店的服务质量体系。在整个服务中，服务员需要细心和周到，不能在任何环节上出现闪失。为确保酒店的优质服务，酒店各部门、各岗位都必须竭尽全力尽好本部门的职责，哪怕只是一句很简短的回答客人询问的话，都要考虑回答得是否恰当，是否能让客人听着舒服。

【服务优化】

本案例中八旬老翁的生日宴席从一开始便很成功，但是由于酒店最后一步棋没下好而功亏一篑。本例的症结在于上最后一道菜时服务员少说了一句话，致使整个宴席归于失败。餐厅部服务员通常在上菜时要报菜名，如是最后一道菜，则还应向客人说明，最好再加上一句：“你们点的菜都上齐了，请问还需要添些什么菜吗?”这样做，既可以避免发生客人等菜的尴尬局面，又是一次促销行为，争取机会为酒店餐饮部增加收入。客人离开酒店时的总印象是由在酒店逗留期间各个细小印象构成的。与体育运动中的接力赛不一样，一个人稍差些，其他的人可以设法弥补，在酒店里任何岗位都不许发生疏漏，因为一出现差错别人是很难补救的。因此酒店餐饮部的每名员工须牢牢把好质量关，努力做到精益求精。

案例 43　客人的尊严

【情景描述】

一天，泰国某企业的老总沙旺素西请他的工作伙伴到当地的巴东酒店用餐，沙旺素西预订了 VIP 房。不一会儿，沙旺素西和他的客人就在巴东酒店用餐了。用完餐后，沙旺素西取出银行卡打算买单，餐饮部服务员泰桑用银行卡在 POS 机上操作时，屏幕显示"余额不足"。泰桑礼貌地对客人说："先生不好意思，您的这张卡好像有点问题，请您换另一张信用卡好吗?"客人不耐烦地拿出了另一张卡，可屏幕仍显示"余额不足"。泰桑想，如果直接在房间当着客人的面告知老总其信用卡余额不足，一定会让老总觉得尴尬，于是灵机一动，让其他餐饮部服务员去告诉客人沙旺素西"账台处有您的电话"。当客人来到账台时，泰桑向客人说明了情况，并建议客人一半费用用银行卡支付，一半费用用现金支付。"谢谢你，先生，你想得太周到了!"沙旺素西很高兴地接受了建议。"这没什么，先生，为客人服务是我们的义务，让客人满意是我们的宗旨! 很高兴您能光临我们酒店，希望您下次能再次光临!"泰桑微笑着回答道。"当然当然，你们的服务理念与方法我很喜欢，如果下次有机会我一定会再来!"客人满意地说道。

【案例分析】

本案例属于酒店餐饮部门的个性化服务问题。收银服务员在为客人结账单时，会碰到各种各样的情况。这就要求收银员在面对不同问题时用不同的方法解决。虽然解决方式不同，但是目的只有一个：既不使顾客的尊严受到伤害，又要维护酒店的利益。

【服务优化】

本案例中，餐厅服务员泰桑做得较好，体现在两方面：第一，发现客人银行卡余额不足的时候，没有直接告诉客人，而是用"账台处有您的电话"的方式将客人调离人员较密集的用餐区，到较隐蔽的账台处与客人说明情况，为客人保留面子；第二，提出解决问题的合理化建议，让客人一半费用用银行卡支付，一半费用用现金支付，从而使尴尬的问题迎刃而解。

案例44 “高规格”的接待

【情景描述】

美国某地产投资集团十分看好中国浙江××风景区得天独厚的旅游资源。在经过中国政府的同意后，与有关部门协调磋商，于2011年8月来到浙江某五星级酒店，准备进一步与当地政府落实投资具体事宜。美国公司派出以董事长为团长的高级代表团与浙江政府接待办和外事办多次联系。当地政府对这次合作也十分重视，对接待活动的规格反复研讨，决定在酒店的大厅和中餐厅进行宴会接待。当天的菜肴极其丰富，不仅有新鲜的龙虾、鲍鱼，还有从北京全聚德请来的一级厨师制作的地道的北京烤鸭，甚至还有当地特有的野生菜。然而，面对主人热情洋溢的祝酒词以及丰盛的山珍海味，美国公司代表团成员没有中方陪客那样兴奋，对中方的盛情款待似乎并不领情。

第二天，美国公司代表团成员考察了当地尚未开发的旅游资源，但是由于时间有限，没有走完全程。虽然外方对浙江××风景区的旅游资源赞不绝口，但没有按照以前期望的那样签署投资协议。为什么如此重视的接待却没有起到预期的效果？因为美国公司代表团成员认为他们没有了解到风景区的旅游资源全貌，而且在西方人眼中这样高级的接待规格让他们无从适应。

【案例分析】

本案例属于酒店餐饮部门中的特殊宾客饮食习惯的问题。中西方存在差别的主要原因：一是中方在宴请中规格过于隆重，菜品过于丰盛；二是我国的餐饮注重色香味，对菜品的味觉和排场要求很高，而忽视了清淡节约。

【服务优化】

本案例中酒店的餐饮部在用餐之前就应该调查好客人的身份。此批客人为外国人，中西方的文化是不同的，这其中当然包括饮食方面。为了作为弥补，该酒店可以向政府申请尽量多挽留代表团几天，在带领他们继续参观完风景区的同时，重新把美国客人请到酒店用餐，且尽量按照西方的传统做菜。这样不仅可以促成签署投资风景区的协议，也可以挽回酒店的声誉。

案例45　自助餐风波

【情景描述】

Taylor有一次代表公司出席一家外国商社的周年庆典活动。正式的庆典活动结束后，那家外国商社为全体来宾在某星级酒店安排了丰盛的自助餐。Taylor在此之前并未用过正式的自助餐，所以一开始表现得很拘谨，但是她在用餐时发现其他用餐者的表现非常随意，于是她也慢慢放下规矩，像别人一样放松自己。

让Taylor开心的是，她在餐台上排队取菜时，竟然见到自己平时最爱吃的北极甜虾，于是，她毫不客气地为自己盛了满满的一大盘。当时她的想法是：这东西好吃，餐厅这么多的人，不便来来回回多次去取；再说，它这么好吃，这会儿不多盛一些，保不准一会儿就没有了。

然而令Taylor脸红的是，当她端着盛满了北极甜虾的盘子从餐台边上离去时，周围的人居然个个都用异样的眼神盯着她，有一位同伴小声说道："这位来宾怎么一个人盛了那么多?"事后一打听，Taylor才知道自己当时的行为是有违自助餐礼仪的。

【案例分析】

本案例属于酒店餐饮部门的用餐礼仪问题。从本案例中我们可以看出，在出席活动时应时刻注意自己的形象以及一些宴会的规则，不应随心所欲。"多次"的原则与"少取"的原则其实是同一个问题的两个不同侧面。"多次"是为了量力而行，"少取"也是为了避免造成浪费。所以，二者往往也被合称为"多次少取"的原则。

【服务优化】

本案例说明了在吃自助餐时，应注意要多次取菜。在自助餐中遵守"少取"原则的同时，还须遵守"多次"的原则。"多次"的具体含义是：用餐者在自助餐上选取某一种类的菜肴时，可以反复地去取；每次应当只取一点，待品尝之后，觉得适合自己的话，那么还可以再次去取。换言之，这一原则其实是说，在自助餐上选取某菜肴时，一添再添是允许的。相反，要是为了图省事而一次取用过量，则是失礼之举，必定会令其他人感到不适。

案例 46　复杂的宗教礼仪

【情景描述】

2001 年江苏某集团内训的时候，该集团老总跟员工们说了一件非常遗憾的事。5 月的时候，新疆某著名企业要和他们进行合作，一切准备就绪后，对方派来了全权代表。既是远道的客人，又是将来的合作者，礼遇可想而知。在欢迎晚宴上，酒店餐厅部特别安排了东北名菜猪肉炖粉条来招待几位远道而来的新疆客人。晚宴气氛本来和谐而热烈，在压轴菜猪肉炖粉条上来后，那几位新疆客人的脸色一下子变了，在用本民族语言叽叽咕咕后，便气愤地甩袖而去。两天后，他们发来一份郑重声明：他们是信奉伊斯兰教的，居然用猪肉来招待他们，这是对他们民族信仰的不敬！就这样，这桩合作彻底泡汤了。

【案例分析】

本案例属于酒店餐饮部的服务意识问题。在餐饮服务过程中，工作的细致是满足宾客之需的前提。有时客人会直接告诉其要求和口味，有时这些细节信息包含在客人进餐的过程中，需要酒店餐厅部的服务人员自己去摸索和留意。

【服务优化】

本案例中，合作的失败在于酒店餐厅部在安排过程中没有意识到不同的民族有不同的信仰和习俗。交往中，熟悉并灵活运用习俗礼仪，不仅是对客人的尊重，更能使对方留下深刻的印象，使交往效果事半功倍。了解宗教的一般知识、礼仪和禁忌，是帮助酒店知晓世界各国人民精神生活和日常礼俗的一把钥匙。在酒店餐厅部服务中运用宗教礼仪，可传达对客人的尊重和友好，所以酒店餐厅部需重视对宗教礼俗的学习。

案例 47　入乡随俗

【情景描述】

Evan 是五星级酒店的一名主管，她机敏漂亮，待人热情，工作出色，因而颇受酒店的重用。有一回,Evan所在的大酒店派她和几名同事一起前往东南亚某国与一位企业家洽谈业务。可是,向来处事稳重、举止大方的Evan在访问那个国家期间,竟然由于行为不慎而招惹了不大不小的麻烦。

事情的经过大致是这样的:Evan和她的同事一抵达目的地,就受到了东道主的热烈欢迎。那位企业家热情地把Evan接到当地一家星级酒店,在酒店餐饮部的宴会上,主人亲自为每一位嘉宾递上一杯当地特产的饮料,以示敬意。轮到主人向Evan小姐递送饮料时,原本就是"左撇子"的Evan不假思索,自然而然地抬起自己的左手去接饮料。见此情景,主人脸色骤变,没有把那杯饮料递到Evan伸过去的左手里,而是非常不高兴地将它重重地放在餐桌上,随即毫不理睬Evan就扬长而去了。

当时大家觉得非常纳闷和不解,事后才知道在东南亚诸国,若以左手接对方递给你的东西,对方会认为你蔑视他,或是对他怀有恶意。接受东西时,必须用右手去拿,或是使用双手。而Evan习惯性地用左手去接饮料,恰恰犯了这个禁忌。

【案例分析】

本案例属于酒店餐饮部的餐饮礼仪问题。不同国家的人在一张桌子上用餐,相互间的礼仪有很大的出入,这就要求酒店更细心,只有这样才不会出错,才不会让酒店和客人产生隔阂与尴尬。其实,餐桌上吃的不仅仅是一顿饭,更是一种礼仪与氛围。

【服务优化】

本案例中,Evan在出发前,应该通过书籍或网络对要拜访的异国有一定的了解。可以从他们的饮食习惯、风俗习惯入手。虽然短时间的学习无法完全彻底了解东南亚风俗的全部,但至少有大概的了解,这样才不致出错。

案例48　茶叶袋的故事

【情景描述】

韩国太平洋酒店是一家专门接待商务客人的酒店,最近一些光临酒店餐厅的老客户反映,由于酒店餐厅部采购的茶叶换了大包装,所以茶杯的盖子盖不住。餐饮部经理在检查时也发现了这个问题,并通报了采购部经理。但是过了3个月,这个问题仍没有解决。酒店经理知道了这件事,便找来餐饮部经理和采购部经理了解情况。餐饮部经理说:"这件事我已经告诉采购部经理了。"采购部经理说:"这件事我已经告诉供货商了。"类似相互推卸责任的事在这家酒店餐厅发生了多次,但都没有得到很好的解决。

【案例分析】

本案例属于酒店各个部门之间的沟通问题。该酒店的这种行为已经使客人产生被忽视的感觉。从这件事情中可以看出酒店的制度存在缺陷:发现的问题被放在一边,没人出来解决,且酒店各个部门之间相互踢皮球,推卸责任。

【服务优化】

本案例中,餐饮部经理不应该仅仅将情况反馈给采购部就不再管了,而应积极与采购部沟通,及早解决问题。而采购部经理应该在接到情况反馈后,立即检查新改装的茶叶的库存情况,根据日消耗量计算库存使用时间,在重新订购和货运时间允许的情况下,将订货要求告知供货商,以保证满足客人的需求。

案例 49 迟到的主食

【情景描述】

2013 年 1 月 1 日,Torres 和他的朋友来到上海浦东某五星级酒店用餐,一起庆祝元旦。在到达酒店餐厅的时候,该酒店的餐厅服务人员承诺订餐后 20 分钟饭菜均会上齐。但 Torres 订餐后一小时还没有上主食,此时餐厅服务员也不向顾客做解释。经 Torres 不断追问,服务员才说由于蒸汽不足,饭刚刚蒸上。于是 Torres 进行了投诉。

餐厅经理得知后,立即向 Torres 真诚地道歉,并承诺一定会给出合理解释。后经调查发现餐饮部厨房的锅炉发生故障,没有及时修理,此外,新来的餐厅服务员没接受就职培训就上岗服务。

【案例分析】

本案例属于酒店餐饮部员工管理制度的问题。作为五星级酒店,员工没经培训是不能随意上岗的,并且当烹饪工具出现故障时,应第一时间上报酒店,并找人维修,以免耽误上菜,影响酒店形象和声誉。

【服务优化】

在本案例中,首先,酒店的餐饮经理应亲自向客人道歉,并加快上菜速度,以免客人投诉;其次,酒店应加强对餐饮部员工的上岗培训;最后,应在餐饮部增设一个主管,总管餐饮部的事务及餐饮部厨房内的烹饪工具。

案例50　有问题的珍珠丸子

【情景描述】

新加坡的麦克陪同家人在当地某酒店的中餐厅就餐，要了一份油炸珍珠丸子。菜端上来后，麦克一尝觉得味道不对，就把服务员叫来。

麦克当着服务员的面说这丸子有三个问题：第一肉不新鲜，第二肉太肥，第三丸子里掺淀粉太多。服务员却说他们用的都是当天的肉，不会不新鲜的。于是麦克要求服务员自己尝一下，服务员这才答应去问问厨房。一会儿她回来对麦克说："我们的肉是新鲜的，厨师说珍珠丸子本来要求的烹饪食材就是肥肉要多一些。"麦克生气地说："没听说过珍珠丸子就要肥肉多，这丸子你尝了吗？"服务员回答道："尝了，挺好吃的。"麦克气得无话可说，最后这桌菜就剩珍珠丸子没动，麦克等人愤然离去，从此再也没有来过这家酒店。

【案例分析】

本案例属于酒店餐饮部服务员处理宾客关系的沟通技巧问题。客人在用餐中向服务员提出的要求或意见，餐厅服务员应尽量满足或虚心接受，而不是与客人争论孰对孰错。当服务员听到顾客抱怨时，也应耐心倾听客人的意见，再进行分析，想办法妥善解决问题。

【服务优化】

本案例中，服务员可以这么回答："您好！不好意思，打扰一下，您的建议我已经跟厨师反映了，厨师表示接受您的意见。如果您对这盘菜不满意，您看我们重新给您做一份，好吗？"这么说远远比原来委婉得多，麦克听见服务员这么说定会高兴，而且也不一定会真的要求餐厅重新做一份。可见语言在酒店餐饮部服务过程中起着重要作用。

案例51 食品的安全

【情景描述】

2013年1月,新加坡某酒店集团公司的食品安全监察人员突然造访某酒店西餐厅。监察人员来的目的是抽查餐厅的用餐环境和食品安全。监察人员在该酒店餐厅的冷冻柜中发现各种冷冻食品被杂乱地堆放在一起,打开柜门还隐隐约约闻到一股刺鼻的味道。监察人员问厨房主管,怎么能保证这些食品不被存放过长的时间。厨房主管说:"我们一般都知道哪些放的时间比较久,食用时就先把它拿出来。"监察人员再仔细查看,发现靠里面的几包生肉都冻在柜壁上了,只有靠柜门的几包肉是活动的,便问:"那几包冻在柜壁上的肉是什么时候放的?"厨房主管不好意思地回答:"大概放的时间有点久了吧。"监察人员随即封查了该食品,并要求酒店做出相应的责任追查。

【案例分析】

本案例属于酒店餐饮部环境服务和食品安全问题。食品安全问题将直接影响顾客的身体健康及生命安全,要特别引起注意。有些酒店经营者错误地认为超过保质期的食品放在操作间或者库房不算违法,不能对其实施处罚,只有加工销售给消费者后才能对其实施处罚。酒店餐饮业的特点是即时制作加工销售,操作环节和影响因素多,且食材混乱堆放极易出现过期食品无法被及时发现的问题,这是导致顾客食物中毒和食源性疾病高发的原因。因此,国家对餐饮环节的食品安全监管非常严格,食品无论是存放在操作间还是库房,都必须遵守《食品安全法》的相关规定。

【服务优化】

在本案例中,从法律的角度来看,餐厅的行为侵害了顾客的饮食安全权。肉在冰柜里乱放着,没有措施保证贮存时间不能过长,这是产品防护问题。为了防止食品贮存过久,酒店餐饮部应该将不同时间存入的食品分别包装好,并注明贮存日期,这样可以避免产生贮存过久的问题。

案例52　多收钱的煎蛋

【情景描述】

张先生参加了一个去韩国首尔度假的旅游团。入住首尔皇家酒店后，第一天早晨他去餐厅用早餐，想吃煎蛋。但是早餐里面不含煎蛋，需要单独计费，而且在酒店餐厅的电脑计费系统中，煎蛋是以客为单位的，每客煎蛋两个，收费20元。张先生只需要一个煎蛋，餐厅服务员按张先生要求下了订单，并在订单中写明"1只煎蛋"。当班收款员没有看清张先生订的是一个煎蛋，结果按一客计费。张先生用完早餐接到账单后发现多收费了，立即向餐厅服务员反映。服务员立即转告收款员，收款员因忙于接待其他客人没有立即更改账单。过了一会儿，餐厅服务员以为账单已经更改，取回后又送还给张先生，并向张先生致歉。张先生一看账单，拒绝签单，马上生气地质问服务员为什么账单还是错的，原来多收的钱并没有被减掉。服务员仔细一看，发现真的没有改动。当服务员想再次去帮客人更改账单时，张先生却一手把账单夺过来并怒斥道："我要去向经理投诉你们"。不管服务员如何道歉，张先生还是向经理办公室走去了。

【案例分析】

本案例属于酒店餐饮部的客人结账问题。服务人员没能按顾客要求为其提供服务，失误在先，顾客反映后服务人员仍旧疏于检查，且没能与收款员进行有效沟通，耽误了客人的时间不说，客人的服务需求仍然没有满足，致使客人生气，酒店遭到投诉。餐厅服务员和收款员都应该认真反思。

【服务优化】

本案例中，餐饮部服务人员在没有看清账单的情况下给客人结算，结果出现错误，且在客人提出意见后并没有及时更改，更是忽略客人的意见。电脑系统对煎蛋的计量单位是"客"，而服务员对煎蛋的计量单位却是"只"，如果把"1只煎蛋"写为"1/2客煎蛋"就可以避免发生计算错误。虽然收款员对收费错误的账单没有立即更改，但是服务员在第二次取回账单又没有认真核对后再交还给顾客，进而一错再错，造成客人的不满——这是服务意识不强的表现。

案例53 提前打扫的餐厅

【情景描述】

2013年1月的一天,安妮与他的朋友住在越南的下龙湾酒店。这家酒店餐厅开放到晚上10点。这天晚上由于工作原因,安妮及他的朋友9点多才回到酒店,而且没有吃晚餐。两人在9点45分左右来到该酒店的餐厅用餐,由于时间比较晚,餐厅只有他们两个客人。两人吃了还没有几分钟,酒店餐厅的服务人员就开始忙碌起来,准备打扫卫生。只见服务员擦桌的、拖地的,一片忙乱,有的服务员甚至为了擦桌子方便还把凳子倒放在桌子上,并发出很大的声响。这时安妮他们非常生气,质问服务员:"还没到下班时间,为什么赶我们走?"餐厅服务员忙解释说:"我们并没有赶客人走的意思,而是餐厅的营业时间快到了,餐厅用餐的也只有你们两位客人,我们只是想在下班前打扫好卫生,按时下班而已。"

"你知不知道你们的行为已经严重影响到我们的就餐,难道这就是你们的星级服务吗?"安妮气愤地说。餐厅服务员听了安妮的抱怨后连忙道歉并停止了手头的工作,以便为安妮和他的朋友创造一个安静美好的用餐环境。

【案例分析】

本案例属于酒店餐饮部员工服务标准的问题。酒店应遵循以顾客为关注焦点的服务理念。餐厅打扫卫生应该在客人都走完后再进行,否则就是对客人的不尊重。

【服务优化】

本案例中,餐厅按时下班并没有错,但当还有客人在用餐时就应该等客人吃完再收拾,这才是星级酒店与普通酒店的区别;如果已过了下班时间客人还没有吃完,服务人员可以先去询问客人是否还需要什么服务,如果客人不需要什么就通知厨师下班。这样问既可以提醒客人时间已经很晚了,又不会得罪客人。

案例 54　受限的检查

【情景描述】

韩国爱丽大酒店为了提高酒店餐厅服务质量建立了质检部，主要目的是检查餐厅的员工纪律、仪表仪容、礼貌及餐厅清洁等项目。但是质检时间受营业时间的限制，质检部只能在餐厅营业前或营业后进行检查，而此时餐厅几乎没有顾客。在实施了一段时间之后，酒店发现质检部的工作并没有使餐厅部服务质量有提高。经调查发现，原来是因为进行质检的时候已经是接近下班的时间，而各项检查内容中很多是需要在营业时间内完成的，营业结束后的各种数据并没有多大的实际意义。因此，质检部的检查工作对餐厅部的服务质量并没有明显的提高作用。

【案例分析】

本案例属于酒店餐饮部服务质量提升的问题。餐厅可以向用餐的客人发放意见调查表，请客人在用完餐后对服务员的服务态度、菜品的色香味、菜的价钱、上菜的速度等进行评价。还可以在评价表上做一个类似于刮刮乐的项目，中奖的客人可以获得小礼品，这样既提高了客人的兴趣又收获了客人的宝贵意见。

【服务优化】

本案例中的服务过程在某种意义上属于“特殊过程”，因为服务的质量在服务提供过程中已经由顾客检验出来，如果发生问题，事后的检验或补救已经于事无补，因此质检的重点应是对服务过程的检验。而这时又是营业时间，如果检验的对象只是服务人员，显然不方便。所以应该把营业时间检验的重点放在对顾客意见的征询上，让顾客开口评价。

案例 55　变味的豆制品

【情景描述】

最近，新加坡星级酒店餐饮部经理陆续听到不少老客户反应餐厅的豆制品菜肴口味不如以前，质量明显下降！因此，餐厅经理对这件事展开了调查。调查发现最近厨房管理工作一直比较好，厨师们工作也很认真，也没有听到客人反映他们烹调技术下降的意见。餐厅经理进一步调查发现，原来是豆制品供应商已经换了另外一家，现在的豆腐是石膏豆腐，而以前是卤水豆腐，这直接影响了餐饮部的菜肴质量。调查进一步发现，更换豆腐供应商的原因不是豆腐质量或价格问题，而是采购人员与现在的供应商关系比较好。

【案例分析】

本案例属于酒店餐饮部商品采购问题。采购部按组织的要求根据供方提供产品的能力评价和选择供方，并制定选择、评价和试新评价的准则。

【服务优化】

本案例中采购员由于与供应商的关系比较好而更换了酒店的供应商，并没有考虑商品的质量或价格问题，影响了酒店的菜肴质量和声誉。酒店应首先对餐厅的采购员进行处罚，以儆效尤；然后更换供应商，并向顾客说明情况，赔礼道歉。酒店只有严格按标准执行才能够杜绝“人情采购”的不良行为。

案例 56 账单的核对

【情景描述】

2012 年 4 月，一位在韩国首尔皇家饭店长住的客人李东珠先生到该店前厅出纳部支付这段时间里的用餐费用。当李先生看到账单的总金额时，马上火冒三丈，并对该酒店的服务员说：“你们真是乱收费，我不可能有这么高的消费！”出纳员面带微笑地回答说：“对不起，先生，您能让我核对一下原始单据吗？”客人没有表示异议。出纳员一面检查账单，一面对客人说：“真是对不起，李先生，您能帮我一起核对一下吗？”李先生点头认可，于是和出纳员一起就账单上的项目一一核对。其间，那位出纳员顺势对几笔较大的金额，如招待访客、饮用名酒一一做了口头提醒，以唤起客人的回忆。等账目全部核对完毕，出纳员很有礼貌地说“谢谢您帮助我核对了账单，耽误了您的时间，劳驾了！”此时，李先生深知自己错了，连声说：“小姐，麻烦你了，真不好意思！”

【案例分析】

本案例属于酒店餐饮部客人结账方式的问题。在通常情况下，常住客人在酒店内用餐后都喜欢用“签单”的方式来结账，简单易行。但是由于客人在用餐时容易忽视所点菜肴和酒类的价格，所以等客人事后到前厅付款时，看到账单上汇总的金额，往往会大吃一惊，觉得自己并没有消费那么多，就会责怪餐厅所报的账目(包括价格)有差错，结果便把火气发泄到前厅出纳员身上。

【服务优化】

本案例中的出纳员用美好的语言使客人熄了怒火，一开始她就揣摩客人的心理，避免用生硬的语言，像“签单上面肯定有你的签字”“账单肯定不会错……”之类的话，使客人不至于因下不来台而恼羞成怒。本来酒店有规定，账单应由有异议的客人自己进行检查，而那位出纳员在处理矛盾时，先向客人道歉，然后邀请客人与自己一起核对账目，让客人通过核对去回忆每笔账的消费经过，这样做非常有说服力，易使客人心服口服。尊重是语言礼貌的核心，说话时要尊重客人，即使客人发了火，也不要忘记尊重客人即尊重自己这一道理。

案例57　对不起，没有

【情景描述】

2012年4月7日，本田先生及他的家人到日本九州岛旅游，并住在九州岛的某酒店。经过了一天的游玩，在晚上，本田先生及他的家人来到该酒店的餐厅就餐。

在餐厅服务员的引导下，他开始就座点餐，本田先生根据菜谱点了一份“清蒸鲸鱼”，服务员回答说“对不起，没有。”他又点“甲鱼汤”，服务员还是说“对不起，也没有”。本田先生很不高兴地说：“既然这个菜没有，那个菜也没有，那你们的菜谱是干什么用的。”服务员却说：“菜谱基本上是一个季节换一次，难免有些菜缺货。”

虽然本田先生觉得服务员说得有道理，但还是因为她的回答让人很不舒服，并且本田先生觉得如果这些菜现在缺货为什么又会出现在菜单上呢？

【案例分析】

本案例属于酒店餐饮部的食品缺货问题。关键是看当顾客点了暂时没有的菜时服务人员的应对办法。菜谱可以一个季度换一次，但是对于一些经常缺货的菜就应该在菜谱上予以说明。否则菜谱所写与实际情况不符，引起顾客不满。餐厅负责人可以每天对菜谱进行一次核实，对于没有的菜可以采用张榜公布的方式告知顾客。

【服务优化】

在本案例中，餐厅服务人员就可以先发制人。当客人第一次就点了一个暂时没有的菜时，服务人员完全可以这么说："不好意思，先生，这道菜暂时缺货，不过您可以看看其他的菜品。"这时就可以把菜单上其他的菜推荐给客人，而不是一味地"拒绝客人"。

案例58　被迫跑腿的客人

【情景描述】

福建某星级酒店推行免费供应早餐的优惠活动。11月的中午客人张某等三人入住该酒店，前台给他们发了6张早餐票，供两天的早餐用。餐票上面盖章的日期都是11月6日。当11月7日早上客人去进早餐时，早餐服务员说："餐票上面的日期不对，应该是11月7日的，按规定应该每天早上到前台取当日的早餐票，请你们到前台更换一下。"客人大为恼怒地说道："我不管，这是你们自己的事情，前台图省事，为什么让我去跑腿?"虽然客人这么说，但是该名服务人员也没有帮忙办理这件事情，客人最终被迫自己去前台更换了早餐票。

【案例分析】

本案例属于酒店餐饮部早餐餐票管理的问题。酒店餐饮部有规定，应该每日早上向客人发放当日的餐票，前台图省事而不执行，违反了标准"生产和服务提供的控制"的"组织应策划并在受控条件下进行生产和服务提供"的规定。

【服务优化】

本案例中，酒店餐饮部服务员应及时给客人调换早餐券并道歉；酒店则应对负责这件事情的服务人员进行处罚或警告，以免此类事情再次发生。最重要的一点是，要提高酒店服务人员的团队精神，各个部门不仅要做好自己的事，当客人有需要时，即使不是自己部门的责任也应竭力帮助客人。

案例 59　被调换的食物

【情景描述】

一天，香港某酒店中餐厅的 8 号桌和 10 号桌同时要求打包，8 号桌打包的是石斑鱼和粽子，10 号桌打包的是松鼠鱼和虾饺。服务员把菜品拿到工作台上进行打包，这时 12 号桌的汤洒了，要求紧急服务。服务员只好暂时停止打包，去为 12 号桌服务，回来后继续把包打完，分别交给了 8 号桌和 10 号桌。结果服务员把包给错了，引起客人投诉。

【案例分析】

本案例属于酒店餐饮部人员的素质与分配的问题。酒店对餐饮部的人员分配，在一定程度上影响着整个部门的运作效率。应制订合理的人员分配方案，充分调动餐饮部的每一名员工。

【服务优化】

本案例中，服务员犯了一个不是错误的错误，虽然她也是被突发情况弄得出了错，但话又说回来，假如她在再次返回后能看一眼菜品再给客人也不会发生此次事故。不管发生什么情况，打包的任何东西都是顾客的财产，应该注意识别，服务员在忙乱之中却忽略了对顾客财产的识别。除此之外，一个服务员同时要做三件事，由此看出该酒店在人员分配上存在一定的纰漏。为此酒店应继续加强餐厅服务人员的素质，避免忙中出错，对餐厅服务人员重新进行分配，加强人员的调配，合理安排服务人员。

案例 60　要用“心”去服务

【情景描述】

2012 年 6 月的一天，苏帕彻先生入住了泰国曼谷酒店。因为最近曼谷时常遭受阴雨天气，使得苏帕彻不幸偶感风寒，虽然很难受，但是由于苏帕彻没有吃药的习惯，于是就向酒店点了一份可乐堡姜，并特别嘱咐餐厅姜丝要切得细一点。过了十几分钟，可乐堡姜做好了，并由刚从桑拿酒吧调入西餐吧工作的Jake用茶杯送去给客人。苏帕彻先生看了一眼送过来的饮品，生气地问道："这么多姜丝让我怎么喝？而且还切得这么粗！"但是Jake反驳道："我在桑拿上班都是这样出品的。"说完后，也不顾苏帕彻先生的反应与不满，端着托盘就走了。后来苏帕彻先生生气地到大堂经理那里投诉。大堂经理在了解事情的全过程后，首先向苏帕彻先生道歉，并重新给他做了一份可乐堡姜，解释道："真的不好意思，这个服务生是刚从桑拿吧调过来的，那里出饮品的方式与西餐吧有点不同，他还没有很好地将两者区分开。我们对他的培训还不够，请您谅解，我们又重新给您做了一份，希望您的身体能够早日康复！"听到经理这么解释，苏帕彻先生勉强接受了。

【案例分析】

本案例属于酒店餐饮部的服务知识的问题。服务员Jake是刚从桑拿吧调过来的，桑拿吧出饮品的方式与西餐吧不同，服务员Jake还没有很好地将两者区分开。又因酒店对Jake的培训还不够，致使服务员Jake没能按顾客要求为其提供服务，导致顾客不满，最终经理出面补救，顾客才勉强接受。服务能力是酒店服务过程中服务水平高低的另一个关键性因素，而服务方法是在服务意识的支配下所体现出来的具体服务形式。

【服务优化】

能满足客人多方需求的服务才是优质的服务。方便客人是酒店服务的基本准则之一。在本案例中可乐堡姜出品时应将姜丝捞出，配工作茶杯一套，这样客人喝时，姜丝不会在杯中；服务依赖于工作人员的素质，应注重提高从业人员"想客人之所想、急客人之所急"的职业素质，让客人体会到"家外之家"的温暖。服务行业有连贯性的特点，在服务过程中服务员上饮品时也应检查一下，加以防患，争取把优质的服务带给客人。

案例61　啤酒能否优惠

【情景描述】

为了庆祝2012年完美落幕，最近重庆市某五星级酒店西餐部晚上9点到12点推出了"HAPPY HOUR"啤酒"买一送一"促销活动。1月6日晚上，离优惠活动开始时间还有十分钟，有桌冠华公司的熟客来消费，并点了啤酒，结账时客人坚持要求买一送一。但客人买啤酒的时间又与酒店优惠时间相差十多分钟，客人买单时间又在优惠时间之内，这家酒店若死套原则，可能会影响客人的再次光临，面对这样特殊的问题酒店该如何处理？

【案例分析】

本案例属于酒店餐饮部商品的销售技巧问题。酒店出售的商品除了具有普通商品的共性之外，还有它自身的特殊性，其中服务商品的产销一体化决定了它的不可储存性，并且服务商品生产和销售过程是依附在其他有形商品上和以客人的消费需求为前提的。

【服务优化】

本案例的酒店从业人员要有积极的营销理念，掌握一定的销售技巧，善于捕捉和创造客人的需求和潜在需求，因为“客人是我们的衣食父母”。当班主管同酒吧沟通后，在不造成损失的前提下，最终给客人推出“买一送一”的优惠。兼顾客人与酒店的双重利益是正确处理客我关系必须遵守的原则，即坚持原则性与灵活性相结合的原则。

案例62　赶客

【情景描述】

一个深秋的晚上，三位客人在长沙某大酒店的中餐厅用餐。他们在此已坐了两个多小时，仍没有去意。餐厅服务员小王心里很着急，到他们身边站了好几次，想催他们赶快结账，但一直没有说出口。最后，她终于忍不住对客人说：“先生，能不能赶快结账，如想继续聊天请到酒吧或咖啡厅。”

一位客人听了她的话非常生气，表示不愿离开。另一位客人看了看表，连忙劝同伴马上结账。那位生气的客人没好气地让小王把账单拿过来。看过账单，他指出有一道菜没点过却算进了账单，让小王去更正。小王忙回答客人，账单肯定没错，菜已经上过了。几位客人却辩解说没有要这道菜。小王又仔细回忆了一下，觉得可能是自己错了，忙到收银员那里去改账。当她把改过的账单交给客人时，客人对她讲：“餐费我可以付，但你服务的态度却让我们不能接受。请你马上把餐厅经理叫过来。”小王听了客人的话感到非常委屈。其实，她在客人点菜和进餐的服务过程中并没有什么过错，只是想催客人早一点结账。小王用恳求的口气请求客人不要找经理。但是客人并不妥协，小王见事情无可挽回，只好将餐厅经理找来。客人告诉经理，他们对服务员催促结账的做法很生气。另外，服务员把账多算了，这些都说明服务员的态度有问题。

"这些确实是我们工作上的失误，我向各位表示歉意。先生愿意什么时候结账都行，结完账也欢迎你们继续在这里休息。"经理边说边让服务员赶快给客人倒茶。在经理和服务员的一再道歉下，客人们终于不再说什么了，他们付了钱却仍面带余怒地离去。

【案例分析】

本案例属于酒店餐饮部的送客服务问题。送客服务表现了餐饮部门对宾客的尊重、关心、欢迎和爱护，在星级饭店的餐饮服务中是不可或缺的项目。在送客过程中，服务人员应做到礼貌、耐心、细致、周全，使客人满意。

【服务优化】

本案例中，餐饮部送客服务要点为：

1.宾客不想离开时绝不能催促，也不要做出催促宾客离开的错误举动；

2.客人离开前，如愿意将剩余食品打包带走，应积极为之服务，绝不要轻视他们，不要给宾客被歧视的感觉；

3.宾客结账后起身离开时，应主动为其拉开座椅，礼貌地询问他们是否满意；

4.要帮助客人穿戴外衣、提携东西，提醒他们不要遗忘物品；

5.要礼貌地向客人道谢，欢迎他们再来；

6.要带笑地注视客人离开，或亲自陪送宾客到餐厅门口；

7.领位员应礼貌地欢送宾客，并欢迎他们再来；

8.遇特殊天气，酒店应有专人安排客人离店，如亲自将宾客送到酒店门口、下雨时为没带雨具的宾客打伞、扶老携幼、帮助客人叫出租车等，直至宾客安全离开；

9.对大型餐饮活动的欢送要隆重、热烈，服务员应穿戴规范，列队欢送，使宾客真正感受到服务的真诚和温暖。

案例63　上错的菜被客人吃了

【情景描述】

2011年8月某日，罗先生一行人晚上8点达到泰国。罗先生他们都感觉饿了，于是来到泰国巴东酒店用餐。这时候酒店餐厅的客人还比较多，很热闹，气氛也很好，罗先生选择了7号贵宾房并很快点了菜。因为大家真的很饿了,餐厅服务员马上下了订单。负责贵宾房传菜的服务员巴颂一直比较忙,在出菜的时候,由于厨房应客人要求出菜比较集中,传菜员将不属于7号贵宾房的"姜葱膏蟹"出在了7号贵宾房的窗口,巴颂在没有核对点菜卡的情况下,将不属于7号贵宾房的"姜葱膏蟹"上到了7号贵宾房客人的餐桌上。罗先生和他的朋友们当时没有什么反应,也没有说什么,就把上的"姜葱膏蟹"吃了。但"姜葱膏蟹"本来是大厅16号台客人的,在16号台客人快吃完的时候,他们所点的"姜葱膏蟹"还没有上,催菜时餐厅服务员发现这道菜已经出了。经过查实,才知道上错了,而那个时候,海鲜池的膏蟹已经售完,没有办法再出此道菜。经过和16号台客人解释后取消了此菜,但16号台的客人还是不满意,带着满脸的不快离去了。

【案例分析】

本案例属于酒店餐饮部服务过程中的问题。作为一名中餐服务员,在为客人进行面对面的服务时,必须按照服务程序为客人服务,做到井井有条,认真地完成整个服务过程。

【服务优化】

本案例中由于服务人员的疏忽,将两个不同的菜上错台,并因此造成了客人的不满,所以该服务员应负主要责任。但是7号宾房的客人明知道上错了,却没有告知服务员,因此也负一定责任。出现上面的情况,主要是服务员在为客人服务时,不清楚客人所点的菜肴,才发生了上错台的事件,引起了客人的不满和投诉。这件事情告诉我们,服务员在服务过程中须清楚明白客人所点的食品、饮料和酒水,避免服务过程中出现上述现象。而作为传菜员,在传菜时必须清楚所出菜的名称,以及该出品所要出到的台号或房间,一旦发现该台没有此菜,应及时告知服务员尽快补救。然后再告知自己的直属上司,将已发生的失误尽量挽回,这样就可以避免不该发生的事情,维护酒店在顾客心中的形象。

案例64 神秘的客户资料

【情景描述】

2012年12月,外经发展公司莫先生(此客人曾在政府外经办供职)在当地某星级酒店招待自己的合作伙伴,整晚的气氛都很融洽,客人一边吃一边谈生意。但是当莫先生签单结算后，酒店餐饮服务人员到收银台对账时，收银员在电脑“外经办”单元格中却找不到关于莫先生的结算资料，于是在情况不太明了的情况下，餐饮服务领班拿着账单向客人致歉，并要求换一种付款方式，莫先生非常生气。他认为自己是这家酒店的常客，不可能找不到自己的信息，一定是收银员哪里出现了问题，于是便生气地找餐饮经理投诉。部门经理马上到收银处了解情况，最终在电脑“外经发展公司”单元格里找到了有关莫先生的结算资料。

【案例分析】

本案例属于酒店餐饮部中餐饮服务人员与其他部门的沟通以及处理客人投诉的问题。在酒店当中，各个部门之间要相互沟通、交流，面对客人的投诉，餐厅经理应马上出面解决，避免矛盾的激化。

【服务优化】

本案例的发生，完全是工作人员处理不当所致，酒店应负全部责任。首先，服务员和收银员未弄清楚客人身份引出了本案例的矛盾，其次，领班人员盲目要求客人改变结算方式激化了矛盾。同时这则案例也可以看出部门与部门之间的沟通与协调在一定程度上存在障碍，工作细节上的层层把关不严格。本案例中发生的特殊情况，工作人员（服务员、收银员、领班）无法准确判断客人身份时，要立即向上级汇报，妥善处理。这类投诉餐厅经理要亲自过问处理，并应马上赶到现场，按处理投诉的程序灵活处理，承担应有的责任，让客人有台阶可下，把矛盾缓和到最低程度或尽量减少餐厅损失（包括声誉的损失），为问题的解决作铺垫。在全面了解情况的基础上，经理要坦诚地当着众客人向当事人表示深深的歉意，并给客人签单。客人离店时，主要负责人员要送别客人，再度向所有客人表示歉意，次日餐饮总监带队登门拜访道歉，做好善后服务是非常必要的。

案例65　效率就是生命

【情景描述】

2013年2月，长沙某世纪大饭店接到一大型宴会。宴会的前一天，宴会的负责人张某亲自来到酒店和餐饮部的负责人沟通了宴会的菜品以及座椅的摆放方式，并特别在宴会单上注明客人需要投影仪并于早上8点准时安装好。张某临走前还是不放心，又亲自跟宴会的负责人说明了投影仪的安装时间，负责人也表示一定会按时装好，让张某放心。

但到了第二天，临近 8 点会议即将开始时投影仪仍未安装好，会议无法按时进行，张某无奈只好立即找了电脑维护员才解决了此问题。虽然会议延迟了，但好在会议圆满结束，事后经餐饮部经理解释后客人才表示理解。

【案例分析】

本案例属于酒店餐饮的预订服务问题。预订业务是很多星级酒店的餐厅、宴会厅等开展团队或大型餐饮活动的必要程序。预订方式有很多，可分为来店预订、通信预订、指令性预订、上门预订和委托预订等。

【服务优化】

本案例充分说明了“时间就是金钱，效率就是生命”。服务效率是服务工作的时间概念，也是向宾客提供某种服务的时限。它不仅体现出服务人员的业务素质，也体现了酒店的管理效率。此案例中，客人对酒店的接待规格及设备设施要求较高，且对时间有着明确的要求，有关工作人员更应在事前仔细检查各项设备，做好各项准备工作，务求满足客人的时间要求。

案例 66　反正没客人

【情景描述】

2012 年 8 月某日凌晨 4 点左右，湖南某大酒店西餐楼一服务员上通宵班，见没有客人光顾，便坐在餐厅一边看电视，一边折餐纸。由于夜深且蚊子较多，该餐厅服务员便把脚放在另一张凳子上，动作极不雅观。正好这时酒店的餐厅部经理经过，看见了这一幕，就对该服务员说：“你这是在干什么?”虽然看到了酒店经理，但该名员工的动作没有丝毫的改变，依旧保持原来的姿态说：“经理，现在都是凌晨 4 点多了，没有客人，我工作了一天，腰酸背痛，于是就休息一会儿嘛！”餐厅服务员委屈地说道。

“休息？你这是在休息吗？简直就是有损我们酒店的形象！你这样的姿势如果被客人看到了，客人会怎么想我们酒店，你有没有想过你这样做可能会给我们酒店带来多大的负面影响?”虽然经理已经说到这份上了，但该服务员依旧没有认识到自己的错误，并且非常不情愿地把脚放了下来。

【案例分析】

本案例属于酒店餐饮部服务人员素质的问题。提高服务质量，首先要提高员工的素质，包括服务意识的培养、职业道德的教育、企业文化的熏陶、管理制度的灌输、专业知识以及技能技巧的培训等。

【服务优化】

本案例所强调的是仪态。仪态是指人在行为中的姿势和风度，姿势是指身体所呈现的样子。酒店对服务人员的仪态、服务姿势和行为均有着明确的、具体的要求。而作为一名服务员，则更应具备良好的职业道德和高度的服务意识，上班时要时刻保持良好的仪容仪表和仪态，自觉遵守工作纪律，自觉维护酒店的形象，而不应抱有偷懒的侥幸心理。

案例 67　难忘的早餐

【情景描述】

一天清晨，泰国亚洲酒店的一位张姓客人去吃早餐。来到餐厅门口，他看到里面人很多，于是想将食物拿到大堂吧去吃。随后张先生找到一位看起来不是很忙的餐厅服务员，希望她能帮自己解决问题。虽然这位餐厅服务员还有很多事要做，但仍然为张先生提供了耐心的服务。张先生在等了十几分钟后，服务人员将早餐送到大堂吧，并说道："不好意思，张先生，让您久等了。因为餐厅的人比较多，所以取餐的时间长了一点，不过这些东西还是热的，希望您用餐愉快！"知道自己要求有点不合理的张先生顿时感叹道："不愧为四星级酒店啊！"

【案例分析】

本案例属于酒店餐饮部服务人员的个性化服务问题。服务个性化是以其鲜明的针对性、灵活性和超常性成为当代服务的趋势，由它产生的顾客和酒店之间的亲和力也是酒店增强市场竞争力的关键要素。

【服务优化】

本案例的酒店做到了客人到酒店消费，酒店服务人员就有义务满足客人提出的合理要求的这一服务宗旨。酒店服务员为客人提供个性化的服务，更能获得顾客的肯定。如果他的合理要求得不到满足，他就可能不会再来光顾。因此让每一位客人满意是酒店的服务原则，酒店的服务人员应该尽可能满足客人的要求，提供超值的服务，不能因为顾客的要求有些苛刻或与众不同而以各种理由拒绝为其服务。

案例68　补偿服务

【情景描述】

张先生与几位朋友在杭州某星级酒店用餐时，餐厅的服务员正在周围为客人服务。宴请快结束时，服务员为客人上汤。张先生突然一回身，服务员没拿住，不小心将汤碰洒，把张先生的西服弄脏了。张先生非常生气，质问怎么这么不小心把汤洒在他身上了。服务员没有争辩，连声道歉："实在对不起，先生，是我不小心把汤洒在您身上的，把您的西服弄脏了，请您脱下来，我马上去给您干洗。另外我再重新给您换一份汤，耽误各位先生用餐了，请原谅。"

随后，服务员将西服送洗衣房干洗，而后对几位先生的服务十分周到。当客人用餐完毕后，服务员将洗得干干净净、叠得整整齐齐的衣服双手捧给了张先生。客人们十分满意，张先生也诚恳道歉："是我不小心碰洒了汤，你的服务非常好。"事后，与客人主动付了两份汤钱，并且给了该名服务员小费，不久张先生又带着一批客人来饭店消费。

【案例分析】

本案例属于酒店餐饮部员工服务技巧的问题。本案例中，虽然是人碰洒了汤，但服务人员首先从自身找原因并马上道歉，及时做出一些补救措施，而这些补救措施很显然也达到了一定效果。这件事说明：服务员在上汤前就应该提醒客人，这样的话就不会发生这种事情了。如果一不小心发生了，也应该尽量不要与客人争辩，与客人争辩责任在谁只能火上浇油，服务员在处理这种问题时应讲究策略，给客人台阶下。

【服务优化】

服务员将汤不小心洒在客人身上，首先向客人道歉，主动承担责任，如果客人衣服弄脏的程度较轻，应用干净的餐巾擦拭衣服。但要注意征得客人同意。同性客人，服务员可为客人擦拭；异性客人，服务员应将餐巾交给客人由她自己擦拭。如果客人衣服弄脏程度严重或者客人对此事反应态度激烈，服务员应主动提出免费为客人洗涤，洗好后及时送还，并要再次致歉，根据事态发展，服务员应请示主管适当免费提供一些食品和饮料补偿。

案例 69　惹祸的打火机

【情景描述】

2013 年 1 月，韩国新世界大酒店餐厅部，一位实习生正在值班。恰巧这时一位先生拿出一盒烟并抽出一支正要吸，实习生立即拿出刚刚领到的打火机走近客人想给客人点烟，不妙的是打火机一下蹿出特大的火苗，差一点烧到客人，吓得客人连忙躲开，实习生赶紧关掉打火机。更不妙的是由于打着的火苗特别大，关上的时候还在冒火。实习生担心打火机爆炸，连忙扔到地上，即使这样服务生还不放心，又用脚踩了打火机两脚。客人看着手忙脚乱的服务员禁不住笑了，可餐厅服务员却是满脸尴尬。

【案例分析】

本案例属于酒店餐饮部服务人员心理素质的问题。服务技能是餐饮服务素质的体现，能够反映出饭店餐饮服务的各项技术水平。在服务中，如果服务人员能够熟练地运用语言和动作上的技能与技巧为宾客服务，餐饮产品的价值和宾客的满意程度将会提高。

【服务优化】

本案例中的服务员准备打火机为客人点烟，是项很温馨的服务，但是在使用打火机时应注意：打火机多为一次性的，质量不是很稳定，所以使用前首先要检查，能否打着火，火苗大小是否合适。若火苗过大会烧到客人，火苗过小不易点着香烟。火苗的大小要事先调节好，才能对客人使用。另外，服务员在用打火机给客人点烟时，打着火后待火苗稳定后再从客人左或右侧送上，为客人点烟，这样做既安全又尊重客人。

案例 70　客人的建议

【情景描述】

2012 年 8 月的某一天，风和日丽，天气极好。一位老先生带着全家老小来到当地的酒店用餐。迎宾员将这一家人引到餐厅服务员小周负责的区域内。上菜时，由于客人人数较多，坐得很密集，小周看两个孩子之间空位较大，就选择这个位置上菜。当时女主人就有些不高兴，说了句："你不能从别的地方上菜吗？"小周忙说："对不起。"过了一会儿，传菜员看小周正忙，就直接帮他上菜，无意中又选择了在孩子之间。这时女主人生气了："不是跟你们说了吗，怎么还在孩子那儿上菜？烫着孩子你们负责吗？"传菜员知道后马上道歉，改为在其他空位上菜，小周知道后再次道歉并送给小朋友们小礼物，小朋友很高兴，大人们也就不再计较了。

【案例分析】

本案例属于酒店餐饮部的服务知识问题。程序知识是每个服务人员必须掌握的知识。这其中包括着服务的位置、顺序、姿态等内容。他们与服务经验相结合，可直接体现出酒店餐饮的等级水平。

【服务优化】

孩子是现代家庭的重心，上了年纪的人只要看到儿孙喜悦的笑容，就感到无比幸福，对小辈人更是加倍疼爱，照顾得更加无微不至，因此服务员在服务中要注意到这一现象。服务员接待带孩子的宾客时，要掌握儿童就餐中的特性，儿童好动，看到他喜爱的食物饮料往往会大喊大叫，手舞足蹈，不高兴又要乱动乱跑，这些都是随时会发生的。在儿童旁边上菜，随时会碰翻菜肴汤水，烫伤孩子，后果不堪设想。因此，在服务中上菜口要避开儿童，不要忽视"上帝"身边的"小皇帝"

案例 71　意外的烛光晚餐

【情景描述】

一天，餐厅服务员正在进行服务，突然电灯灭了，房间内一片黑暗，客人议论纷纷。正当客人准备离开时，服务员小杨迅速拿来西餐烛台，并取来了西洋风情画挂在墙上，在窗台放上西式盆景。对大家说："感谢上帝，给我们准备了一个别致的烛光晚餐。"一看这温馨浪漫的气氛，客人非常高兴，纷纷赞不绝口。过了一会儿来电了，小杨想吹灭蜡烛，客人忙拦住，不让吹灭，说"还是烛光晚餐好啊"。

【案例分析】

本案例属于酒店餐饮部个性化服务的问题。在酒店中经常会发生各种各样的令人意想不到的事件，因此服务员应设法提高自己的应变能力，善于处理各种突发事件。作为酒店，尤其是高星级饭店，应尽量避免发生停电、停水等现象。

【服务优化】

本案例中服务员应变能力较强，引导事件由不良的一面转向好的一面，由停电变成烛光晚餐，让客人享受烛光晚餐不仅停留在语言上，而是落实在行动上。根据当时的情景对房间做了调整和布置，而不是只靠一句漂亮的话来打发客人。如果发生上述事件，服务员首先应想到的是，给客人用餐或在饭店的生活造成了不便，我们应该怎样服务才能方便客人。作为饭店，不应只把蜡烛当作停电时的唯一弥补措施去凑合，去应付客人，而是应制订配套的服务方法，使用工具来布置环境，给客人一个惊喜，变坏事为好事。

案例 72　不买单的客人

【情景描述】

2012 年 1 月的某天晚上 8 点左右，某酒店餐厅来了 20 多位客人。酒店餐饮服务员根据多年的经验和对熟客资料的了解，马上得出两个判断：一是有几位和她们熟悉的 128 体育城的台湾老板，二是应该马上准备两桌宴会酒席。因此，他便迅速将客人带入设有 2 个席台的餐厅部黄海厅。当客人进入厅房落座后，领班小刘马上上前为他们热情地服务。一系列的服务完毕后，客人要求点菜，这时，领班小刘即刻上前，双手捧上菜谱递给一位姓王的老板，请他点菜。经过小刘的介绍，客人点了八菜一汤。当时小刘想：二十几个人，八菜一汤如果按惯例上显然不够吃。因此，她将汤定成大盘，菜定为中盘。没过多久，汤菜就陆续上桌了。

经过一番觥筹交错，客人酒足饭饱后，酒店餐饮部领班小刘感觉他们还是吃得比较满意的。9 点半左右，王老板要求买单，小刘立即把准备好的账单交给他，他看了一下金额，3000 多元，显得很惊讶。然后仔细地看了账单，立即叫了起来："我们点的菜没有按中盘上，为什么给我们上中盘？我们不会买单！"一听这话，领班小刘马上走上前跟他说："因为你们人多，而你只叫了 8 个菜，所以我就给你们把菜改成了中盘，这样才够吃。"然而客人说道："为什么事先不问过我？"张口结舌的酒店餐饮部领班小刘只好把餐饮经理请来，又是道歉，又是打折送水果，最后客人才买单，怒气未消地离去。此时空荡荡的厅房里，只剩下心有余悸的小刘。

【案例分析】

本案例属于酒店餐饮部员工服务原则的问题。在服务过程中，服务员不能凭自己的主观感受，想当然地处理某些事。酒店餐饮部服务人员在今后的工作中，必须精益求精，客人消费时，应细致征求客人的意见，而不是凭自己的主观推测，擅自替客人做主。只有这样，才能使客人满意，从而提高酒店的美誉度。

【服务优化】

本案例中领班小刘不能将菜定为中盘而不经过客人的同意。其次，不能认为是以前的熟客，便可以以老朋友的身份越俎代庖，替客做主，而疏忽酒店的工作程序。尤其不能将本部门的一些内部参照标准，认为熟客是事先知情的，按一般的生活常识和处理方法，来衡量客人的要求。一旦客人愿意采取一些特殊的方式，必会引起双方的争执和不快。尤其领班小刘在事件发生后，没有及时向客人道歉，而是满怀委屈为自己辩解，这又违反了酒店业的常规律条——客人永远是对的。没有把对的留给客人，把错的留给自己，更引起了客人的不满。

案例73　传错的菜

【情景描述】

2012年2月9日，某酒店三楼分别接待了两个规模及标准较高的婚宴，因当时人手紧张，部门申请从酒店各部门调配人手。各部门人员到位后，都集中安排至备餐间进行传菜工作。在传菜过程中，一名酒店保安因没听清楚传菜的要求，将三楼的"湘辣霸王肘"传送至二楼，导致二楼多上一道菜。后来餐饮部门经理及时发现，并采取了措施。因三楼菜式在时间上的耽搁而导致菜上得慢，最后导致客人很有意见。

因在事发过程当中，餐饮部门经理及时发现事情的严重性，并及时采取了措施，虽没有造成客人较大的投诉，但给餐饮部门带来了一定的经济损失。总经理当即召集备餐间及宴会厅管理人员召开紧急会议，对事件进行了细致的分析，以杜绝类似事件的发生，要求相关人员书面写出事情经过，并对餐饮部管理人员进行了严厉的批评及处罚。

【案例分析】

本案例属于餐饮服务员及管理人员工作责任心的问题。对于应急调来的服务人员，应给他们讲清楚事情的流程，做一个简短的培训，不要怕耽误时间，因为给员工的培训是必不可少的，充分利用培训强化服务知识可以避免给酒店带来经济损失。

【服务优化】

本案例的备餐间主管及领班在开班前例会时，应将传菜的品种和路线等信息、要求准确地传达给外来帮忙的员工，楼面服务员在上菜过程中，应仔细核对菜单，酒店餐饮部宴会厅管理人员应在宏观上把握上菜的程序及要求。

案例 74　成功预订的“秘诀”

【情景描述】

小张是南京某饭店宴会预订部的秘书。她第一次接到一家客户的大型宴会预订电话时，在记录了宴会日期、时间、主办单位、联系人情况、参加人数、宴会的类别和价格、宴会厅布置要求、菜单要求、酒水要求等基本情况后，就急忙带上预订单与合同书，要亲自到客户的单位去确认。同屋的老王止住她说：“你最好请对方发一个预订要求的传真过来，然后根据要求把宴会预订单、宴会厅的平面图和有关的详细情况反馈给对方，并要求对方第二次传真预订。有必要时，还要请客户亲自来饭店看一下场地和布局情况，然后填写宴会预订表格、签合同再排入宴会计划。”

小张按照老王所说的程序把信息反馈回去，几天后，她接到了客户的传真。果然，这一次对方对宴会厅的布置、参加人数等要求均比电话所讲详细了很多，双方在价格上又进行了一番商谈。为了发展客户，争取客源，饭店最终同意给客户让利。客户交纳了订金并在规定期限的合同上签字后，这个预订终于成功了。通过这次预订，小张熟悉了大型宴会预订的程序与方法。

【案例分析】

小张在接到大型宴会订单后，只记录了客户要求的基本情况后就急忙带上预订单与合同书，要亲自到客户的单位去确认的做法，这是不完全正确的。需要了解客户需求信息再做宴会计划，才能保证客户满意。

【服务优化】

大型宴会的预订通常须通过饭店宴会预订部来进行，可以采取客户上门预订、饭店上门征订和信函、传真预订等方式。此例中，用传真方式预订比较简洁、明了，也很方便，订金可通过汇款收取，只有考察场地需要客户亲自上门。

对大型宴会的预订一定要按规范的程序进行，其中比较关键的是宴会厅面积与出席宴会人数的比例、场地的布置、菜单的选择等环节。饭店的宴会厅或多功能厅每天都有活动记录，列出饭店全部营业用的宴会场地，计算出不同的比例，以供不同的宴会使用。比例越合理，宴会的赢利程度就越高。因此，在与客户商讨宴会场地时，一定要让对方先看场地平面图。此例中，小张最初要去客户处确认时未考虑到宴会厅的平面图，说明她对这个环节还不熟悉。宴会厅的布置应该按客户的需要灵活掌握，但一定要了解客户的饮食习惯。一般来讲，大型宴会的菜肴要求外表美观、加工不太复杂、容易批量生产以及口味大众化。

案例75　客人的“预订”

【情景描述】

一天中午，一位客人打电话到餐厅消费，并说明要吃一个“骨牛扒”，希望餐厅能为其预留位置。当时，接电话的预定员正准备去用午餐，考虑到客人要半小时后才能过来，而这段时间餐厅生意都不旺，肯定有空位，且自己用餐时间不到半小时，于是她在未向其他同事交代的情况下便吃饭去了。大约一刻钟后，客人来到餐厅，询问另一名当值的服务员，刚才已打电话来预订，午餐是否准备好，当值的服务员称没有接到客人电话，不知此事。客人听后非常生气，于是向餐厅经理投诉。

【案例分析】

本案例属于酒店餐饮部预定员之间沟通的问题。预定员交接沟通时存在严重问题，没能及时备注顾客预定信息，导致顾客抵店后得知预定员未能帮其预订，非常生气并向经理投诉。准确的沟通是酒店服务之魂，没有沟通就没有服务。

【服务优化】

案例中存在三个方面的问题需要引起注意：

一是第一位服务员对客人的理解有误。客人称半小时后进餐，其实是客人希望餐厅马上准备好食物，待会儿来餐厅就可以吃到预定的午餐，因为他可能有事情要办而赶时间或是不愿意在餐厅等待，而不是半小时后再来餐厅点菜。

二是沟通的方式问题。作为餐厅服务人员，要注意客人口头承诺的随意性，比如该客人说半小时后来进餐，却在一刻钟后就来了。所以无论遇到什么情况，服务人员都要尽快做完自己手中的服务项目，而不要根据客人口头所说来安排自己的工作。脱岗时一定要将工作及时移交同事，避免出现服务真空或盲点。

三是当值服务员与客人的沟通问题。在未弄清情况时，餐厅服务员随便对客人说“不”。要知道，把责任推给客人是很容易引起客人不满和投诉的。

案例 76 点菜和结账时的尴尬

【情景描述】

某日，一位美籍华人请一个在国内的老同学在饭店吃饭。本来那位老同学说这顿饭就该由他做东，而那位美籍华人执意不肯（大概是考虑老同学的经济能力），老同学只好说：“那么改日到我家里来聚一次，为你送行吧！”

两人进餐厅坐下以后，服务员送上菜谱，那位美籍华人接过一看，全都是标有价钱的，于是先请老同学点菜。老同学本想点几样价钱公道便宜的，但感到无从点起，于是说：“随便吃什么都可以，上三菜一汤就可以了。”那位美籍华人也感到为难，于是要服务员介绍一些有特色的拿手菜，服务员随口报了三个。美籍华人征询了老同学的意见以后对服务员说：“再来一盘醋熘黄鱼和一碗汤，菜不够再加吧。”两人边吃边谈倒也开心，最后客人说已经用饱了，不必再加菜了。随后服务员送来账单：“你们两位一共吃了 280 元。”

如果是在单独或和亲人用餐的情况下，这位美籍华人对服务员的这句话能忍受的，但在老同学（客人）的面前实在忍不住了。当时他顾不上那么多，便当着老同学的面对服务员说：“你不要大声嚷嚷好不好！”

“在我们这里叫作唱收唱付。”服务员竟理直气壮地回敬了那位美籍华人（主人），弄得他啼笑皆非。

【案例分析】

饭店服务员用什么所谓“唱收唱付”的方法来结账（当着客人的面，大声对主人嚷出钱数，然后让主人付账），显得很不礼貌，又缺少教养，特别是会使国外来客感到饭店的服务人员缺乏正规训练，素质不高，这样会把他吓跑的。

【服务优化】

在饭店服务规程方面有借鉴国外经验的必要。第一，饭店餐厅可以考虑备一套设有标价的菜谱专门供客人过目点菜，而把有标价的送给主人参考。第二，服务员应该善于察言观色，凭借其观察力来确定谁是做东的付账者；或者轻声地在某位耳边问一下：“请问是哪一位付账？”然后默默地将账单递至主人面前。这种做法有很多好处。

如果你请的对方是位地位很高的人，用餐费用太便宜了，会使客人不满；如果请的对方是经济不大宽裕的朋友，对方也不会因为你请他吃一顿便饭，花掉他相当于一个月的工资而心中有什么不安。第三，在境外（如香港），账单也称为“埋单”，即账单送来时，将其埋在茶杯下面或别人看不见的地方，免得令人产生尴尬。

案例 77　教授喜欢喝的咖啡

【情景描述】

某日下午，李教授和他的一位朋友来某大宾馆大堂咖啡厅，坐下之后等服务员前来点要饮料。两人对坐闲聊了一会儿，此时服务员端来一壶现磨咖啡，外加两茶盅牛奶和数块方糖，朝着李教授说：“我送来了您喜欢喝的咖啡。”（李教授是这里的常客，服务员几乎都很了解他的爱好）谁知那天是李教授的朋友做东，他从来不喜欢喝现磨咖啡，而习惯雀巢速溶咖啡。

李教授的朋友面露愠色地对服务员说：“今天是我请李教授来此叙谈休息一下，您怎么如此不懂得待客的道理，竟自作主张要我们喝什么就喝什么?”服务员不肯认错，对李教授的朋友说：“我了解李教授平时喜欢喝现磨咖啡，我料想您不会是忌喝咖啡的客人。”

李教授听服务员这样讲，觉得对他的朋友有失尊重，于是批评这名服务员道：“你不应当在没有弄清主客之前就主观地下结论，即便今天我是主人，你也应当请问客人需要什么饮料嘛！”李教授的朋友接着讲：“我是向来不喝现磨咖啡，而是喝惯了雀巢速溶咖啡。”服务员讨好不成，反而感到没趣，准备继续争论下去。这时大堂副理闻声而至，弄清情况后要服务员赔了不是，并答应现磨咖啡按一杯计价，另外补送一杯雀巢咖啡给李教授的朋友才算了结此事。

【案例分析】

上述案例中的服务员尽管出发点并无恶意，但是忽略了应有的服务程序，不应当由于李教授是常客，彼此很熟悉，便自作主张任意行事，不分清主客而越俎代庖。要知道教授喜欢喝的咖啡不等于就是教授的朋友喜欢喝的呀！

【服务优化】

咖啡厅也有一套正规的服务程序，不得任意改变。当客人光临入座后，服务员先热情主动相迎打招呼问好。然后将饮料单递给客人当中的做东付账者，当发现客人点饮料时犹豫不决时，服务员可主动推荐介绍，并观察客人的反应及时调整，当客人全部点完后，服务员根据开的单子重复读一遍以得到确认，上饮料时也不要忘记报一下名称。

案例 78　餐桌旁的出色实习

【情景描述】

小汪即将从某旅游学校毕业，在上海一家大饭餐厅当实习服务员。有一次，她正在餐厅实习，看到邻桌服务员将一大碟冷盆递给两位广东客人时，其中像是主人的一位皱了皱眉头，拿起筷子却没有吃，只是不时地看着身旁一个餐桌上的另一种什锦冷盆。她马上走上去问客人道："先生，你喜欢这个菜，还是那个菜？"一边指着他身旁餐桌上的那盘冷盘。客人忙答："那一个。"她一看，原来他想要的什锦冷盆不是有熏鱼的那种，而是有大明虾的那种，客人已点了菜，既不愿吃前一种，又不好意思向服务员提出换后一种。小汪看出了他的矛盾心理，觉得客人的要求应尽量满足，况且服务员在介绍菜肴时不够周详也有欠缺，便主动地为客人换了菜。当她给客人端上一盘有大明虾的什锦冷盘时，客人立即站起来，跷起大拇指说："谢谢你，你的服务太出色了！"

接着，服务员又给两位广东客人陆续上了三道菜后，最后一道菜汤客人等了半天还没上来，就到账台把账给结了。正在这时，服务员把那道汤给端上来了。客人见了哭笑不得，气呼呼地说："我们已结账了，你怎么才把菜端上来？"服务员把一碗汤往餐桌上一搁，理也不理，一声也不吭就走开了。这令人难堪的场面又被在另外餐桌服务的小汪看在眼里，连忙走上前去问明了情况后，她赶紧道歉道："两位先生，实在抱歉！由于我们工作上的疏忽，给你们带来了麻烦和不快，请多原谅！"她想，账已结了，账单都已打入电脑，不便打扰账台改账。她又看了看菜单，最后是道例汤，价格 15 元（外汇券），便灵机一动对客人说："先生，我给你们 20 元人民币，作为损失补偿，你们看如何？"两位客人脸色顿时多云转晴，笑着回答："不必了，你们的服务做到这种程度，我们已心满意足了，谢谢你了！"她又说："先生，如果你们喜欢这道菜，我为你们免费提供一瓶啤酒。"客人非常感动地说："这个菜端走好了，你的一片心意我们领了。难为你这么为我们着想，下次来一定还请你为我们服务。"听到客人由衷的赞扬，小汪心里甜滋滋的。

【案例分析】

本案例中餐桌岗位上的服务员“服务”不称职姑且不谈，值得议论的是实习生小汪的出色服务。首先，是她主动补位的服务意识。两件事都不是发生在她负责的服务岗位上，但她目光四射，时刻留意着周围服务区域客人的一举一动，当同伴的服务跟不上时，就及时赶上去补位。当她发现另一桌客人不想吃已点好的菜而想换别的，又不好意思开口之时，就主动上前，道出客人心思，满足客人需求；当她察觉邻桌上客人与服务员因一道菜晚到气氛不妙时，又主动前去安抚客人。这种主动补位的服务意识值得在酒店服务中大大提倡。

其次，是她灵活敏捷的应变能力。她从客人不寻常的表情动作中敏锐地捕捉到他想换菜而不好开口的心理，当机立断地满足了客人的潜在要求；她又针对服务员晚上一道菜给客人造成的不快，采取了灵活多变的补救措施，使客人脸色由“多云转晴”直至心满意足。这种灵活敏捷的应变能力，也是酒店服务员应具备的基本素质。

本篇章案例 37～39 资料摘自《酒店管理 180 个案例品析》(王大悟、刘耿大著，中国旅游出版社 2019 年出版)；案例 40～41 资料摘自《酒店管理案例分析》(田彩云、黄丽丽著，经济日报出版社 2018 年出版)；案例 42～77 资料摘自《高星级酒店管理案例精析》(唐斌、江燕玲著，重庆大学出版社 2013 出版)。

第二篇章　前厅服务与管理

案例 1　令人尴尬的“礼貌”

【情景描述】

某日邓女士入住厦门某国际酒店 2021 房间不久后接到朋友的来电，有位本地老友将前来酒店探望她，邓女士为接其朋友来到酒店大门外等候。出大门时，门童适时而礼貌地问候“欢迎下次光临”，邓女士明白门童误解她走出大门是要离开酒店的意思，因此并未在意，对门童报以微笑。由于其朋友一直未到店，邓女士前后多次进出酒店大门，而每一次都能听到门童的那句“欢迎下次光临”。邓女士略显尴尬。

【案例分析】

门童和行李员是酒店在客人视觉范围里第一个接触的对象，也是离店时最后一个接触的对象。门童和行李员的工作状态，往往能直接影响客人对酒店的印象。案例中门童没有关注到客人的动向，不适宜的机械式问候不但没有让人感受到待客的诚意，反而令人尴尬。

【服务优化】

门童和行李员当班时要精神饱满、注意力集中，对大厅内外环境保持敏感。应通过细心观察，留意每一位客人的动向，提供周到、及时的服务，包括对客人进行恰当的、个性化的问候。

案例2　×夫妇的失落

【情景描述】

×先生与夫人提前预订了某酒店的套房，预备来酒店庆祝结婚周年纪念日。当×夫妇满心欢喜下车进入酒店的时候，迎面而来的却是无精打采的行李员，简单的一声问候“欢迎光临”，没有微笑，径直将客人的行李拉到前台后便没有与客人更多的交流，×夫妇感到有些失落。

【案例分析】

门童、行李员是酒店门厅的接应员，是酒店第一印象的缔造者。门童、行李员的服务态度与服务方式直接影响宾客的感受。案例中，行李员对客服务缺少热情，没有微笑，不能与宾客进行良好的互动，必然不能让宾客满意。

【服务优化】

酒店是高情感的行业。门童、行李员上岗前应整理好个人仪容仪表，调整好工作状态，精神饱满，热情待客。要细心观察，把握客人的消费心理，针对不同的客人进行适当的交流互动，活跃气氛，让宾客在酒店更轻松、更愉悦。

案例3　周先生的电话投诉

【情景描述】

一天下午，深圳某五星级酒店，周先生打电话到酒店总机预订当晚的客房，拨通酒店总机电话后，久久没有人接听。几分钟后周先生再次拨打还是无人接听，第三次拨通后终于有人接起来了，但此时的周先生首先做的并不是预订客房而是气愤地投诉。前厅经理了解到情况后立即做了调查，原来当时总机有多个内部电话询问工作事宜，导致没有及时接听外部来电。

【案例分析】

电话分为外部来电与内部来电，外部来电优先于内部来电，宾客来电优于员工来电,即使电话线路多无法第一时间接听,总机也需要第一时间接起后向客人表示感谢来电,请其稍等,并需要在等候过程中再次接回线路向等候宾客致歉。

【服务优化】

严格遵循外部来电优先于内部来电、宾客来电优于员工来电的规定。来电需在铃声三响之内接起,若需客人等候,在接通期间应不断地将进展情况通报给客人。

案例4　一次失败的叫醒服务

【情景描述】

某天晚上9点李先生在酒店大堂使用手机致电总机,想要安排一个第二天早上的叫醒服务。

李先生:帮我安排一个2015房间的叫醒服务,明天早上5点,我要赶飞机。

员工:好的,已经帮您记录,请问还有什么可以帮您?

李先生:没有了。

员工:感谢您的来电。

第二天,李先生并未接到叫醒服务,急匆匆地来到前台结账,临走时明确告知会投诉。经调查,原来李先生实际入住的房间号为2105,叫醒服务却设置了错误房号。

【案例分析】

电话叫醒服务是酒店对客服务的一项重要内容,涉及客人的行程和安排,尤其关系到客人能否准时赶上航班、车次或轮船,必须相当谨慎对待。案例中李先生在要求叫醒服务时显然报错了房间号码,总机工作人员在接到叫醒需求时,没有当即在系统中查询客人的房号信息、姓名信息,没有与客人再一次核对,从而设置了错误房号。

【服务优化】

如果叫醒服务出现差错,可能会给酒店和客人带来不可弥补的损失。总机工作人员接到客人需要叫醒服务的电话时,要问清楚客人的房号、姓名、叫醒时间,当即在房务系统核对房间及客人信息与宾客所报是否一致,并与宾客确认一遍,以确保无误。

案例5　王女士的不安

【情景描述】

一天下午，从台湾来的王女士来到酒店前台办理入住登记手续，手续办理得很顺利。登记手续办理完结后，前台员工向王女士递送了房卡。

前台：王女士，您的登记手续已办理完毕，这是您的房卡，您的房号是1715，再次感谢您的光临，祝您住店愉快。

王女士：谢谢。

拿着房卡的王女士随后乘坐电梯进入了1715房间。没过一会儿，门铃响起，王女士以为是客房服务，打开门发现是一名男性保险推销员，想向王女士介绍产品。王女士婉拒后立即拨打了总台电话向值班经理反馈，投诉其对于入住酒店感到不安全。

【案例分析】

为确保客人的隐私与安全，有他人在场时，前台不应将客人的房号口头报出，以免被他人听到，让人另有所图。

【服务优化】

必须确保房卡的正确使用。办理入住登记时，客人的姓名和房号必须写在房卡封套内页，并用手指示房卡内页上的房号传达给客人，禁用口头表述。

案例6　客人要求以协议价入住

【情景描述】

某酒店前台，一位客人在办理入住手续时向服务人员提出使用××公司的协议价格。按照酒店规定，只有出示协议单位的工作证件或者单位名片方可使用相应的协议价，前厅接待员向客人做了说明，但客人声称将工作证遗忘在办公室了，因此当下无法出示相关证件。前台工作人员直接拒绝了客人的诉求，客人顿时恼怒起来。此时正值前台入住登记高峰期，由于他的恼怒、叫喊，引来了许多好奇的目光。

【案例分析】

案例中如果客人一时拿不出证件，前厅接待员可以向客人解释，先按照普通价格进行登记入住，只要退房前客人能想办法提供证明材料即按照协议价格予以结算。前台员工直接拒绝了客人的要求，并没有寻求其他解决方案，必然引起宾客的不满。

【服务优化】

本着热情友好、文明礼貌、细致周到、宾客至上的服务理念，对于宾客提出的合理诉求，不能说不，如当值员工无法帮客人处理时，应第一时间向上级主管或经理寻求帮助，不可直接拒绝客人。

案例7 不合适的推销

【情景描述】

从上海来闽出差的吴先生提前预订了某酒店的普通商务房。这天傍晚，吴先生到了酒店前台办理入住登记手续，前台工作人员非常热情地向吴先生推荐了面积更大的房间。

前台：吴先生，您好，很高兴向您推荐我们的豪华套房，面积是您原先预订房间的两倍，除此之外，还可以享受免费的行政酒廊待遇，享受折扣 SPA，免费洗衣……

×先生：我这次是来出差的，只入住一个晚上，明天大部分时间是在公司开会，我不太需要……

【案例分析】

案例中吴先生为公务出差的宾客，且已经预订好了房间，此时再向其推介高价的客房既不合适也没必要，甚至会引起宾客的反感。显然，前台工作人员并不了解客人此次入住的目的和真正的需求，其推销也就无的放矢了。

【服务优化】

对于宾客的接待，要特别强调营造良好的消费体验，要充分利用好宾客档案资料，准确了解客人需求，除非宾客要求或情况特殊，已预订好房间的宾客就不可再向其推介高价的房间了。

案例8　退房时的不愉快

【情景描述】

一天早上，2408房退房时，客房服务人员报前台，称客人动用了可乐和小依云各一瓶，客人质疑，要求复查。稍后，客房服务员又报没动用小依云。由于客人对服务员前后所报结果产生怀疑，拒绝买2408房所有的酒水单。事后调查发现，由于缺货，前一天2408房并没有配备小依云矿泉水，服务员发现小酒吧没有小依云就误以为是客人消费了。

【案例分析】

案例中由于服务员交接问题导致了误报，使得客人被怀疑，因此酒店应该向客人致歉。干净可卖房在报出之前必须保证客用品配备齐全，合格后方可通过。若确实因客观原因配不齐全的，各班次应严格按规范做好交接，服务员在查房之前一定要仔细阅读交班本，也要避免忙中出错。

【服务优化】

1.加强督导管理，督促客房工作人员做好班次交接和班前准备，提高服务员查房的速度和质量。

2.保证客人退房信息在第一时间内传达给楼层服务员。

3.加强服务员查房技能培训，增强起责任感和危机感，采取恰当的惩罚措施，若不及时查房，如有遗失物品，由服务员承担主要责任，这样一来，服务员也就不会慢吞吞地去查房了。

4.查房时要有顺序。特别留意贵重物品，分析哪些物品是客人经常拿走的，然后加以总结。

5.客人入住时要友善提醒客人，退房时可以提前通知一下前台服务员，客房服务员要跟客人讲清楚，房间里哪些物品是可以带走的，哪些是不可以的。

案例9 面对挑剔的长住客

【情景描述】

某酒店有一位长住客潘先生对酒店的服务比较挑剔。这次，他刚入住酒店，又对服务员小王提出了颇有难度的要求："每次我按铃叫你的时候，你要在30秒内赶到我房间来，在收拾房间时，那些东西的摆放要严格按照我的要求去做。"服务员小王意识到了此顾客的挑剔性特强，于是小心翼翼地点了点头。

一次，当服务员接到其按铃时，即匆忙乘电梯前往，但电梯中途突然出故障，等到达潘先生房间时已经超过5分钟。这下子，潘先生可就有借口发作了。服务员一进门，不等他开口解释，他就指着小王的鼻子开骂了："你怎么搞的，我在这里等了老半天你还没上来，你们不是说'顾客就是上帝'吗？这算什么态度！"

服务员小王也是个有脾气的人，忍耐度终于到了极限，跟潘先生横眉相对起来：

"我什么态度，你又是什么态度！你也不看一下你自己，成天只会指挥别人，你很了不起呀?!"

潘先生脸色铁青，眼看着一场火山就要爆发。这时，服务员大李刚好路过门外，听到争吵声，连忙走过来，把小王拉到一旁，及时制止了争吵。他了解了事情的经过后，用很抱歉的语气对潘先生说："潘先生，很对不起，我们服务员冲撞了您，希望您能够大人不记小人过，多多原谅。不过，我想您可能有些误会了。"大李接着说。

"什么误会，事实就摆在眼前，没得说！"潘先生依然没消气。

"请您先冷静一下，别激动，听我把话说完。刚才我们的电梯的确发生了小故障，致使小王不能及时赶来，我想这个情况他也不想发生。但没办法，这是意外，我想谁都不能料到会被困在电梯里。而且，从前几次他的服务来看，他是尽职尽责的，只不过他的脾气冲了点，希望您能够理解。"说完，扯了扯小王的衣服。小王红着脸诚恳地说："潘先生，我刚才的确是冲动了点，但您根本不让我有说话的机会啊！"终于，潘先生舒缓了紧皱的眉头："真的是那样吗？那我真的要自我检讨一下了。"末了，他还对小王道歉："我没想到事情是这样的，我错怪了你，希望你能原谅我。"从而使事情最终得到圆满解决。

【案例分析】

案例中的服务员小王虽然了解顾客的个性特点，但也因年轻气盛未能控制自己的情绪。在遇到这种情况时，服务员本应用温和的语气来缓和矛盾，但服务员小王却还没来得及与潘先生解释清楚就与其争吵起来。这种做法不仅不能平息矛盾，反而会使潘先生产生更大的错觉，变得更加愤怒。相对而言，服务员大李的做法比较好，当他了解到顾客的个性和小王遭遇的情况后，带着抱歉的语气，采用不同的语言进行沟通，起到了与之相反的效果。语言沟通的技巧对于服务人员来说至关重要，同一种意思用不同的语言和语气表达出来的效果不同。由于顾客的个性不同，我们应当使用相对应的语言，才能提升顾客的满意度。

【服务优化】

根据以上的案例，酒店应加强对员工语言沟通技巧的培训，帮助员工总结不同的情况下应该分别采用什么方法、什么语气来妥善地进行沟通，更好地表达自己的意思，以免引起对方的误解。

案例 10　让愤然离去的两位客人失望了

【情景描述】

一天深夜，两位面容倦怠的客人来到前厅接待处，要一间普通标准间。接待员表示标准间刚刚卖完，但是有一间刚刚退房，楼层服务员正准备清扫，请两位客人稍等片刻。客人不禁皱起了眉头："不行，刚才机场代表告诉我们是有房间的！"接待员说道："是有的，但请稍等一会儿，我们马上清理出来，请您在大堂吧稍坐片刻，我们会通知您的。"客人看了看接待员，二话不说地走向大堂吧。接待员赶紧催促客房中心立即清扫普通标准间。15 分钟后，其中的一位客人来到接待处。

顾客："小姐，到底有没有房间，我们坐了 3 小时多的飞机，真的很累，想休息……"

接待员连忙安慰客人，立刻又打电话到客房中心询问普通标准间准备好没，客房服务员却说："刚做好了一间豪华标准间，其他房间还没有。"

接待员："你们在干什么呢，做房间那么慢，你们知道客人等得多焦急吗？"

服务员："房间总得一间间地做吧，哪有那么快。"说完电话挂断了。

接待员无奈地放下话筒。又过了 15 分钟，两位客人再次走向接待处，开口便高声责问接待员："你们到底有没有房间？把我们骗到这儿，根本没房，我们不在你们这儿住了。"说完，便向门外走去。这时，大堂副理走了过来想留住客人，可没等他说话，客人便愤然离去。

【案例分析】

客人这一次不愉快的经历,将影响他们再次进入该酒店。案例中出现的问题,说明该酒店在管理与服务上有漏洞。首先,机场代表在不了解酒店实际房态的情况下向客人许诺。我们常讲一句话是:做不到的事情不要说,说了就一定要做到。无论从事管理或是服务,都必须做到这一点。机场代表在接待前,就应了解房态,答应了客人之后,更应该及时联系酒店做出安排,使客人抵达后能够顺利入住。其次,接待员处事不够灵活。从客人的话语中,接待员就应该听得出客人的急切心理,在服务过程中,我们应急客人之所急,想客人之所想。当酒店一时满足不了客人需求的时候,要及时采取变通措施,比如说可以适当升级房型,把打扫好的其他房型的房间安排给客人。楼层服务员的不配合是最根本的原因。从服务员回答的口气里我们可以看出,其服务的意识与合作的态度是欠佳的。

最后,大堂副理也有责任。大堂副理的职责是营业部门经理下班或不在场的情况下,监管各营业部门的运作,处理非正常运作所引起的宾客投诉,处理酒店发生的意外事件或紧急事件,最终使客人满意。案例中的客人已等候多时以至发脾气要离开了,大堂副理才出现,其行为是失职的。

【服务优化】

渴望获得重视是一种人的天性。有的顾客通过抱怨来吸引服务生(前台)对他的注意和重视,或者由此引出酒店相关负责人或经理与其见面,使他感觉到自己被重视。因此,针对容易暴躁且抱怨心强烈的客人,酒店应有针对性地加强前厅工作人员在这一方面的培训,学会如何有效地安抚好客人的情绪,为客人提供满意的服务。因为抱怨是客人发出的信号:我对你们酒店的期待很高,但实际上你们并没有达到我所期待的要求,我希望等到我再次入住时,你们酒店能够针对我的需求,提供符合我需要的个性化服务。

案例11　处事有方的黄经理

【情景描述】

一天上午9点,A酒店大堂黄经理接到住在806房间客人的投诉电话:“你们饭店怎么搞的,我要求叫醒服务,可到了时间,你们却不叫醒我,误了我乘飞机!”不等黄经理回答，对方就“啪嗒”一声挂了电话，听得出，客人非常气愤。黄经理意识到这投诉电话隐含着某种较为严重的事态，于是查询当日 806 房的叫醒记录，记录上确有早晨 6 点半叫醒服务，当时客人曾应答过，黄经理了解清楚情况后断定，责任不在酒店，但黄经理仍主动与 806 房的客人联系。“孔先生，您好！我是大堂副理，首先对您误了乘飞机而造成的麻烦表示理解。”黄经理接着把了解的情况向客人做了解释。但客人仍怒气冲冲地说：“你们酒店是有责任的，为什么不反复叫上几次呢？你们应当赔偿我的损失！”客人的口气很强硬。“孔先生，请先息怒，现在我们暂时不追究是谁的责任，当务之急是想办法把您送到要去的地方，请告诉我，您去哪儿，最迟必须什么时候到达。”黄经理的真诚，使客人冷静下来，告诉他第二天早晨要参加西安的一个商贸洽谈会，所以当天一定得赶到西安。黄经理得知情况后，马上请酒店代售机票处更改为下午去西安的机票，而代售处下午西安的机票已售完。黄经理又打电话托他在机场工作的朋友，请务必想办法更改一张下午去西安的机票，之后黄经理又派专车去机场取回更改的机票。孔先生接到更改后的机票后，才坦诚地说自己当天早上确实是接过叫醒电话，但应答后又睡着了，责任在自己，对黄经理表示歉意。

【案例分析】

叫醒服务是饭店为方便客人乘飞机、火车或小睡后赴约、洽谈，应客人要求而提供的一项服务，要求客人填写叫醒记录单，话务员在受理此服务时，应相当的认真，慎重准时。本案例的责任显然不在酒店，而客人又将责任推给酒店，大堂黄经理在接受投诉时并未与客人争论是非，而是站在客人的立场上，设法帮助客人解决首要问题。酒店有一个原则：“客人永远是对的！”本案例中黄副理严格遵循这一原则，有理也要让客人，表现了良好的职业素养。当客人无理要求赔偿时，黄经理没有与客人理论是否该赔偿，而是很真诚的请客人告诉他所要去的地方，以解决最需要解决的问题，体现了他处理投诉时的冷静、理智及大度大气。最后问题得到解决，客人很满意，也为黄经理的真诚所打动，因而主动承认了自己过错。

【服务优化】

本案例在处理客人投诉中，黄经理面对脾气大而将责任转嫁给酒店的孔先生，黄经理不予争辩，并采取相应的补救措施来挽回客人的损失，在维护饭店利益的同时又没有损害客人的利益，体现了黄经理处理投诉的冷静、理智与技巧，将矛盾巧妙绕过，妥善处理问题，将前厅的服务做到最优。可将本次发生的事件作为案例在相关培训时与前厅员工共同分享，学习如何巧妙化解宾客之间的矛盾。

案例 12 一通电话带来的误会

【情景描述】

某日深夜一点，总机接到来电，是一位女士，她要求转 1506 房间。接线员立即将电话直接转入 1506 房间。第二天早上，大堂经理接到来自 1506 房间刘小姐的投诉电话，说前一天晚上有个来电不是找她的，却被接线员转到她的房间，她的正常休息因此受到打扰，希望酒店能给她一个合理的解释。大堂经理经过调查，了解到前一天晚上所接到的电话找的是 1506 房间的前一位客人赵先生，但他已于前一天晚上 9 点退房离店了。刘小姐是当晚 11 点左右才办理入住手续的，她洗漱完刚睡下没多久，就被电话吵醒了，故而很生气。

刘小姐这边刚解决完，原先住 1506 房间的赵先生紧接着也打来了投诉电话。他说昨晚他太太打电话找他，接线员没有做任何的问询就将电话转接到了房间，接电话的又是一位女士，引起了太太的误会。刘先生说此事破坏了他们夫妻间的感情，如果没有给他一个满意的答复，今后他将不再入住此酒店。

【案例分析】

此案例中总机由于操作不规范无形中给刘小姐以及赵先生都造成了影响，酒店需要对此负责。事发时该女士要求电话转线至 1506 房间，总机的接线员却没有与其核对房间登记人姓名，而直接将电话接进去了，因为此事影响到刘小姐的正常休息，作为酒店方，应该给予一定的补偿，如房价优惠或是赠送甜点。同时感谢赵小姐及时将此事告知酒店，引起酒店的重视，从而帮助酒店提高服务水平。其次应郑重地向赵先生深表歉意，由于接线员的过失使得其太太产生误会，无意中影响了他们夫妻间的感情，酒店方面一定要对此负责。在征得刘小姐同意后，向赵太太解释事情的来龙去脉，借此解除因此事所造成的误会，以期得到赵太太的谅解。必要时，可出具证明证实赵先生在当晚 9 点前就已离开酒店。同时感谢赵先生将此事告知酒店，引起酒店的重视，从而帮助酒店提升服务水平。

【服务优化】

酒店培训应当强调服务操作规范，不能忽略一些关键细节，总机接线员在转接电话前要仔细询问房间登记人姓名以及来电人员的身份信息，且必须自己先致电房间主人，告知来电人信息，询问能否转接电话，以免发生不必要的乌龙事件，引起顾客投诉。

此事件后，部门应重视每一起案例，总结经验，吸取教训，保证不再发生此类事件。

案例 13　多了一天房费

【情景描述】

2月8日，2315房间无人居住却产生了房费，这令酒店前台疑惑不已。原来是之前入住2315的×先生(×先生是酒店的协议客户)在2月7日中午12点到前台结账，而且在退房时还跟楼层服务员说了这个情况。经查明：由于前台员工的失误，未及时将房间信息在系统中做退房处理，而楼层服务员发现差异房也未及时上报，因此导致多滚了一天房费。

【案例分析】

本案例属于酒店前台与楼层服务员之间的沟通问题。酒店对相关部门的服务人员专业培训不足，楼层服务员得知客户退房情况后未能及时向前台汇报，前台人员也未能及时将房间信息在系统中做退房处理，致使房费多滚了一天。

【服务优化】

1.对于客人提出退房的要求，如果是通知到前台，前台应该在第一时间内通知楼层查房，并在电脑内做相应处理。

2.如果是通知到楼层服务员，服务员应该及时查房，并将查房情况及时通知前台。

3.如发现实际房况与电脑房况不符，应及时上报客房中心并做好交班。

4.严格落实标准操作步骤，前台与客房必须严格落实每日房差报表的跟进。

案例 14　杨先生的不满

【情景描述】

杨先生致电前台为他的客户订房，因当时没有套房，只预订了一个单人间，还特别关照他会来结账。晚上，杨先生带着一位客人登记入住，客人问到有没有套房。前台接待员小林查看房态后回答“有的”(原来下午正好有个预订取消了)。杨先生纳闷道：

“我上午预订时怎么说没有呢?”由于上一班没做交接,前台接待员小林回答:“不太清楚。”杨先生听后非常不满意,觉得在客户面前丢了面子。随即便在前台要求见值班经理并投诉。

【案例分析】

本案例属于酒店前台接待问题。前台接待员不了解事情的原委,且缺乏主动服务意识与工作责任心,做了不负责任的回答。同时,回答问题也没有技巧,容易让客人产生误解、不满,影响了酒店的整体服务质量与酒店形象。

【服务优化】

酒店在客房预订环节、入住登记环节,以及预订与入住登记的衔接工作上应重新设计、理顺。还应加强员工专业性培训;遵循“never say no”的服务原则,对客人的提问要了解清楚、解释清楚,不应该有“事不关已,高高挂起”的工作心态。

案例 15　预订员小夏

【情景描述】

南京某酒店,前厅部预订员小夏接到一位美国客人从上海打来的长途电话,想预订每天收费 180 美元左右的标准双人客房两间,住店时间 6 天,3 天以后来店。小夏翻阅预订记录,回答说:“3 天以后酒店要接待一个大型会议的几百名代表,标准间已经全部预订完。”说到这小夏接着用商量的口吻继续说道:“霍曼先生,您是否可以推迟 3 天来店?”霍曼先生回答说:“日程已经安排好了,南京是我们最后一个日程安排,还是请你想想办法。”小夏想了想说:“霍曼先生,感谢您对我们的信任,我很乐意为您效劳。我想,您可否先住 3 天我们酒店的豪华套房,套房是外景房,在房间可眺望紫金山的优美景色,紫金山是南京名胜古迹集中之地,室内有我们中国传统雕刻的红木家具和古玩瓷器摆饰,套房每天收费也不过 280 美元,我想您和您的朋友一定会满意的。”小夏讲完,感到对方犹豫不决,接着说道:“我想您不会计较房间的高低,而是在考虑是否物有所值吧。请告诉我您和您朋友乘哪次航班来南京,我们将派专车到机场接你们,到店后,我一定先陪您参观套房,到时您再决定好吗?我们还可以为您免费提供美式早餐,我们服务都是上乘的。”霍曼先生听到小夏这样讲,倒觉得还不错,想了想欣然同意先预订 3 天豪华套房。

【案例分析】

小夏在接待客人来电预订房间的过程中，体现了一个前厅服务员良好的综合素质，具体表现在以下几个方面：

1.接待热情礼貌、语言得体规范，做到了无“NO”服务，为客人着想，使客人感到被重视，因而增加了对酒店的好感。

2.推销过程采用了“三明治式报价方式”，避免了高价格对客人心理产生的冲击力，如：(1)先介绍客房情况，A：外景房，可眺望紫金山的优美景色；B：房内有中国传统的红木家具和古玩摆饰；(2)报价委婉：每套不过 280 美元；(3)报价后介绍选择的好处，所提供的服务，A：专车接机；B：上乘的服务；C：免费的美式早餐。

在推销过程中，没有强迫客人预订，而是巧妙如实地介绍豪华套房的情况及客人选择后可享受到的服务，最后还有一次选择机会，如到店后先参观再做决定，增强了客人对小夏的信任。

【服务优化】

小夏积极主动，成功地销售客房遵循了饭店销售的是客房而不是价格的原则，在销售过程中，语言亲切、自然诚恳、善解人意，提供了有针对性的服务，同时办事效率高，体现了小夏良好的思想素质和业务素养。

案例 16　细心的小杨

【情景描述】

初秋的一个周末，郑州某酒店商场部服务员小杨正在热情地接待客人。这时，电话响了，小杨迅速拿起电话微笑着说：“您好，商场部。”电话是酒店 608 房间的张先生打来的，他需要一盒价格为 18 元的芒果烟，并要求送到房间，说完之后，便把电话挂断了。小杨没有来得及询问是现付还是签单。放下电话，小杨想，在客房住的客人签单的较多，便顺手拿了一张账单。但转念一想，如果客人现付，没有零钱找怎么办？再跑一趟找零倒没什么，但是耽误了时间，又打扰了客人。于是，小杨准备了一张 50 元放在了左侧兜内，32 元零钱放在了右侧兜内，手里拿着账单和香烟，便离开了商场。在经过前台时，小杨询问 608 房的客人能否签单挂账，得到确认后，小杨来到 608 房间门前，按响了门铃，客人打开门之后，小杨微笑着说：“张先生，这是您要的香烟，18 元，您签单还是现付？”客人说：“现付吧。”便从钱夹里拿出一张面值 100 元的纸币，小杨迅速从左侧兜内掏出了50元,又转手去右侧兜内掏零钱。客人便问是不是没有零钱找,小杨微笑着自信地说:"有,有,在这里。"便把82元钱双手呈现在客人面前,并说:"张先生,香烟18元,收您100元,找零82元,请核查。"张先生看着小杨的举动,听着小杨的话语,吃惊地说:"小伙子,这么细心,谢谢!"

【案例分析】

人们都说"以小见大"。在对客服务中,细心尤为重要。在这个案例中,服务员小杨在对客服务过程中做得十分周到,达到了以下几点:客人需要一盒价格为18元的芒果牌香烟,并且送到房间,这是客人说出的需求,同时,客人希望在房间内现付,肯定还希望不要因为找零耽误太多的时间。

【服务优化】

每一名酒店服务人员在对客服务时,都应该专心、细心,关注服务细节,考虑问题全面周到,才能提高服务效率,既方便了客人,又能使服务成本最小。

案例17　寄存的电脑丢失了

【情景描述】

5月12日下午5点,黄女士寄存笔记本电脑于礼宾部,礼宾部小岳填写好寄存牌后将电脑放置于礼宾台后方的行李车上。晚上8点20分黄女士领取电脑时发现电脑不见了,经监控调查发现,从黄女士下午5点寄存电脑至晚上8点20分领取期间,仅晚上7点30分有酒店常客武先生接触过行李车。监控显示,晚上7点30分武先生来到礼宾台告知礼宾小岳要取他之前寄存的行李,小岳拿着行李房钥匙去找武先生的行李了,此时的武先生发现行李车上有笔记本电脑,往行李车上的电脑看了两次并窥探周边的环境,两分钟后小岳拉着武先生的行李箱出来后交给他。此时,武先生告知小岳他还有东西寄在这里,让查一下。小岳便背对着武先生在电脑上查找武先生行李寄存的记录,同时武先生将自己的行李箱放在另一部行李车上后,把之前寄存的一箱衣物分三次拿出,第一次衣物拿出来直接覆盖在笔记本电脑上,随后一把抱起放进行李箱内,将衣物如数装完后便离店,并未再问询其他寄存行李的结果。酒店值班经理经与武先生沟通多次无果,调看监控发现武先生的异常举动后随即报警,但武先生拒绝承认偷窃电脑,并拒绝配合警方,调查月余未果。鉴于此,失窃电脑价值5000元左右,由前厅部相关责任人赔偿处理。

【案例分析】

礼宾部小岳对客人财产的保护意识淡薄，未按酒店的政策与程序进行规范操作，小件贵重行李没有收进行李房，寄存的电脑放置于礼宾台后方的行李车上显得非常随意，并在其他客人领取物品时未做好寄存物品的监管工作，是此事件的直接责任人。

【服务优化】

1.加强员工对物品寄存、转交等管理规范的培训及监督，严格执行行李服务操作规程。

2.在礼宾台上方加装监控探头，以起到震慑偷盗者的作用并监督员工服务质量。

案例 18　小宋的用心服务

【情景描述】

某酒店行政酒廊。早上 8 点，1520 房的汪先生一行 3 个房间的客人来用早餐，那时正值早餐高峰时期，行政酒廊接待员小宋迅速上前引领并热情地介绍早餐，其在兼顾其他客人的同时也细致周到地招待了汪先生一行人，拿盘子、送食物、收拾桌面，一刻也没停，客人甚是满意。用完早餐后汪先生提出要用下会议室，说当天可能加起来一共需要用半天时间。因每个房间每天限用两小时且不可累计，小宋马上请示了 GRO，GRO 考虑到客人是常客又一住好几天，便同意给客人方便。

9 点时小宋按客人的要求准备会议室，纸、笔、电脑和茶水，迅速并熟练地忙碌着，并细心地告诉汪先生，如果有任何需要可以用会议室的电话拨 6016 行政前台的电话，这样客人就可以不用走出来叫服务员了（因为早上行政酒廊需要服务客人早餐和收餐做卫生），汪先生对小宋细心周到的服务很是满意。在 9:30—12:30 开会 3 小时期间，小宋进会议室为客人加了几次茶水并用心留意客人的潜在需求。当 12:30 客人开完会时，小宋站在会议室外欢送并告之客人二楼有西餐自助午餐，客人一再向小宋表示感谢。

19 号中午两点多汪先生一行人准备退房，小宋已提前准备好了账单并热情迅速地为客人办理了退房手续，这时客人主动提出写封表扬信以表示对小宋细心周到服务的肯定，并表示下次来希望还能见到她。

【案例分析】

此案例中我们的行政酒廊员工小宋服务热心、细致、周到，能换位思考并根据服务规范灵活处理，服务及时到位，获得客人的认可和好评，从而使客人主动提出为其写表扬信。

【服务优化】

1.以宾客为中心，灵活处理工作中遇到的难题。

2.时时关注宾客需要并主动服务。

3.具有强烈的全员营销意识。

4.周到热情的服务能很大程度上弥补其他不足，再加上酒店设施设备的齐全更加使客人感到满意。

案例19 粗心的行李员

【情景描述】

有两位互不相识的客人同时在寄存行李，两个行李箱外观差不多，行李员小范将行李放在柜台内，并拿出两张行李寄存卡分别交给客人填写，客人填写后，小范顺手将行李牌拴在两位客人的行李上，但由于粗心将两位客人的行李牌互相拴错。小范下班后，小齐接班，一会儿一位客人来提取行李，小齐根据客人寄存卡上的号码，找到行李交给了客人，客人拿到行李后直接去了机场，在机场办理行李拖运时才发现手里的行李不是自己的，于是急忙打电话到酒店行李部查找行李。行李员小齐根据客人提供的姓名、行李特征和房间等信息，找到了客人的行李，由大堂副理立即驱车赶往机场换回错拿的行李，没有耽误客人按时登机，整个过程算是有惊无险。

【案例分析】

行李服务是酒店向客人提供的一项重要服务内容。妥善保管好行李，准确无误地将行李交给客人是行李员的基本职责。行李的寄存和提取，没有高难度的技术要求，但出现差错将直接影响客人的切身利益，也会给酒店品牌形象带来不良的影响。

【服务优化】

1.散客行李一定要妥善保管好，要将行李寄存卡按要求填写清楚，字迹要规范，客人姓名、房间号码、行李件数等要填写得准确无误。

2.行李员填写行李寄存条时，一定要注明行李寄存位置、件数、颜色、存放日期、寄存条编号等情况，如有贵重、易碎物品应做明显标记。

3.当客人提取行李时，要与客人认真核对姓名、房号、行李件数、要将客人的行李条与行李上的行李条进行对比，并确认客人名字是否相同。交给客人时应请客人再确认一遍行李无误。

4.礼宾部主管、领班应加强对员工的现场检查与督导，将可能出现的问题控制在萌芽状态。

案例20　不知去向的行李

【情景描述】

吴女士为一个团队的成员，在楼层等待行李时，当行李员卸完车上的行李后，吴女士只找到了自己的一个箱子而另一件行李却不知去向，不免心中着急。在不安中等待10分钟后，终于在第二辆行李车中找到了另一件行李，这一经历给吴女士带来了不安全感。

【案例分析】

本案例属于酒店行李运输问题。由于李女士的行李没有在同一辆行李车上送达，造成了李女士心中没底等待了很长时间，必然令李女士焦躁不安。酒店行李运送方式有待改进。

【服务优化】

同一楼层如果需要两辆行李车，则应根据房号装车，房号在电梯右侧的，行李放在一车上；房号在电梯左侧的，行李放在另一车上；如果同一客人有两件以上的行李，应该把这些行李放在同一车上，不能分开装车，以免客人只见到一件行李时误以为其他行李丢失而着急。行李分送服务应遵循“同团同车，同层同车，同侧同车”的原则。即使因为特殊情况而使同一客人的行李不能同时送达，行李员应该向客人解释，请客人在房内耐心等待。

案例21 客人去哪儿了?

【情景描述】

福建晋江某酒店。7月10日这天,天气不好,一早就开始下雨,礼宾员小陈上班后就接到了接机任务——到晋江机场接酒店客人温先生。接到任务后,小陈看了最新的飞机时刻表,时刻表上显示温先生的到站时间是8点40分。于是小陈准备好写有温先生名字的接机牌,提前到达国内航班出口处等候。等到8点55分小陈还不见温先生的身影。原来温先生的飞机提前了10分钟到站,而温先生又从国外航班出口随着人流出来了。温先生拖着行李,在滂沱大雨中怎么都寻不见接站的酒店员工小陈,他十分失落,自己坐计程车到了酒店,直奔大堂副理处投诉。接站的礼宾员小陈接到酒店"客人已到达酒店"的信息,随即跟车返回,听说客人已经投诉后,小陈还不明白客人是如何从他眼皮下走失的。

【案例分析】

案例中礼宾员小陈没有做好天气因素而造成飞机早到或晚到的时间预测,亦没有及时咨询机场工作人员该航班到站的准确时间,再则没有了解清楚客人所乘坐的飞机是国内还是国外航班,只是单一地选择在国内出口等候客人,导致未能接到客人。

【服务优化】

1.礼宾员应及时准确地了解客人到站时间,采取处理突发事件的预防控制措施。

2.在收到客人接机预订时,应与客人沟通,协调好具体的接机位置。

3.在接机同时,应掌握客人的联系方式,将工作由被动变主动,方便联系客人,及时获取客人的信息。

案例22 女性的温柔

【情景描述】

10月中旬的一天,金女士坐了几个小时的飞机,从东北风尘仆仆地来到福州,入住某国际联号酒店的当天晚上因工作劳累加上长途旅行，金女士突感身体不适，于是打电话到总机求助。总机的同事立刻把情况上报给了当天的宾客服务经理刘经理，刘经理当即让送餐部同事准备好红糖水并亲自送到客人手中。听到客人说双手发麻，她便细心地蹲下身来为客人按摩发麻的手指，直到客人麻木的感觉渐渐消退，并且一直安慰客人，听客人倾诉工作和生活上的烦心事。客人在返程的路上，给酒店发来了一封感谢信，在信中，她对刘经理的热情招待及体贴服务给予了充分的表扬。

【案例分析】

在这一案例中我们可以看到，刘经理当得知客人因旅途劳累而身体不适时，及时为客人送上了红糖水，并且积极主动地和客人沟通，以女性特有的温柔、细心给了客人极大的安慰。客人如果有机会再到福州，我们相信她一定会因为刘经理而继续选择这家酒店。

【服务优化】

酒店员工在为客人办理入住的时候，与客人交流的过程中，可以了解到客人旅途情况及客人的身体与精神状态，并做好记录，与负责的同事沟通，为客人提供意料之外的服务。

案例 23 出租车的甩客行为

【情景描述】

福州某国际联号酒店。一日上午，客人黄先生致电总机投诉，酒店的出租车在半道拒载，并把他放在路边，而司机开车返回酒店拉其他去机场的客人。值班经理接到客人的投诉之后，马上联系到酒店的礼宾，询问是否有帮客人叫车，酒店礼宾反馈没有接到客人的通知，客人是在酒店门口自行搭车的。于是值班经理联系客人询问详情，客人表示早上他自己在酒店门口看到这辆出租车并与司机协商，并同意加价付费去五一广场附近办事。在途中司机突然要求客人下车，并告知客人他是酒店的出租车，现在要回酒店接酒店去机场的客人，不能送他去五一广场了，并声称是礼宾在群里召他回酒店的。事实上是，酒店礼宾和合作的出租车队有个微信群，有用车时，会在群里发布用车信息，由车队安排，这个司机为了抢单，就把在车上的客人拒载了。值班经理向黄先生解释，酒店并未与任何出租车合作，只是为了方便客人，有和很多司机建了群聊，并且酒店也有帮助客人通过滴滴出行打车软件叫车。当时发布信息时，并不知道这个司机已经有载客。值班经理表示酒店会联系相关部门帮其投诉。值班经理当即要求礼宾部和车队长联系，并核实情况，下午车队反馈该司机张师傅已被投诉至车管局，此车停业7天，并且已经剔除群，酒店将不会再为其招揽任何客人。

下午，值班经理得知客人黄先生已办完事回到酒店，亲自到客人房间看望，对于出租车司机的不良行为给客人带来不好的遭遇表示抱歉，同时向客人解释了酒店礼宾叫车服务的具体流程，认为这是一场误会。值班经理告知黄先生酒店已将张师傅投诉至车管局的情况，并且酒店今后不再让这个司机接待酒店的客人，已经踢出群。值班经理给客人赠送了酒店的水果以表歉意，同时留下名片，客人表示理解，答应今后仍会给酒店好评。

【案例分析】

酒店作为宾客的家外之家，应当为宾客提供力所能及的各种服务。在这一案例中我们可以看到，酒店礼宾本着为客人着想、方便客人出行的原则，建立出租车司机微信群代客召唤，虽然酒店与出租车司机之间不是商业契约关系，但在客人心目中，酒店代为招来的出租车司机服务的好坏已经成为酒店服务质量的一部分。案例中该出租车司机恶劣的甩客行为以及当中的误会引起宾客对酒店的不满是可以理解的，所幸的是，酒店方及时采取补救措施得到宾客的理解。

【服务优化】

酒店在为客人提供车队服务的过程中，要认真考量合作方司机的资质与品格，避免出现此类现象。可能的话尽量使用酒店内部车辆。

案例24　客人在浴室摔了一跤

【情景描述】

福州某酒店。晚上9点，值班经理接到总机来电，反映4622房间的客人在浴缸里洗完澡后摔了一跤。于是值班经理和工程师及客房部服务员一起前去该房间，看到房间里张先生和太太李女士均在场，李女士刚才从浴缸里出来时由于地面湿滑摔了一跤，胳膊还有一点疼，还好并无大碍。值班经理向李女士表示关心并真诚致歉，马上安排客房部同事在浴缸周围多铺了几条地巾。工程师查看了浴缸的水龙头和管道，发现水是从水龙头里漏出流到地面的，需要修理水龙头。值班经理主动给客人升级房间并换房到豪华江景房。值班经理和礼宾在22点12分协助张先生换到4721房，工程师在客人换房后去修理原来房间的浴缸水龙头。张先生对升级后的房间比较满意，值班经理祝其晚安后，便离开房间。

【案例分析】

在该案例中我们可以看到，值班经理在接到电话之后迅速赶到客人的房间查看客人有没有受伤，在得知客人没有受伤之后马上做出相应的补救措施，当即为客人调换到满意的房间，并且协助换好房后才离开，真正体现出酒店以宾客为上的服务理念。

【服务优化】

客人入住的46层房间因出现工程方面的问题而给客人带来不便，酒店责无旁贷，因此酒店免费为客人升级房间。在日后的服务中，酒店的工程人员应定期对客房设施设备进行检查维护，避免类似事件再次发生。

案例 25

客人被浴室玻璃门刮伤了脚

【情景描述】

福建某国际酒店。晚上10点，值班经理接酒店总机通知，3010房间的客人被浴室的玻璃门刮伤了脚，流血了。值班经理当即通知保安部员工带上急救箱一起前往房间查看。经了解，客人贾先生是光脚上洗手间开玻璃门的时候被玻璃门的边角刮蹭破了皮。值班经理为客人检查了伤口，客人说并不严重，他也无须上医院检查，值班经理协助客人用酒精进行消毒，并贴上了创可贴。此时地面上还有些血渍以及水，值班经理通知客房部值班员工立即打扫客人的浴室，并再三嘱咐客人保重，留下名片后才离开房间。客人对酒店员工的帮助表示感谢。

【案例分析】

在该案例中我们可以看到，值班经理在接到总机电话之后迅速赶到客人的房间，关心客人的伤情，在得知客人没有受很严重的伤之后对客人进行简单的伤口处理，直到客人满意之后才离开房间，为客人提供了及时周到的帮助，体现了以宾客为上的服务理念。案例中客人受伤是被玻璃门锋利的边角蹭破了皮，说明酒店在客房设备的安全检查方面有不到位的地方，需要及时改进。

【服务优化】

酒店应必备一些日常急救药品，以便客人能够及时得到简易的治疗。要定期对客用设施设备进行安全检查，消除隐患。酒店服务人员要参加培训，具备简单的应急护理常识。

案例26 两次换房

【情景描述】

一天下午，5121房的张女士由于不喜欢房间的气味，要求换房。张女士显得很焦急，又正值旺季，房间很紧张，总台通知客房部匆匆打扫好后就为张女士换到4531号客户。过了不久，张女士又打电话到总机投诉4531房间有烟味、没有抽纸、没有浴盐。值班经理接到总机通知之后立即致电4531房间，向客人表示歉意，马上安排客房部帮忙送了空气净化器和抽纸到4531客房。值班经理表示如果张女士不喜欢这个房间，酒店可以另行再为他更换新的房间，张女士此时不愿意更换房间，表示自己已经换过一次房间了，不想再麻烦，但是她提出了要求，希望下次过来入住送两份早餐作为服务补偿。为了保持良好的宾客关系和完美地处理此次投诉，再考虑到张女士对于两份早餐的要求也不过分，值班经理答应了张女士。

【案例分析】

在这一案例中我们可以看到，由于酒店在清理房间的时候未能将房间打扫干净，给客人的入住带来了不好的体验。虽然已经申请换了一次房间，但是效果依然不佳，在这一过程中酒店应该负主要责任，值班经理态度是诚恳的，答应张女士下次入住可以免费送两份早餐也是合理的。

【服务优化】

对于客人要求换房，不可降低标准，在给客人新的房间之前，一定要再三确认该房间是完好的，不能等到客人入住之后才发现问题。客人再急，也应该让客人稍等一下，可以送给客人一些小礼品或者是下午茶券等，确保房间无误之后再请客人入住。

案例 27　台风天的关怀

【情景描述】

2018 年 9 月 16 日，超强台风“山竹”来袭，各家酒店企业也提前做好了充足的应战准备工作，但许多旅客还是受天气影响被迫改变了行程，其中一位客人苏女士因台风天气导致航班无法起飞，故临时决定在酒店入住一晚。在苏女士顶着台风抵达酒店大堂时，酒店实习生小杨主动询问客人情况，了解到由于临时改变行程，苏女士非常苦恼没有随身携带卸妆水，台风太严重又没法出去买，酒店目前也没有客用卸妆水提供。由于早上来上班的实习生杨某已经做好了台风天留守酒店，第二天继续当班的准备，所以携带了卸妆水，于是和苏女士商量把自己的卸妆水借给了她，实习生小杨消除了苏女士的担忧，给台风天第一次到酒店入住的客人送上了一份温暖。(因为是一位女士单独入住，实习生小杨在苏女士入住期间多次主动关心。)并且，小杨还将此事上报给客堂副理，希望其能继续关注这件事，并为独身一人的苏女士提供力所能及的帮助。苏女士在退房时对实习生小杨多次表示感谢，并在宾客满意度上给予好评，尤其感谢了实习生小杨为她提供的热心服务。

【案例分析】

实习生小杨用她的热情与细心给客人送去温暖，用专业的服务为客人留下美好的入住体验，完美地体现了一名酒店从业人员优秀的职业素养。

【服务优化】

酒店是以服务为中心的。一家好的酒店，不只硬件(设施)要好，更重要的是软件(服务)。虽然此次无疑需要对实习生小杨的服务行为点赞，但这也暴露了酒店方面对这种突发情况的应急储备不足，或者说，酒店方面的应急预案未及时优化更新，未考虑到当今时代出门在外的女性的需求及相关解决方案。

案例 28 疏忽酿成大错

【情景描述】

酒店行业偶尔会发生重复办理入住的事故，即安排不同的客人入住同一间房。重复办理入住会给客人带来不好的入住体验，甚至于关乎顾客的人身安全，故属于严重事故。某天深夜，前台工作人员万某在帮客人李先生办理入住之后随即进行系统夜审工作，夜审结束后重启电脑。此时另外一位欧阳先生来前台办理入住，并要求双床房，万某没有做过多的工作检查就直接给出了与李先生重复的房间。在客人提出质疑后，万某才发现在夜审结束后并没有及时处理刚刚入住的李先生房间，而在重启电脑时换到另一台电脑面前直接为欧阳先生办理入住手续，也没有回去拿刚才的刷卡单上的房间号仔细核对，以为刚刚给出之前客人的是大床房，不是双床，结果造成了一起极其严重的重复入住事故。

【案例分析】

在夜审结束后并没有及时处理刚刚入住的房间，重启电脑后换到另一台电脑，再次办理入住手续时并没有拿刚刚的刷卡单上的房间号仔细核对，从而造成了客房的重复入住，严重影响了客人休息及入住体验。

【服务优化】

前台人员对待办理入住的客人一定要认真谨慎，确保不要发生这种由于个人原因引起的及其他形式的重复入住。不管上什么班次，前台人员都要保证注意力集中，熟练掌握相关操作，在夜审结束后第一时间将系统中的信息录入，过夜审时及时关注夜审过完的信息，因为此时最容易发生此类事故。所以前台人员无论什么时候都要十分警惕并且细心办理入住，在酒店业内永远不要用“我以为”去做事情，要核对并检查任何一个不确定的数据，确保客人的人身安全和隐私安全永远是第一位的，绝对不能再发生此类事件。

案例 29　找到了客人的衣物

【情景描述】

8501 房间永衡饰品公司一女性客人致电 AM 称，前一天晚上晾晒在房间窗户上的衣服掉落在了楼下且不清楚掉在哪里。AM 小李随即到客人房间初步确定好大致位置后，在一楼花坛里帮客人找到了失物。拿到衣服后，小李发现衣服还有些潮湿，考虑到该客人当天中午 12:00 就会退房没有时间晾晒，小李遂向客人提出由于此次属于特殊情况，酒店可在其退房前为其把衣服送到布草房免费烘干后再送到房间，客人对酒店的服务表示满意和感谢。

【案例分析】

维系良好的顾客关系，提高宾客忠诚度是宾客关系工作的宗旨。此次住店客人由于自己的疏忽，酒店并没有责任帮客人寻找其丢失的衣物，但酒店大堂副理急客人所急，不但帮客人找回衣物，而且在酒店赋予 AM 的一定权限内，征得客人同意后为其提供免费烘干服务，获得最大的宾客满意度。

【服务优化】

客房晾晒衣物是难题，客房内可配置移动晾衣架供客使用，制作温馨小卡片提示客人。另外，酒店可对不同岗位的员工赋予不同的权限，并鼓励其独立和敢于担当地处理事情，而不是任何事情都需要征得上级同意，使其能第一时间解决问题或者满足客人需求。

案例 30　物归原主

【情景描述】

8520 房客人快速退房离店，房间遗留了一个钱包，内含身份证、驾照、多张银行卡、现金 125 元。AM 立即通过携程网联系客人，此时客人已在开往深圳的动车上，希望酒店为其寄去。

礼宾部领班小刘考虑到快递不能寄送现金，若欺骗快递员说无现金，则无法保障现金的安全。正当左右两难时，小刘提出将现金微信转账给客人。AM 按此告知客人，客人对酒店善意表示感谢并表示不必微信转账给他，现金留下做快递费即可，剩余金额即为辛苦费，酒店心领客人好意，最终还是将现金转账给了客人。

在寄件时，小刘发现客人钱包太宽松，钱包拿起时，证件等物品一下就掉落出来，于是小刘将所有证件收集放于钱包最里侧的一个带拉链的夹层中，AM 将此细节告知客人，以便客人知晓证件在钱包中的位置。客人收到快递后第一时间告知酒店，对酒店表示感谢！并发送微信红包表达谢意！恳请酒店收下，对此 AM 告知客人此为酒店理应提供的服务，再次谢绝客人的好意！

【案例分析】

古人还说：不积跬步无以至千里，不积小流无以成江海。我们要将客人的每件事当作自己的事，注意细节、树立强烈的责任意识，把身边的每一件小事做细，客人们就会收获更多的感动和惊喜。

【服务优化】

入住时留下客人联系方式，方便有事时联系客人；退房时无论客人多急，提醒客人是否已带好随身物品；细化查退房工作，尽量避免有遗留物品。

案例 31　生日惊喜计划

【情景描述】

7 月 9 日又是一个繁忙的周六，下午正值酒店客人办理入住的高峰时段，每名同事都非常忙碌。此时，客人李小姐办完入住手续后对大堂副理林玉发说，今天是她朋友的生日，想给她的朋友一个惊喜，希望酒店能对他们的房间做一些装饰营造生日的气氛。林玉发听后首先表达了酒店的祝福并主动告诉李小姐，酒店会给生日当天入住客人赠送一个蛋糕以表示祝福；另外，房间的布置他们会马上安排。李小姐表示非常感谢，同时提出这个计划希望他们帮她保密，不能让她的朋友知道。于是，一场秘密的生日惊喜计划便开始了。林玉发协同管家部冯管家及客房服务员一同协作为李小姐开始布置生日房间，他们在客厅明显的位置贴上“happy birthday”字样，并在墙面挂上气球，在床上用玫瑰花瓣摆好心形图样和气球，将印有酒店 Logo 的小公仔摆在心形图样内，最用心的是林玉发亲自给客人制作了生日贺卡，一切准备就绪后，他们将情况秘密汇报给李小姐。到了晚上8点30分左右，李小姐开心地将朋友带回房间，一进房间后李小姐的朋友非常的感动和惊喜。第二天，客人离店时再次来到大堂副理台找到林玉发表示感谢，感谢酒店周到的服务，感谢他们为她的朋友精心布置房间，并表示其朋友在酒店度过了一个难忘而美好的生日，同时李小姐在自己的朋友圈内也晒出很多酒店漂亮的照片，相信这么好的酒店会吸引更多客人来消费的。

【案例分析】

当我们收到客人的请求时，不管手头上多忙，都应及时解决客人的需要，想客人之所想，予客人之所需；面对生日客按常规做法送蛋糕也是一种服务，但该同事做的却远不止这些，将客人想给朋友惊喜当成自己的事情一样，精心安排及协调，最终达到一个美好的结果，体现了员工的诚心、细心；通过与管家部共同完成对客人的个性化优质服务，超越客人的期望，让客人真正感受到触动心灵的体验。

【服务优化】

针对不同情况，不同客人，酒店不止需要满足他们的共性(共同)需求，也要尽量满足其个性(特殊)需求。注意事项如下：

1.应形式多样，避免千篇一律，弹性处理，尽量满足顾客个性需求。

2.实行保密原则(不能让客人察觉到有生日派对，使其感受到惊喜)。

3.尽量多和顾客沟通，了解顾客的兴趣特点，弄清顾客到底想要什么.并提出合理的建议。

4.适当加一些酒店特有元素，以期提升顾客的好感度和酒店形象。

案例32　一枚白金戒指

【情景描述】

2019年2月28日晚9点30分左右，1540房间客人李女士向大副反馈放在床头柜电话机旁的白金戒指不见了，据客人描述是白金戒指有镶钻，戒面是S型。客房中班主管和大副进房查找未果，于是客房主管又到楼层查找工作车、吸尘器并到垃圾房查找，均未找到戒指。客房部经理于晚10点5分将该情况反馈给安保部经理。安保部经理接到信息后便开始接手调查了解情况，询问当天负责该房间卫生的楼层服务员A员工，A员工表示未看到该戒指。因查找未果且客人确定戒指在房间丢失，李女士最终选择了报警。警察于晚11点40分左右到店将客人和当事A员工带到了派出所。在派出所调查时,A员工仍坚持未看到该戒指。3月1日下午3点57分,A员工致电客房部经理,告知1540房间客人的白金戒指在她手里。接到该信息后,客房部经理立即将信息反馈给安保部经理及房务总监。经过再次询问,A员工最终承认是其一时贪念,拿了客人的戒指。最终房务总监回复客人,戒指已找到,客人表示感谢并对当晚报警表示歉意。

【案例分析】

案例中各部门对戒指丢失这种突发事件都做出了快速而且正确的处理,这是值得肯定的,但此事本是可以避免的,酒店应该警诫员工,务必遵守职业道德,不可私拿酒店、客人的财物,触犯职业道德底线按制度处理,甚至受到法律惩罚。前台服务员应该在客人入住时告知客人贵重物品保管的有关规定,如有遗失,酒店不负赔偿责任。

【服务优化】

1.加强员工职业道德教育,提升员工队伍素质。

2.入住登机时主动提醒客人将贵重物品寄存好。

3.对员工盗窃行为予以严惩,对拾金不昧者给予物质和精神的双重奖励。宣传教育:班前会要不断进行宣传教育,案例下发后上墙出示。

4.案例供各部轮阅学习,强调偷窃行为的严重性,不要抱有侥幸心理,做到警钟长鸣。

5.日常管理人员加强监督管理,发现员工有偷盗情况一定要严肃处理,一定要将员工偷盗的想法扼杀在摇篮里。管理不能做老好人,不能对偷盗情况视而不见,管理人员管得严才是真正地为员工着想。

案例33　10元钱杂项消费

【情景描述】

1529房客人急退房,故前台做离店结算。事后,客人核对账单时对其中的一笔10元钱杂项消费有异议,致电酒店要求查询,前台告知客人入住第一晚的时候消费了一瓶雪碧10元。客人坚持没有在房间内产生消费,反应入住时未细看房间的配品,如果消费了,金额并不大,不会不承认。后经大堂副理调查为前台操作失误,录错账单。

【案例分析】

1.结账的时候客人有杂项消费未与客人确认,直接扣款。

2.对于客人提出来的消费疑问,没有查清楚之前随意回复客人。

3.未坚持客人至上、相信客人为主原则。

【服务优化】

1.加强员工培训。

2.部门经理致电客人致歉,记录客史,客人下次入住给予特别礼遇。

3.若客人坚持自己未产生此消费,以相信客人为主,告知大堂副理并取得同意后对该物品做扣减或者客房损耗处理。

案例 34　来的都是客

【情景描述】

4月3日夜里11点,大堂来了一位喝醉酒的客人,走路摇摇晃晃,神智有点儿不清。当值的礼宾员小吴立即主动上前扶住客人,让客人在沙发区休息,并为客人端来了一杯茶为客人解酒。在与客人的交谈中得知客人姓林,在外与朋友聚餐后不知不觉就走到酒店来了,但林先生不想留宿在酒店,想回家。小吴问清了林先生家所在小区和家人电话,主动为客人叫来了一辆的士,告诉师傅送客的地址,同时打电话通知了林先生的家人,让他的家人做好接人的准备。约20分钟后,林先生的家人打来电话表示已安全接到亲人,对酒店的热心帮助表示诚挚的谢意。

【案例分析】

虽然该客人最终未在酒店消费,但员工不因此而冷落客人而是自始至终提供帮助,做好服务,为酒店树立了良好形象,赢得了口碑。

【服务优化】

来的都是客,无论什么客人,什么身份,酒店要对其提供相应的帮助和服务。

案例 35 为宾客换车胎

【情景描述】

1 月 27 日晚上 10 点左右，车队长刘苗壮接到南方沿海某酒店前台的电话，告知有位客人在餐厅用餐后到地下车库取车，发现车胎被铁钉扎破无法行驶，需要联系修理厂帮忙补胎。刘苗壮接到电话后考虑到时辰已晚，等补胎师傅过来起码要 50 分钟，如果客人车上有备胎和工具自己就可以帮助客人更换备胎，便主动提出转接到客人手机。刘苗壮得知客人车上有备胎和工具后，立即赶到现场，用了 15 分钟便完成任务。客人本来对车子停在酒店车库出现状况心有疑问，看到酒店员工这么主动热情的帮助，连声道谢，提出下次还会来酒店。

【案例分析】

作为酒店的员工，其职责不仅是服务好客人，还要尽可能替客人解决问题，车队长主动为客人提供解决办法，正是这贴心的服务为客人带来了惊喜和感动。

【服务优化】

对于此突发事件，刘苗壮无疑处理得非常好，主动热情的帮助赢得客人的赞赏。但遇到此事，客人心有疑问很正常，毕竟车胎被轧破的意外有可能在店内发生，前台应该先报备大副，由大副跟进，征询客人是否可由酒店员工先帮其更换轮胎，同时与客人沟通消除疑虑。事后大副应协同安保部一起分析原因，排除隐患。

案例 36 为了不让宾客等候过久

【情景描述】

早上 8 点，一位男士来到前台办理入住。其通过网络预订了三间标准房，他的几个朋友不久也将到店。因时间较早，房间卫生还没做好，当值接待员陈玲玲为客人办理完入住手续后，请客人到咖啡厅稍坐并让行李生准备了一杯咖啡，然后通知楼层服务员赶房，约半小时后房间卫生做好，客人拿到房卡后对陈玲玲的贴心服务表示感谢。

【案例分析】

很多时候我们的服务人员要应对多种突发状况，如客房还未清洁完，客人就到店了，这需要服务人员站在客人的角度，通过一些额外服务的引导，避免客人因等候时间过长引发投诉。

【服务优化】

应该先用委婉的语言向客人解释清楚房间的卫生还没有做好，试图取得客人的谅解，并请客人到休息室或者会客室等待，必要时可免费提供一些饮品及食物。同时迅速告知楼层服务员，客人已抵店让其加速整理房间。酒店服务，一定要以宾客为上，多从客人角度考虑他们的感受，才能获得最大的宾客满意度。

案例 37　重复的房费

【情景描述】

客人李先生 10 月 5 日晚 9 点 17 分入住酒店客房 503，前台接待小张给予散客价 568 元入住，同住的还有一位周俊先生。9 点 22 分前台接待小张更改同住人信息时，未注意系统跳出的提示信息，误将房间数改为 1，同住人系统房价随即也改为 568，导致夜审时一个房间过了两次房费。截至 10 月 7 日客人退房前，前台接待及值班经理都未发现问题，导致 503 房多过 2 晚房费，共 1136 元。

【案例分析】

1.同住客人房价应该为 0，当值前台小张更改信息时未发现。

2.夜班前台接待和值班经理夜审前审核房价时也未发现。

【服务优化】

前台接待及值班经理应及时检查系统是否有错误，做好补救措施，避免不必要的经济损失或账目产生。具体表现为：

1.前台接待在更改信息时，应注意系统跳出的提示内容(非常规操作 Opera 都会出现提示)。更新完客人所有入住信息后，应对客人的房价进行重新确认，包括确认同住人的信息。确认无误后，再将入住登记单放在对应的账单夹内。

2.夜班的前台接待和值班经理应根据系统打印的房价报表，和预订部提供的预订单进行二次复核。要特别关注报表上显示房价有差异的部分。

案例 38　外籍专家生气了

【情景描述】

正值旅游旺季，两位外籍专家出现在 A 酒店的前台。前台接待小刘是个新手，他查阅了一下订房登记单，马上简单地对客人说："你们预订了一个标准间 B 档的客房，明天退房。"客人听后脸色陡然一变，很不高兴地说："接待单位在为我们预订客房时，曾经问过我们要住几天，我们明明说好住三天，怎么现在变成了仅住一天呢？"小刘仍用呆板且毫不变通的语气说："这是你们自己和接待单位的沟通问题，你们要自己问清楚，和我们这边没有关系。"正当小刘与客人形成僵局之际，前厅值班经理闻声赶来，首先向客人表明他是代表总经理来听取意见的。他先让客人把意见说完，然后以抱歉的口吻说："你们提的意见是正确的，眼下追究接待单位的责任并不是主要的。这段时间正是旅游旺季，双人标准间很紧张，我设法安排一间套房，请你们明后天续住，虽然套房房价要高一些，但设备条件还是不错的，我可以给你们打个六折。"客人觉得这位值班经理的态度是诚恳的，提出的补救办法也是合乎情理的，于是同意了这个解决办法。

【案例分析】

本案例中的新员工小刘在处理客人反映的问题时，似乎忘了处理投诉时应遵循的一个基本原则：着眼于问题的解决，而不是责任的追究。看来小刘对酒店服务理念的理解还有一定的差距，对工作也还有一个适应的过程。酒店应加强对这类新员工进行服务意识方面的培训与教育。值班经理的处理办法之所以能够让客人满意，一方面是因为他以诚恳的态度认真听取了客人的意见，使客人心中的火气慢慢消除，为进一步处理打下了一个较好的心理基础；另一方面，他及时采取了补救措施帮客人解决了住宿问题，并以套房打折的方式给了客人一种心理的补偿。不仅解决了问题，还促销了高价客房。对本案例中所出现的情况，酒店负责订房的人员也有一定的责任，当酒店不能满足客人提出的订房要求时，就应该要求订房者，特别是中间人，一定要把订房情况以书面形式及时反馈给客人，让客人提前有心理上的准备，以免临到住宿时客人不能接受意外的安排，引起投诉和不满。

【服务优化】

酒店订房记录与客人要求存在差距，是不可避免会出现的情况，特别是有中间人帮助客人订房时，这种情况出现的可能性就会更大一些。出现这类问题，在帮助客人处理时，既要有积极的态度，也要讲究方法与技巧，才会赢得客人的满意。针对案例中出现的问题，酒店应该采取以下措施：

1.加强新员工服务技能和前台对客礼仪的培训，包括服务态度、话术等。

2.对于订房信息有误的问题需与预订部相关责任人查明原因，是个人疏忽大意还是流程上出现疏漏，并予以纠正。

3.总结经验教训，如再次遇到该类情况员工应如何处理。

案例 39 行李风波

【情景描述】

一天，B 酒店公关销售部的马经理陪着和该酒店有良好合作关系的香港某公司的汪先生用了午餐，离开餐厅，谈笑风生地朝着该酒店的大堂走去。一进大堂，马经理就径直向行李房走去，他要取出行李，送汪先生前往机场乘机返香港，与家人共聚，欢度香港回归祖国的节日。行李员小牟一见马经理，主动去拿汪先生那小巧的黑色公文箱，却怎么也找不到。这下大家可着急了，箱中有钱财自不待言，还有护照、公司执照等重要证件。还有一个多小时飞机就要起飞了，这下把大家都急得直冒汗。还是马经理老练有经验，他问："刚才有什么客人取过行李?"小牟答：只有 20 多人的团队。"这个团是去哪里的?""是去机场乘 2 点的飞机到西安。"马经理认为，很可能是这个团误拿了行李。"追到机场去!"另有要事的马经理临时改变主意，亲自驾车带着汪先生往机场赶去。到了机场，倒也很快找到了该团的地陪。地陪说："该团离开时，因老人多，手脚较慢，驾驶员怕路上塞车，就主动一趟又一趟进大堂来拿行李上车，以便早些出发。汪先生的公文箱和团队行李紧挨着，又没有挂行李牌(因马经理交箱时说一会儿就取，小牟一看本店经理又要马上拿走，就未办存放手续，也未在箱上拴行李牌)，故被驾驶员误认为都是该团的行李，就一并提上了车。到机场后才发现，现已离开机场回酒店还行李去了。"马经理看表，再驱车回酒店取行李，往返折腾，汪先生就误机了，唯一的一个航班就赶不上了。他当机立断，拿出手机，请地陪通知旅行社的驾驶员迅速折回机场，并承诺承担费用。大约一刻钟后，汪先生的公文箱终于完璧归赵。待汪先生顺利登机后，马经理才松了一口气。

【案例分析】

从案例中我们可以吸取哪些教训呢？在寄存行李上，行李员即使是遇到熟人，也应当履行必要的存放手续。如是很熟悉的人，且行李只搁短时间就拿走的，即使不登记也应在箱子上挂个行李牌以便识别，同时不和其他散客的行李放在一起，更不要和团队的行李靠在一起，以免混淆。案例中正是因为行李员图便利、粗心大意，却带来更大的麻烦。当然案例中要肯定马经理的临危不乱、当机立断，弥补了这次重大过错，避免了一次难以弥补的事故。

【服务优化】

规章制度是从长期的管理服务实践中总结出来的酒店内部法规，是酒店规范运作的准则，是搞好基础管理、常规服务的前提和保证，酒店的每名员工都应该一丝不苟地严格执行。既要制度健全，更要有章必循、执章必严，具体操作中容不得疏忽和违反。针对案例中出现的具体问题，我们还应该注意到：

1.员工在本岗位工作有经验后，会出现松懈，从而在工作中不严格遵守标准作业程序，酒店需要加强对服务意识和警惕性的培训。

2.礼宾部交接物品时，在收与交的时候都应与客人确认无误。

3.贵重物品应与一般物品分别寄存。

案例 40 两份早餐

【情景描述】

一个冬天的下午，在南方某市的一个酒店，酒店总台服务员小付接待着两位外地客人，这两位客人是第一次来这个城市，通过网络预订了两间商务电脑房。办理完入住手续后，其中一位客人对接待员小付说："我们明天早上 8:30 的飞机，6:50 离店，你们能否在退房前准备两份早餐"小付回答没问题，一定为客人安排。听到这里，客人满意地离开了总台，住进了 406、407 房。客人离开之后，小付打电话到中餐厅，说明了客人的用餐需要，餐厅值班服务员在预订单上写下了"22 日早 6:40 为 406、407 客人准备两份早餐、两瓶矿泉水，打包并送总台"。17:00 左右，餐厅收银员小王到总台取备用金和发票时，总台接待对收银员重申了两位客人的要求(因为第二天早上是小王当班)，收银员小王表示同意。18:00，总台夜班看到交接班记录本第四条这样写道：406、407 房间客人明天早上 6:40 退房，已通知餐厅，给客人两份早餐送到总台，顺便再让保安给客人准备一辆计程车。次日 6:40，客人来到总台退房，问早餐是否准备好？总台服务员小汤说，我打电话问一下。接电话的是位实习生，他说不知道有人打包早餐的事情，总台接待小汤忙说，406、407 房的两位客人要赶 8:30 的飞机，你们准备两份早餐，尽快送到总台。挂断电话，又向客人解释说："马上就好。"客人说："先结账吧。"与此同时，早餐服务员正在忙着备餐工作。早餐领班没有注意到预订单上客人的预订。收银员小王仅告诉领班，总台打电话说有两位客人要两份早餐打包带走。领班安排好后放在备餐台，等待客人来取。

客人结账之后，总台接待小汤打电话到餐厅询问，接电话的是收银员小王，小汤便对小王说，早餐如准备好了送到总台。餐厅收银员小王在吧台看了看，说没有看到打包好的早餐，也不知道有人让打包早餐。总台接待说，5 分钟以前我已打过电话，让你们准备，怎么到现在还不知道有这件事？客人听到还没准备好，非常气愤地说："不要了，不要了，别耽误了我们的飞机，还什么星级酒店，什么服务……"不等总台接待员道歉，客人便头也不回地离开了酒店。

【案例分析】

这是一个承诺服务案例，说明在对客人承诺服务中只要有一丝偏差，就将前功尽弃。案例中暴露出在部门间对客服务协调方面，由于相关人员工作责任感缺失，漫不经心的工作态度导致信息传递严重失真，出现不可挽回的服务事故。

【服务优化】

1.酒店各部门在交接工作时需要完善，严格遵守相关制度。

2.中餐领班作为督导，前期没有注意到预订单上客人的预订，后又想当然地将早餐放在备餐台等待客人来取，在案例中负有主要责任，应重点增强工作责任感和提高现场管理能力。

3.员工的工作责任感以及沟通协调能力的培训是当务之急。

4.在具体操作方面，宾客交代的事情必须提前落实，总台应提前督促餐厅将早点打包至前台等客人领取，从而避免错误的产生。

案例 41　客人摔伤之后

【情景描述】

2 月，某市一直下雨，于是 A 酒店保洁人员在宾客经过的主要公共通道、大堂台阶上铺上防滑用的地毯并竖起"小心地滑"的警示牌。

这天深夜，大约 11 点左右，两位住店客人外出就餐后，回到酒店，其中那位上了年纪的吴先生一个不小心，一跤摔在台阶上，造成右小臂摔伤。正在值班的大堂副理小蔡得知此事后，急忙和吴先生的亲属一起将他送往本地的骨科医院。到了医院后，恰巧这家医院的X光机出现故障不能拍片，大堂副理又领着客人冒雨来到另一家大型医院，跑前跑后，直至凌晨4点他才扶着客人回到酒店，并对客房服务员做了特别关照。

第二天上午，吴先生在亲人的陪同下来到酒店人力资源部，感动地说："昨天晚上多亏了你们那位姓蔡的大堂副理。我们初到本地，人生地不熟，碰上这样的事，真不知如何是好，请向总经理表达我的谢意。本来我家里的亲属知道后，要我向酒店提出赔偿，但我想这事主要是自己不小心，而且小蔡这孩子也特别上心，为我忙了一夜，我不会向酒店提出什么要求，只希望酒店奖励这名小伙子。"

【案例分析】

就这件事情的性质来说，是因为雨雪天气造成的意外事故，事故的原因是客人酒后未走专设的防滑地毯，而是走在未铺防滑地毯的大理石台阶上，造成的结果是客人手臂骨折。酒店方会认为，客人是属于酒后不慎所致，酒店已按程序铺上地毯及竖立防滑警示牌。但如果换个角度讲，酒店真的完全尽到责任了吗？客人可以提出酒店应把所有的客用大堂台阶都铺上防滑地毯，警示牌应做成灯光警示，这一点酒店做到了吗？这件事的结果是客人没有向酒店索赔，反而感谢酒店的关心帮助。酒店大堂副理在事发后的第一时间赶到现场，在客人最需要的时候付出真情，真心实意地帮助客人排忧解难，真情换得客人心，所以，一起索赔事件就这样消除了，避免了一场纠纷的发生。但如果酒店在出现这起意外事故的时候不是在第一时间帮助客人解决问题，而是推诿与消极等待，则结果必然是一场官司的到来。

【服务优化】

作为酒店的代表——大堂副理必须有较高的个人素质、职业道德和处理问题的技巧，真正架起一条店方与客人之间的桥梁。同时，也要求酒店在做好传统规范化服务的基础上，必须提供深入细致的个性化服务与超常规服务，真正在处理对客问题上做到"真心、爱心、热心"，许多纠纷是能妥善解决的。同时，酒店也应在安全上更多地地设身处地替客人着想，在工作规范和方法上更要用心，细致入微，以避免不安全的事故发生。

案例 42　重房乌龙事件

【情景描述】

在南方城市某酒店，一天深夜，原内退的 812 房间住客王先生于 0:40 回店，前台员工未核对客人身份，直接为客人续刷房卡，待王先生开门进入 812 房间时，却发现房内是他人的行李，惊醒了在床上酣睡的一位先生，感到诧异的王先生随即便退出房间到前台反映该情况，值班经理立即为王先生换至 521 房。原来 812 房前一天下午已经住进了姚先生，因为总台操作的失误闹出这样的乌龙。随后值班经理致电 812 房姚先生，姚先生表示当晚需要休息，请次日早晨 8 点再将调查结果向其反馈。7:50 姚先生至前台向值班经理投诉，值班经理真诚向客人表示歉意，并提出免房费及赠送礼品等赔偿方案供客人选择，客人告知此事让自己非常生气，不想接受任何的赔偿，仅想将此事发布到携程网评中，同时客人立即报警要求警察到酒店为其备案证明。经多次协商姚先生依旧态度坚决，表示自己不常来这个城市，不需要酒店的任何产品赔偿甚至现金赔偿，且对于此事不想再作过多探讨。但当天晚上姚先生通过与值班经理联系提出要求高达 3 万元的赔偿被拒绝。两天后姚先生又将事情投诉到工商局。

【案例分析】

这是一起总台接待操作失误导致重房的服务事故。对于内退的房间房卡未收回的一定要刷终止卡，防止房卡还在有效期内客人再次进入；客人房卡不能开门时前台应该认真核对原有效日期及住客姓名、证件号码等信息后再决定是否重新制卡，而不是直接重新刷卡。由此案例可以看出一个员工的疏忽可能给酒店造成多么严重的后果。

【服务优化】

1.内退的房间需值班经理再次与住客联系是否还需要续住。在联系不到且房态不紧张的情况下，应保留内退锁房的状态到第二天，防止该房间客人回来续住无房，也为个别员工漏核对住客信息就续卡起到了一定的保险作用。

2.前台员工给任何房间的客人续卡时应认真核对住客信息，核对清楚该房间住客的姓名、押金是否充足以及续住天数才可续卡，避免造成重房的严重后果。

案例43 贵宾预入住的房间被“动”过

【情景描述】

1月28日傍晚，一位VIP客人将入住福建某五星级酒店，董事长及总经理亲自接待。当所有的事情已准备就绪时，总经理告知当值的值班经理，一会儿客人来了将亲自带客人去下榻的房间，询问房间是否准备好。值班经理接到指令后，便与负责所在楼层的领班核对房间情况，楼层领班告知房间没有问题，早上已查过。值班经理还是不放心，便让楼层领班再次确认。楼层领班便再次检查房间，发现房间内的物品有动过，被子边角凌乱，窗帘未拉上，地巾有脚印，玻璃器皿有手印等。由于时间紧迫，便通知楼层主管一起将房间恢复，当领班主管将客房恢复完毕刚出房门，董事长、总经理已带着客人抵达楼层。事后调查发现，前一天人力部便领了参观房的房卡，上午带一批学生参观，当时前台致电到房务中心告知人事部带学生参观，询问负责参观房的楼层领班是否是蔡某，文员告知楼层领班正是蔡某，便挂了电话。客房文员未将此信息告诉楼层领班，以为前台只是询问而已。16:30左右人事招聘主管将房卡归还给前台，前台接到房卡未通知客房服务部查房恢复房间状态，以为内部参观不会动房内的物品，房卡收回即可。

【案例分析】

此案例暴露出酒店在参观房安排及贵宾房准备工作中出现的管理漏洞，当中的前后台信息沟通存在着明显的问题。前台和房务中心是信息聚散中心，每一项信息的传达意味着一项工作的开始与结束，信息表达的完整是有效沟通的根本保障。

【服务优化】

1.加强参观房卡的管理。参观房卡不可以提前取走，只限当天参观使用，参观结束后必须及时归还给前台，做好登记。

2.取参观房的房卡时，需征询客房部的意见，因客房部比较了解房间的状态，是否适合开放参观。房务中心接到前台通知有带客参观时，应及时告知楼层领班具体信息。

3.做好贵宾房的抵店准备，除了领班查房外，在贵宾抵达前两小时，必须由大堂副理以上的管理人员再次检查，保证万无一失。

案例44　非本人身份证件入住

【情景描述】

南方沿海某市的一家酒店。2018年3月20日凌晨1:15,客人李先生持其朋友李某证件至前台办理入住,前台当班接待员小刘看到有其预订,便接过证件为客人办理了入住。3月20日9:17市公安人员至酒店,要求值班经理为其打开815房间,怀疑登记的客人有案底。公安人员进入815房间后请住客李先生出示身份证件,但客人表示自己的身份证没带,是以朋友的证件登记入住的。随即公安人员便把他带离房间,于9:30带至公安局核对信息,警方发现登记人与实际住客不相符,便致电酒店负责人告知此事的严重性。16:00左右,中班当班值班经理以及20日前台夜班接待员一起至派出所协助调查。由于当班接待员未按要求进行如实登记,酒店及员工本人被公安部门处罚。

【案例分析】

旅客持本人证件才能办理入住登记,是维护国家安全、维护社会秩序、保障人民群众生命财产安全最基本的要求,也是有效保障酒店利益,防止客人逃账的必要手段。当班的接待员政策不明、警惕性不够导致把关不严,出现严重违反纪律的业务差错,应当严厉处罚。

【服务优化】

要加强酒店工作人员特别是前台接待人员国家安全政策的学习培训,严格执行业务纪律。

1.对住宿旅客做到"四实"(实名、实数、实情、实时),并及时将旅客信息录入旅馆业信息系统进行传输。

2."三问",即一问请出示本人有效身份证件登记,二问是否旅客本人入住,三问有无其他一同入住人员。

3."三核",即一核对身份证件头像、性别、年龄是否与旅客一致,二核对旅馆业系统登记的内容与证件信息准确无误,三核对旅客同时入住人员是否已逐人如实登记。

4."四严禁",即一严禁无登记有效身份证件入住,二严禁持他人身份证件登记入住,三严禁本人登记后由他人入住,四严禁一人登记后多人入住。

案例 45 不翼而飞的行李

【情景描述】

某日早上 7 点 30 分,A 酒店的大堂一如往常的忙碌,很多团队客人在陆续办理退房手续。此时 B 旅游团队的客人按照领队要求退房时将所有的行李暂时寄存在总台。同一时间,1601 房的散客林先生也来到总台退房,并将自己的两个行李箱寄存到前台,称自己到二楼用完早餐后来取。前台接待员小陈忙于其他客人退房就未按照程序开具行李寄存牌,只是简单地询问了一下林先生的房号,就把行李放在了总台临时寄存点。8 点左右,B 旅游团队领队到总台取行李,前台接待员小吴误将 1601 房散客林先生的两个行李箱也一并交给了 B 旅游团队领队装上了大巴车。8 点 30 分,1601 房散客林先生用完早餐到总台取行李,但总台已无任何寄存行李,接待员小吴便告知客人行李被同伴拿走了!林先生非常生气,说他们此行只有两人,没有其他同伴。并声称行李箱内有较多贵重物品及现金,要求酒店给予赔偿。前厅杨经理接到总台通知后及时来到总台一边安抚客人,一边通知监控室调取早上的大堂监控录像。

在调取监控期间,林先生及其朋友情绪激动,反复强调他们行李箱内有大量贵重物品和现金,如有任何闪失的话酒店需全额赔偿。鉴于客人情绪激动且事情严重,前厅杨经理采取了报警处理。过了一会儿,监控室反馈录像查询结果,原来行李是被总台员工误交给 B 旅游团队的客人。得到这一信息后,前厅杨经理正准备联系旅行社负责人,监控室又反馈来信息,该旅游团队的旅游大巴车此时还停在酒店车场。于是前厅杨经理带着两位客人和警察向旅游团领队讲述了事情经过,并顺利取回了林先生的行李。为了安全,杨经理建议林先生现场开箱检查,除了衣物及日常用品外,就只有一个充电器,无其他贵重物品。前厅杨经理再次向林先生表示歉意并承诺加强部门日常管理工作,林先生和朋友取回行李后结账离开了酒店。

【案例分析】

1.导致该事件的主要原因是总台员工未按照规范程序操作,客人临时寄存行李未出具寄存牌,领取时未进行信息核对。

2.同个班次员工之间工作内容没有相互沟通,团队行李寄存和个人寄存未分开存放。

3.岗位人员缺编,没有专职行李员进行相应的寄存流程操作。

【服务优化】

1.合理配置不同岗位人员,强化对客服务内容的操作规范。

2.强化培训,提升在岗员工的工作责任心。

3.优化酒店服务区域功能,增加关键区域的监控录像。

案例 46 不懂外语引起的误会

【情景描述】

情景一

一天,一位美国客人到内地某酒店总台登记住宿,用英语顺便询问服务员小杨:“贵店的房费是否包括早餐?”小杨英语才 C 级水平,没有听明白客人的意思便随口回答了“Yes”。次日早晨,客人去西式餐厅用自助餐,出于细心,向服务员小贾提出了同样的问题。不料小贾的英语也欠佳,慌忙中又随便回答了“Yes”。

几天以后美国客人离店前到前台结账,一看账单上他每顿早餐一笔不漏,客人越想越糊涂:明明总台和餐厅服务员两次答“Yes”,怎么还是要他付早餐的费用呢?他百思不得其解。经再三追问,总台才告诉他:“我们酒店的早餐历来不包括在房费内。”客人将初来时两次获得“Yes”答复的原委告诉总台服务员,希望免费供应早餐的许诺能得到兑现,但遭到拒绝。客人于无奈中只得付了早餐费,然后怒气冲冲地向酒店投诉。酒店重申了总台的意见,仍没有同意退款。美国客人心里不服,怀着一肚子怨气离开了酒店。

情景二

某日上午约 9 点 30 分,服务员小张清扫客房时正在擦拭电话机,恰好被进房的日本客人看见,以为小张在打电话,对她讲了几句日语,小张听不懂日语,看了看日本客人没有回答,更谈不上做解释,又继续打扫房间。

日本客人十分生气,随即跑到大堂向大堂副理王先生投诉,并表示拒付任何电话费。王经理热情接待,耐心倾听,表示马上调查此事,半小时以后给出处理结果,并送走了日本客人。

王经理立即到客房部找到小张,搞清了事情的原委,接着又到总机查询了电脑记录,发现该房当天 9 点以后并无任何电话记录,心里有了底。

半小时后,王经理准时来到日本客人房间,向客人解释了真实情况,并拿出了客人住店3天的电话记录，请他核对，并特别提醒客人当日9点以后房内没有电话记录。客人表示没有意见，并且面露歉意。王经理也对酒店由于对服务员日语水平培训不够而造成失误表示歉意。一场投诉圆满了结。

【案例分析】

掌握好外语已成为酒店员工的基本技能。案例一反映了某酒店两名服务员外语水平不过关，没听懂外国人说话却胡乱回答“Yes”，听不懂外语不作解释给客人造成意外的困惑和麻烦，直接影响了酒店的服务质量和信誉。

【服务优化】

1.制订外语培训计划，大力加强对员工的外语在岗培训，使之掌握扎实的外语基本功。

2.加强酒店员工的情景式外语训练，提高外语运用水平。

案例47　出现预订差错怎么办

【情景描述】

宋先生是一家大公司驻某市的代表，最近他的上司要来该市视察其业务开展情况。为了做好接待工作，宋先生提前10天在市内一家高档酒店预订了一间商务套房。宋先生是位办事谨慎的人，虽然预订了房间，但是次日他还是打电话到酒店总台与接待员再次确认，当得知房间已经安排妥当后，宋先生才算放心。哪知天有不测风云，就在宋先生与总台接待员电话确认订房的第二天，他接到了总台预订员的电话，被告知商务套间已满，建议其入住豪华套房。因存在房费差价，宋先生拒绝了酒店的提议并取消了在该酒店的订房，改住到其他酒店。

【案例分析】

分析宋先生预订纠纷的原因，主要是酒店预订处与接待处沟通不畅，接待员未能正确掌握可租房的数量，造成订房差错；预订处发现订房差错后，没有妥善处理好宋先生的订房事宜，最终使酒店失去了这位客人。为避免类似现象，酒店应做好以下几方面工作：总台设预订总表并由专人负责统计每日客房预订总数；建立和健全预订处与开房处之间的有效沟通制度；管理人员加强对预订工作的日常检查；妥善处理预订纠纷，努力达到客人、饭店同受益、共满意。

饭店客房是一种很脆弱的特殊商品，具有不可储存性。为了获取最大利益，经营者总是希望住店客人越多越好。但是，一年 365 天，哪天盈、哪天缺，饭店很难了如指掌，这就给客房预订增加了难度。客人事先订好了房间，因客满而住不上房的现象有时也是难免的，但是饭店却不能以此为由，把不便留给客人。应该热情相待，妥善处理。按照国际旅游协会规定，订房是受法律保护的，客人一般不会因预订问题起诉饭店，但是信誉对饭店来说是最重要的。面对客满，订房客人可能不声不响地离去，表面上看一场纠纷似乎平息了，但饭店却很可能永远失去了一位顾客，这个损失用眼前利益是无法衡量的。

【服务优化】

对预订某类型房间而无此类型住房的客人，应尽可能留下。比如可以将客人房间免费升级，从表面上看这种做法使饭店损失了几百元钱，但饭店因此却可以守住信誉，并赢得一位客人。钱损失了还可以赚回来，但是信誉受损就难以弥补了。若无法升级，酒店就要做好延伸服务，如主动为客人联系其他酒店，并派车送客人前往。这样才可能将客人的不满降至最低。

案例 48　叫醒失误的代价

【情景描述】

小姚是刚从旅游院校毕业的大学生，分配到房务中心是为了让他从基层开始锻炼。今天是他到房务中心上班的第二天，轮到值大夜班。接班没多久，电话铃响了，小姚接起电话："您好，房务中心，请讲！"

"明天早晨 5 点 30 分叫醒。"一位中年男顾客沙哑的声音。"5 点 30 分叫醒是吗？好的，没问题。"小姚知道，叫醒虽然是总机的事，但一站式服务理念和首问负责制要求自己先接受客人要求，随后立即转告总机，于是他毫不犹豫地答应了。

当小姚接通总机电话后，才突然想起来刚才竟忘了问清楚客人的房号！再看一下电话座机，吓出一身冷汗——这部电话机根本就没有号码显示屏！小姚顿时心慌，立即将此事向总机说明。总机告之也无法查到房号。于是小姚的领班马上报告值班经理。值班经理考虑到这时已是三更半夜，不好逐个房间查询。再根据客人要求一大早叫醒情况看，估计十有八九是明早赶飞机或火车的客人。现在只好把希望寄托在客人身上，也许自己会将手机设置叫醒，否则的话，只有等待投诉了。

早晨 7 点 30 分，一位睡眼惺忪的男性顾客来到总台，诉称酒店未按他要求叫醒，导致他误了上飞机，其神态沮丧而气愤。早已在大堂等候的大堂副理见状立即上前将这位客人引到大堂咖啡厅接受投诉。

原来，该客人是从郊县先到省城过夜，准备一大早赶往机场，与一家旅行社组织的一个旅游团成员会合后乘飞机出外旅游。

酒店方面立即与这家旅行社联系商量弥补的办法。该旅行社答应说这位客人可以改加入第二天的另一个旅游团，不过当天这位客人在旅游目的地的客房预订金 270 元要由客人负责。接下来酒店的处理结果是：为客人支付这笔订金，同时免费让客人在本酒店再住一夜，而且免去客人前一晚的房费。这样算下来，因为一次叫醒失误导致酒店经济损失共计 790 元。

【案例分析】

本案例属于酒店前厅部叫醒服务的问题，当前厅接到客人需要叫醒服务时，要问清客人的房号、姓名及叫醒时间；复述客人叫醒的要求，以得到客人确认；检查叫醒客房的种类和客人入住房间的类型，比如说如果是套房、VIP 的客人，就必须作出特别提示，像祝客人晚安等。在为客人提供过一次叫醒服务之后要再次通知房服部的文员，对房间叫醒服务再做一次确认，以免发生意外。

【服务优化】

由本案例得出的教训和应采取的改进措施有三条：

一是所有“新手”上岗，都应当由“老员工”或领班带班一段时间，关注他们的工作情况，包括哪怕接一次电话的全部过程。比如与客人对话是否得体完整、是否复述、是否记录等。必要时要做好“补位”工作。

二是客人报房号与叫醒时间时，接线员应重复一遍，予以确认。

三是所有接受客人来电的电话机都必须有来电显示屏，并有记忆功能。这样既利于提高效率，也可以防止类似本案事件的发生。此外，为了确保叫醒服务万无一失，总机还可以采取进一步的保障措施，叫醒时间到时，除了电脑的正常叫醒外，最好再跟进一个人工叫醒，实施“双保险”，同时密切注意对方反应，万一客人因熟睡电话没有提机，则须通知房务员再跟进敲门，直到叫醒客人为止。

总之，酒店叫醒服务必须制定一套严密的服务程序和严格的管理制度，并且一丝不苟地在实际操作中贯彻执行，才能避免叫醒失误，稳定并提高服务质量。

案例49　外宾对洋酒账单说“No”

【情景描述】

南方某旅游城市的一家三星级酒店，大厅结账台前一位外宾指着账单很生气。结账员寻着客人的手指处看去，原来是一瓶洋酒的支付款项。客人连连叫着：“No！No！”结账台立即向客房部了解情况，证实外宾用房的酒柜里有一瓶洋酒外包装被打开，因此这瓶酒已被记入账内。但是外宾摇摇头、摊摊手说，自己打开外包装想饮酒，却发现房间内没有配置开启红酒的启瓶器。因打不开酒瓶，所以没喝上一滴酒，怎么要付酒钱？客人不愿支付没有消费过的酒钱。酒店拿着拆了封的酒瓶甚是尴尬。碰到这样的事，酒店只好承担损失，并划去了账单上洋酒的费用。

【案例分析】

这件事是该店第一次碰到，确实给酒店上了生动的一课。酒店不仅学会了处理类似的问题，而且能够举一反三：发现客人买了水果，马上给客人准备一把水果刀，甚至餐巾纸；发现客人带了商用小电器，马上给客人递上一个多功能的接线板；发现客人有许多朋友来访，马上给客人多准备一些椅子、茶叶、开水；等等。

【服务优化】

拆了封的酒收不回钱，这个损失是小。客人在房间里想饮酒，摸着酒瓶喝不到，大煞酒兴。没有喝上酒，还要掏腰包，碰上这么堵心的事，影响客人住店的情绪，对酒店的负面影响不小。然而问题仅仅出在客房酒柜里少了一把小小的启瓶器。这家酒店善于接受教训，并且能够举一反三，从细节服务着手，一把水果刀、一叠餐巾纸、一块接线板，有备无患，不但能杜绝类似案例的酒钱纠纷，而且能让客人事事称心如意，值得称道。

对管理者而言，应该举一反三，对全店所有产品的加工、生产、配套、提供、收银结算、消费的舒适性做一次全面的审查，做到ISO（国际标准化组织）服务质量认证体系提倡的自检自查，找出问题，分析原因，提出整改计划，并从制度、流程、技能等方面加以完善，以提高服务质量和管理水准。

案例50　客人行李被错拿

【情景描述】

一天，一位新加坡客人提着旅行箱走出电梯，准备离店。正在值勤的保安员小徐见行李员都在忙着为其他客人服务，便热情地迎上前去，帮新加坡客人提起旅行箱往大门走去。快到行李值台时，他发现电梯口又有离店客人出来需要帮助，就把行李提到行李值台处放下，并请值台人员代办，即回电梯口为其他客人服务。

这时，又有一批日本客人离店。他们将行李放在新加坡客人旅行箱旁，由于陪同的疏忽，既未指定服务员照看行李，又没有拿行李牌注明就去收款处结账。因此，当日本客人离店时，不知哪位客人“顺手”把新加坡客人的旅行箱一起带走了。新加坡客人为寻找自己的行李急得团团转，而这时离将要乘坐的赴北京的火车发车时间只剩55分钟了。

面对这突如其来的紧急情况，大堂副理当即安慰客人，再三请他放心，一定设法找回失物，不误火车。接着马上向酒店有关方面了解日本团队的去向。得知他们正要乘火车去兰州，便当机立断派保安员小徐随新加坡客人一起乘坐酒店的轿车去火车站寻找日本客人。结果不到半小时就在车站候车室找到了日本客人。新加坡客人拿到失而复得的旅行箱，转忧为喜，连声道谢。

【案例分析】

这件事从意外发生到妥善解决，反映了西安这家大酒店的高服务水准，同时也暴露了酒店在执行服务规程上存在的问题。

【服务优化】

第一，酒店方面为维护客人的行李财产安全，对这一突发事件采取的应变措施是及时而正确的。首先安慰客人，稳定其情绪，紧接着摸清日本团队的去向，然后带着客人“跟踪追击”，追上了日本团队，终于找回了客人的行李，又不误其旅程。酒店急客人所急，想客人所想，并以较强的应变能力“亡羊补牢”，使客人的损失减少到了最低限度，是值得称道的。

第二，为了保障客人行李财产的安全，酒店应加强对员工有关服务程序的检查与监督。保安员小徐主动补位帮助客人搬运行李，这种精神值得肯定。他为了进一步为其他客人服务将手头客人行李半途转交行李值台处理，固然出于工作热情无可厚非，但从严密的工作程序上推敲似有不妥，最好将客人的行李一手处理完毕再去为别的客人服务，较为稳妥。日本团队的行李放在新加坡客人的行李旁，固然是由于陪同疏忽——既未指定服务员照看行李又没有拿出行李牌做标记，但值台服务员也负有一定责任。值台服务员既然接受了小徐的委托，就应该保管好客人的行李。当时他可以及时地把客人的行李挪开，不使其混淆，或者提醒日本团陪同拿出行李牌以示区别，这样就可以避免错拿行李的事发生了。

案例51 换房引发的诉讼纠纷

【情景描述】

国内传媒刊登了《北京香格里拉走上法庭》的详细报道，叙述了香港某旅行社外联部经理马某与北京香格里拉饭店因住宿纠纷最终导致双方走上法庭的经过。

简要经过是，饭店通知马某2322房已到退房日期，住房已预订给某团队了，如果她不能离店，饭店愿意免费提供其他客房一间，不过是她原来就嫌弃的西翼楼房间，第二日再换回，遭马某拒绝。马某当日离店外出。其间，饭店将其行李移至其他客房保险箱内，物品移至大堂保险箱。马某当晚11时回店，十分生气，遂引发宾客财产遗失、损坏纠纷，引起诉讼，等候法院裁决。

【案例分析】

本案虽然马某违约在先，但鉴于情况的复杂性，饭店方应该慎重处理。在当时情况下，饭店不履行团队的约定属违约，但擅自打开客人保险箱的做法也是错误的。饭店应充分尊重客人的人格和隐私权，而未经客人允许就打开保险箱，将客人放置在保险箱内的物品随意搬走，侵犯了客人的财产合法权益和隐私权，这是不可取的。

【服务优化】

可以采取如下步骤：

1.当团队到达时，马某不在场根本无法协商，饭店应先联系团队方协商是否可以让出该房间。若取得领队的谅解，事情就以最简单的方式解决了。若不同意，则只能退一步将2322房清房。

2.给马某安排高于原来档次的房间（如套房），而不要给她原先就嫌弃的西翼楼房间。

3.保险箱可以跟着移走，但不能擅自打开。

4.当晚，前台和客房人员都应随时注意马某是否已回饭店。为了避免客人到达现场而火上浇油，前台人员在大堂一经发现客人回店，应立即通知前台经理或大堂副理出面留住客人，以协商解决此事。

案例52 忽略女士优先的迎宾服务

【情景描述】

在一个秋高气爽的日子，香港某五星级酒店的迎宾员小何，穿着制服站在酒店迎宾岗位上。

小何刚刚送走一批客人，就看到一辆白色的高级轿车向酒店门口驶来，司机熟练而准确地将车停靠在酒店豪华大转门门口。小何看到后排坐着两位外国男士，前排副驾驶座是一位身材较高的外国女宾。小何此时正好站在轿车的后门，于是他以优雅的姿态和职业性动作，先为后排客人打开车门，做好护顶姿势，并目视客人面带微笑，礼貌而亲切地问候客人，动作一气呵成、迅速且规范。

当两位男士下车后，小何关好车门，迅速走向前门，在打开前门迎接那位女宾下车时，小何发现那位女宾满脸不悦，而且小何抬头发现刚才下车的那两位男士也不太高兴。一刹那间，小何突然想起女士优先的原则。

【案例分析】

本案例属于酒店前厅礼宾部迎宾接待的问题。在酒店前厅礼宾部迎接服务中要求服务人员通过细心观察，能够抓住客人心理，找准对客服务的切入点，进而正确分析客人需求，推断出客人的真正服务需求。

【服务优化】

本案例中小何是按照酒店的标准化作业为客人打开车门，但是他却忽略了西方国家中女士优先的原则。在西方国家尊重妇女是一种社会公德。“女士优先”是生物界的法则，一般在遇到危险时，雄性会把生的机会留给雌性，使种群更好地生存下去。西方人很好地继承了这一法则，在许多场合都是女士优先。尤其是在“泰坦尼克号”沉没时，让妇女、儿童和老人获得生的机会，这一人性的光辉表现得淋漓尽致。它体现了人类最美好的一面。英文表示为：Lady first。所以在社交场合或公共场所，男子应经常为女士着想，照顾、帮助女士。

本案例中小何在迎接客人观察到是外宾的时候，就应该采用“女士优先”的礼仪原则接待，但是迎宾员小何没能按照国际上通行的做法先打开女宾的车门，才致使那位外国女宾不悦。这无疑是给该酒店的一个教训。酒店应该加强对迎宾员的培训，增强迎宾员的服务意识。

案例53　客人的挂账要求

【情景描述】

2012年11月某日的深夜，新加坡某五星级酒店的前厅部大堂副理正准备下班，这时电话铃声突然急促地响了起来。

“大堂副理，8318房的客人在我们桑拿中心刚刚做完足疗，他要求挂账，而挂账单位却未提前通知我们，我们现在也无法联系挂账单位的联络人，现在客人在这里发火呢。”桑拿中心收银员急切地说。大堂副理即刻上楼了解情况，原来客人是该酒店协议单位的一位客户，他的房费原本就是挂账的，现在桑拿消费是180多元，他也要求挂账。而收银员在未接到挂账单位的通知，并且在当时暂时也无法与挂账单位的联络人联系的情况下，未敢答应该客人的请求。客人因此很恼火，称挂账单位联系人早已关机。大堂副理到达后，对客人进行耐心的解释，待客人息怒后，对客人表达了歉意。

大堂副经理考虑到协议单位客人的要求及该协议单位以往的信誉情况，大堂副理以协商的口气委婉地对客人说：“先生，今天我们同意您先把费用记入房间，明天如果协议单位不同意，您再改用现金结账，好吗？希望您能谅解，并配合我们的工作。”客人满意地说：“好！好！好！还是你想得周到，不过你放心，我明天就让我们单位的联系人和你们确认，再说明天我也不会跑掉，我是要住一个礼拜的。”第二天，总台果真接到协议单位联络人的电话，联系人说昨天忘了通知酒店，8318房客人的所有费用都可以挂账到房间。

【案例分析】

本案例属于酒店前厅部门中总台接待与收银业务管理中的挂账业务管理问题。一般与酒店有挂账协议的单位，都是酒店的VIP客户。如果协议单位的宾客在酒店消费后，应该由单位授权的有效负责人在账单或原始消费凭单上签署，或电话或传真确认，再由酒店财务部会计定期向该协议单位结账。

【服务优化】

本案例中大堂副理灵活地处理了突发事件，完全体现了“顾客就是上帝”的精神。

大堂副理在面对顾客的一些要求时，没有用“不行”“不可以”之类的话，因为大堂副理深知否定客人很容易引起客人的愤怒，于是就很灵活地同意了客人的挂账要求。这就要求酒店服务员在处理客人的投诉遇到特殊情况时要善于变通，要把饭店的利益与客人的要求巧妙地结合起来。本案例中，在未接到挂账单位通知的情况下，桑拿中心收银员坚持要求客人先与挂账单位联系，不然不予挂账。这是从饭店利益及程序的角度出发，桑拿中心收银员的做法是对的。但不巧的是，协议单位的联络员已关机，而客人却执意要求挂账，大堂副理在了解了情况后，看出客人出于面子执意要求挂账，再考虑到协议单位的信誉都比较好，因此同意其挂账，并与客人说明次日与挂账单位的负责人联系后，若对方不同意再改用现金结付。酒店大堂副理的这种做法既维护了饭店利益，又满足了客人的要求，可以说是一种较为妥当、灵活的处理方法。

案例 54　体贴的服务

【情景描述】

2012 年 7 月的某天早上 9 点 30 分左右，韩国釜山的爱丽五星级酒店有一场 100 多人参加的会议。从早上 8 点开始就陆续有客人来到该酒店，前厅礼宾部也安排了一定数量的酒店员工做接待工作，一切都井然有序。然而 8 点 30 分左右，在酒店大堂进出的人群中突然有位客人很着急地走到酒店的前台，称自己是来参加会议的，乘出租车到酒店时因为匆忙将自己的衣服和文件袋忘在了车上。客人的衣服里有钱包，文件袋里也有重要资料，他想请酒店帮忙联系出租车公司，寻找失物。

前厅部礼宾员朴祥国正好站在前台边上，听到客人讲述了事情的全过程后，他先安慰客人说：“先生，请您不要担心，我们立即帮您联系出租车公司，可能东西还在出租车上。请问您保留发票没有，或者请您回忆一下车牌号，我立即帮您联系。”

客人情绪渐渐稳定下来，急忙寻找刚刚下车时跟出租车司机索要的发票，并交给前厅部礼宾员朴祥国。朴祥国安慰客人不要着急，因为有发票就能很快联系到出租车公司。听了礼宾员的话，客人紧张的心稍微放松了一下，由于开会的时间到了，客人就先上楼去开会了。朴祥国立即联系了出租车公司，讲明情况，并请求出租车公司帮助联系开车的驾驶员。驾驶员很快将客人遗失的物品送还到了酒店，朴祥国立即致电给客人称物品已找到，并且请客人配合一一核对物品。客人从楼上的会议室匆忙赶下来，发现他的衣服和文件袋完好无缺，非常感谢朴祥国的服务，连声夸奖说：“真不愧是五星级酒店!”

【案例分析】

本案例属于酒店前厅部处理客人突发事件的问题。虽然客人是在出租车上遗失了物品,但是酒店礼宾部工作人员还是应该积极帮助寻找,帮客人找回物品。除此之外礼宾部工作人员的主要工作是接待客人,负责搬运客人行李、守酒店大门等。

【服务优化】

本案例中酒店礼宾部服务员积极地为客人考虑的这种态度以及认真地帮助客人寻找遗失物品的行为,让客人十分感动。礼宾部服务员在这次突发事件中,能够冷静沉着地面对,并且积极帮客人处理。在整个过程中,礼宾员首先采取安慰客人的做法,让原本不安的客人慢慢冷静下来,回想起有发票可以帮助联系到出租车公司的事情;其次在随后的处理过程中礼宾服务员有条不紊地先让客人去开会,最后在最短的时间内联系到出租车公司,找到驾驶员,找回了客人遗失的物品,从而解决了问题。这反映出酒店礼宾服务员熟悉业务,细心服务,努力为客人解决问题,高效地满足客人要求的服务宗旨,体现了酒店高水平的服务质量。

案例 55 POS 机的问题

【情景描述】

2012 年 5 月,韩国济州岛某五星级酒店的一位客人到前台办理入住手续,因身上没有足够的现金,因此只能使用信用卡。可是在刷卡的时候,因为该酒店的 POS 机出现了问题,前台服务员在没有搞清楚的情况下,就轻易跟客人说刷卡没有成功,但是客人却收到了信用卡已消费的手机短信通知。

但是前台服务员却以 POS 机没有信用卡消费记录为由不给客人办理入住手续。客人想先让朋友上楼入住,然后再与酒店进行沟通。可是前台服务员却说:“不好意思,先生。本酒店没有这种规定,您这么做事不符合我们酒店的相关规定,要不您再等一会儿吧,等 POS 机修好了,确认您是刷过卡的,您再入住,您看行吗?”“你什么意思,我难道还会逃单吗?我既然能走进这个酒店就证明我有住在这里的能力与财力,再说了,是你们酒店的 POS 机出现了问题,为什么反而叫我买单?”客人生气地反驳道。然而无论客人怎么说,酒店的这名服务人员仍坚持要先确认账单才能给其办理入住手续,这让客人更加恼火,于是向酒店的经理进行投诉。

【案例分析】

本案例是属于酒店前厅部投诉处理的原则与程序问题。在面对这一类问题时，其中最重要的是坚持“宾客至上”的服务宗旨，对客人投诉持欢迎态度，不与客人争吵，不为自己辩护，礼貌接待投诉的客人。受理投诉，处理投诉，这也是酒店的服务项目之一。

【服务优化】

本案例中酒店如果因为这种事与客人发生冲突，不仅仅说明该酒店在管理上存在问题，更说明该酒店平时没有制订紧急预案，或者是紧急预案的制订不够完善，没有充分考虑到各种可能的因素，需要改进。对于本案例而言，前台服务员应该先让客人登记入住，并在备注中写明问题，然后查询银行，由银行出示证据，如款确实没入账的话，再通知客人实行补交。如果为了避免麻烦只是一味地断然拒绝客人入住，则会影响酒店的信誉和形象，从而影响酒店的经济效益。

案例 56 迟到的留言

【情景描述】

2011 年 12 月某日晚上 11 点左右，住在加拿大卡尔加里黄牌酒店的外宾怀特先生怒气冲冲地到大堂值班经理处投诉。

“你们酒店是怎么搞的啊！我的太太从美国打来电话请总机小姐给我留言，让我回来后立即给她回电话。可我晚上 9 点回到酒店时，却没有接到前台的任何留言，直到我太太从美国打来电话我才知道，你们是怎么办事的啊？耽误了我的事情你们赔得起吗？”客人生气地抱怨道。“非常抱歉，怀特先生，请您先消消气，我们酒店的失误给您造成的不便向您表达真挚的歉意。请您先在这里坐一下，喝杯咖啡，我现在就去了解情况，您看可以吗？”值班经理问道。客人表示同意。值班经理马上去调查，发现是总机小姐在交班时忘了把这件事转达给下一班的服务员。经理将已经下班回家的 Mary 找来，让她亲自向怀特先生道歉，然后经理再一次代表酒店向怀特先生致歉。怀特先生见酒店的道歉态度这么诚恳，三更半夜将已经下班的工作人员找回酒店向他道歉，就没有再追究了。

【案例分析】

本案例属于酒店前厅部总台接待与收银业务管理中的留言管理问题。酒店留言处理工作标准是：首先，在接到留言要求后，迅速在电脑中查寻客人名字、房号是否与要求留言者所提及的信息相符；其次，核对客人是否正在住店，客人是否预抵但尚未登记入店，除非客人已结账离店，否则应留言。

【服务优化】

本案例中，值班经理的处理较恰当，主要体现在以下几个方面：值班经理在接到客人投诉时及时向客人道歉并马上调查事情的起因，这会让客人在潜意识里觉得酒店的处理能力较强，解决问题较及时；值班经理特别让出事故的服务员 Mary 亲自向怀特先生道歉，这说明酒店对客人是很尊重的，让事故的主负责人亲自向客人道歉，这体现了酒店的细心之处，这一举动有效地避免了客人对该酒店其他服务员产生不负责任的印象。虽然经理的处理方法让客人消了气，但从另一方面思考，正因为该酒店在换班的制度上存在一定的漏洞，才导致了本次事故的发生。所以酒店应该加强对工作人员的职业技能培训。

案例 57 忙碌的前台

【情景描述】

2012 年 7 月，住在北京丽佳酒店 401 房间的王先生早上起来想洗个热水澡放松一下，但洗至一半时，水突然变凉，不论王先生怎么调节水阀，水依旧很凉，于是王先生非常懊恼，匆匆洗完澡后给前厅打电话抱怨。

“是前厅吗？我想问一下我房间怎么没热水了？我这澡还没洗完呢！你们酒店是怎么回事啊？”王先生生气地给前台打电话抱怨道。谁知道这时前台恰巧就一个服务员，而这名服务员正忙着为前来退房的客人结账，所以他一边听着王先生的抱怨，一边帮另外一位客人结账。服务员实在是无暇同时顾及两个客人，于是就带着抱歉的态度跟王先生说：“先生，不好意思，请您给维修部打电话让他们先去看一下行吗？他们的电话是 58……”本来就一肚子气的王先生一听服务员竟然让他自己去联系维修部就更来气，嚷道：“你们酒店怎么搞的，我洗不成澡向你们反映，你竟然让我再拨其他电话！”，说完，“啪”的一声，就把电话挂断了。服务员无奈地挂上电话，这时正在结账的客人由于等待的时间较长也露出不满的表情。

【案例分析】

本案例属于酒店前厅部处理客人投诉的方法及程序问题。对投诉的快速处理程序为：首先应专注地倾听客人诉说，准确领会客人的意思，把握问题的关键所在，确认问题性质可按本程序进行；其次服务员必要时应察看投诉物，并迅速做出判断；最后向客人致歉并做出必要的解释，请客人稍微等一下，自己马上与有关部门取得联系，解决问题。

【服务优化】

本案例中酒店前厅部的每一名服务员都应树立以顾客为关注焦点的服务意识，不管是谁，只要接到顾客的抱怨，都应主动地向主管部门反映，而不能让顾客再找别的部门反映。本案对客人抱怨的正确回答应该是："对不起，先生，我马上通知工程部来检修。"然后迅速通知主管部门处理，这样王先生就不会发怒了。除此之外他也没有考虑到来结账客人的心情，最后导致出现把两个客人全都得罪的局面。他应该先跟结账的客人说明情况取得结账客人的谅解后，再处理电话的事情，而不是直接将客人晾在一边。

案例58　忘记的通知

【情景描述】

2013年1月，马来西亚某四星级酒店的前厅部经理接到酒店总经理的通知，让其派一到两名前厅部的工作人员代表酒店第二天去机场迎接贵宾。于是前厅部的经理就派小张和小康去机场接机。

第二天，小张和小康与酒店车队司机按照预订单的时间到机场迎接贵宾，他们一人手里举着一块牌子等着贵宾下机。两人从上午10点一直等到晚上6点左右，一直等到预订单上标示的航班客人都走完了，也依然没有见到要接宾客的踪影，这时小张和小康心里有点慌乱了，再三考虑之下他们决定马上打电话与酒店联系。经前厅部经理与贵宾联系后才得知，客人由于私人原因延迟了到达机场的时间。但客人已经事先和酒店的前厅部打过招呼了，由于前厅人员在换班的时候忘记交代这件事，才导致此次事件的发生。听完前台的话，小张和小康庆幸只是虚惊一场。

【案例分析】

本案例属于酒店前厅部预订业务中取消预订的问题。由于种种缘故，客人可能在预订抵店之前取消订房，当客人取消预订时，预订员要做好预订资料的处理工作，在计算机上修改资料，并在备注栏内注明取消日期、原因、取消人等，作为重要资料保存并及时通知相关人员。

【服务优化】

本案例中的酒店前厅部接待员、预订部预订员接到取消预订的通知后，应根据该预订所涉及的部门、岗位和人员，及时通知客房部、餐饮部、礼宾部、车队、大堂副理等有关部门、岗位和有关领导；接到取消预订通知后有关人员应做好文字记录，即使是在通知有关部门和预订人员的情况下也应及时做好备书；接受预订和取消预订都需要高度的工作责任心，任何时候都不能马虎。此事未给客人带来任何不良影响，但反映出酒店前厅部员工工作的粗心大意以及酒店内部协调配合的工作不到位，部门之间存在沟通障碍。如果对此问题不引起重视，不采取措施加以解决，很可能在其他方面也会带来负面影响，就有可能影响对客服务的质量，导致宾客投诉。

案例 59 混乱的局面

【情景描述】

2012 年 11 月某日晚 11 点，已经是前台中班员工快下班的时间。前台在岗员工人数是 2 名(1 名领班，1 名实习生)。前台后区是办公室，前台经理还没有下班(按常规应该下班了，但是他还在做自己的事)。大堂上，大堂副理也还没有下班。但是前厅部经理已经下班了。礼宾部有 5 人，分别是领班、3 名行李员和 1 名门童。其他隶属前厅部的各部门都在正常运作中。突然，酒店大堂正门外的广场上同时来了 3 辆坐满宾客的大巴，是该酒店派去机场接的一个会议团(虽然按照预定，应该第二天这个时候到达的，但是当天临时变更计划，改了到达时间，也就是说，早到一天)，随后摩肩接踵的一大群人，毫无秩序地从大巴上下来，拥到前厅。也许是由于长时间的奔波劳累，客人都乱哄哄的，争先恐后地去前台做 CHECK IN(办理入住登记手续)。当时场景乱得一塌糊涂。看到这样混乱的情况，前台服务员不知所措，立即将此时的情况汇报给了前台经理。前台经理得知此事后，立刻放下手上的工作赶到前台处理此事。前台经理看到服务员都忙得不可开交，马上帮助前台员工一起做 CEHCK IN 手续。整个大堂，一时间混乱不堪，直至所有 CHECK IN 做得差不多为止。

【案例分析】

本案例是属于酒店前厅部中总台与其他部门的信息沟通问题。酒店对客服务是整体性的，并非靠某一部门、班组或某一个人的努力就可以获得成功的。所以酒店各部门之间的工作联系、信息沟通、团队协作就显得格外重要。各部门之间信息沟通的成功与否,将直接影响到酒店运行与管理的成败,影响到对客人的服务质量。

【服务优化】

本案例中酒店前厅部是自己派出去的迎宾车,一定知道会议团临时改变到达酒店的时间,隶属前厅部的礼宾部经理或当值领班就应该和前厅经理(或大副)汇报,并告知“预定部”“前台”(不同酒店可采取不同告知方式,可以留电话记录,也可以书面通知等)。最好当宾客在机场上车后,前厅部打电话给各相关部门做好确认。如果是一般的团队,那么和大副说就可以了。然后,礼宾部的当值负责人(领班或经理)应该视情况做好准备工作。但是,既然是订过房的团队,不可能一点准备工作都没有。不管如何,有一点一定要做,那就是通知开迎宾车的司机,如果是上面说的 3 辆的话,第一辆按照正常速度开,或者可以适度开快一点;中间的稍微慢点,拉开点距离;后面的有红灯就等着,要是方便,顺路绕个小圈子,看看风景也不错。其目的是把时间拉开。而作为一名前台经理,他更应该做的是“协调”工作,而不是和其他员工一样手忙脚乱地没有思路。

案例 60 语言不通的障碍

【情景描述】

2012 年 5 月,在杭州某星级酒店的服务台里,一位长相甜美、脸上时刻挂着微笑的女服务员正在值台服务。这时,一位来自美国的小姐从她的房间走出来,前台服务员一见,有外国客人经过,于是就立即很有礼貌地用中文问了句:“小姐,中午好!您出去呀?”这位美国小姐略通中文,她说:“你说的‘小姐,您好’!,我懂,那‘您出去呀?’是什么意思?”这位服务员微笑着解释道:“是这样的,在中国我们平时见到朋友时,总是象征性地习惯问‘你出去呀’‘你去公园’‘你去工作呀’等。这是为了拉近彼此间的距离。”这位小姐只听懂了几个词“出去、公园、工作”,其他就不懂了,也不分青红皂白,立即就翻了脸,说服务员侮辱她。尽管服务员反复解释,但由于该服务员的英文水平欠佳,客人始终认为服务员在讽刺她。一气之下找到该酒店的总经理投诉,说服务员侮辱她的人格,说她是去公园工作的妓女,要求酒店做出解释。总经理出面了解事情真相后,向客人解释并代表酒店向客人道歉,最后该经理又以酒店的名义给客人送上新鲜的果篮。客人的气才慢慢地消了下来。

【案例分析】

本案例是属于酒店前厅部的人员素质要求的问题。前厅部服务人员应具有较强的语言表达能力，这主要表现在两个方面：一方面是能够用宾客使用的语言与宾客沟通、交流，应具有良好的汉语表达能力和理解能力；另一方面是普通话发音要标准，嗓音要甜美动听。

【服务优化】

本案例中酒店前厅部服务员在接待外宾时，应使用规范的外语，而不能一律用本国语言，这样就可以避免由于外宾不熟悉当地语言而引起的误解。只有服务员强化外语培训，提高会话能力，才能顺利地与外宾沟通；前厅服务员在接待服务中，须用语规范。而不能像本案例中的服务员那样随意与客人交谈，由于文化差异，引起了彼此间的误会。酒店服务人员用语不规范，极易触犯客人的隐私或忌讳，然后导致客人投诉，因此酒店整体须加强对服务人员的语言纠正。本案例中的服务员犯的正是这个错误，本意是想热情地与客人打招呼，但由于用语不当，产生负面效应，惹得客人不愉快，导致投诉。服务用语，标志着一家酒店的服务档次与水平。每名服务员须加强服务语言艺术修养，对每位宾客说好每一句服务用语，方能保证服务质量达到客人满意的程度。

案例 61　电话转接的技巧

【情景描述】

毛先生是杭州某三星级酒店的商务客人。他每次到杭州的时候，入住的肯定是这家三星级酒店，并且每次都会对酒店提出一些意见和建议。可以说，毛先生是一位既忠实友好又苛刻挑剔的客人。

那天早晨 8 点左右，再次入住的毛先生打电话到前厅，向前厅询问同公司的王总住在几号房。前厅服务员李小姐接到电话后，马上在电脑上进行查询。查到王总住在 901 房间，而且并未要求电话免打扰服务，于是该名服务员在毛先生没有任何指令的情况下便对毛先生说“我帮您转过去”，说完就把电话转到了 901 房间。此时 901 房间的王先生因前一天晚上旅途劳累还在休息，接到电话就抱怨下属毛先生不该这样早吵醒他，并为此很生气。

【案例分析】

本案例属于酒店前厅部中的酒店电话转接技巧问题。电话是信息沟通的重要工具,电话总机房是酒店与客人进行内外联系的纽带。电话总机服务往往是酒店对外的无形门面,话务员的服务态度、语言艺术和操作水平直接影响了酒店话务服务的质量。

【服务优化】

本案例中前厅部李小姐首先应该考虑到通话的时间,早上8点是否会影响客人休息,应迅速分析客人询问房间号码的动机。其次,此时毛先生的本意也许并不是要立即与王总通话,而只想知道王总的房间号码,便于事后联络。

在不能确定客人动机的前提下,可以先回答客人的问话,同时征询客人意见"王总住在901房,请问先生需要我马上帮您转过去吗?"必要时还可委婉地提醒客人,现在时间尚早,如要通话是否1小时之后再打。这样做既满足了客人的需求,又让客人感受到了服务的主动性、超前性、周到性。当今客人对服务的要求越来越高,服务永无止境。酒店全体员工都应该把"宾客至上"的服务宗旨落实到行动上,应站在客人的立场上,为宾客着想,认真揣摩客人的心理,服务到位,真正做到使客人满意。

案例62 先入住再出示证件?!

【情景描述】

2012年4月,一位自称是B公司的杨小姐来到台湾某商务酒店。前厅接待员热情地询问她有什么需要。"是的,我是与你们酒店签订合同价的B公司员工,我今天想在你们酒店入住,请问能不能给我打折啊?"前台服务员请客人出示有效证件以证明她是该公司的员工,就可以办理打折,可客人却说忘记带了。服务员想了一下,说:"既然您没带证件,那您看这样可不可以,我先帮您按当日酒店优惠价入住,待次日收到贵公司订房传真或能证明您的公司身份的证件再给您更改房价,您看可以吗?"服务员微笑着问道。杨小姐满意地说了声"谢谢"。"您客气了,杨小姐,这是我们应该做的,希望您在我们酒店能住得愉快!"杨小姐带着满意的微笑上楼去了。

【案例分析】

本案例是属于酒店前厅部中的客房销售问题。为吸引更多的固定客户,增加市场份额,销售部一般都以较合理的价格与有一定客流量的客户签订合同,公司合同价较前台门市优惠价低,因此,经常有客人在没有公司有效证件或公司订房传真的情况下,自称是××公司的职员或××公司的客人,要求以该公司合同价入住。

【服务优化】

前厅部接待员对要求按公司合同价入住的客人，一定要认真核对公司订房传真或能表示客人为该公司身份或该公司客人的有效证明；前台接待员对没有订房传真或有效身份证明的客人应坚持酒店规定，不能随意为客人按公司合同价办理入住手续，以确保酒店利益不受损失。这里特别要强调，接待员不但要热情待客，对宾客负责，在房价处理上也要对酒店负责；前台接待员对没有订房传真或有效身份证明的客人应做好解释工作，让他们先按门市优惠价入住，待确认身份后再更改房价。在向客人说明时，一定要注意语言的艺术性，不要简单或生硬地回绝客人，要尽量取得客人的理解，以避免产生投诉。

案例63　半小时的住房

【情景描述】

在一个寒风凛冽的深夜，刚刚下飞机的韩国籍客人来到首尔太平洋星级酒店总台要求住宿。总台接待员小蔡用很甜美的声音礼貌地按常规问他："您好，先生，欢迎光临。请问您需要什么样的房间？"客人表示随便。"那么请问先生是一个人对吗？那我为你准备一个豪华单人间吧，房价是480元一天。"接待员依然热情地说。"行，快点。"客人不耐烦地说。"请问您是住一天吗？""是，就一晚。"客人说着扔出了身份证，让总台接待员帮他登记，随即这位客人又快速地交了押金，在接过接待员给的房卡后，客人拿了房卡马上去了房间。

谁知，总台刚刚完成通知客房中心该房入住、开通该房电话、检查完该客人的登记单并输入电脑、放入客史资料袋等一系列工作后，刚才的那位客人又突然乘电梯下来了，来到总台说："我现在要求退房，我对你们酒店客房内的设施一点都不满意，不想住了。并且我没动过房间任何东西，所以你们酒店不应收取我任何的费用。"客人态度很强硬。"不好意思，先生，可您都住了半小时，您确定现在要退房吗？"前台服务员委婉地问道。"我自己退不退房我自己还不知道吗？不要再说什么了，快点给我退房吧！"客人很不耐烦地说道。"那好吧，请您稍等一会儿，我现在就为您办理退房手续。"服务员亲切地回答道。

【案例分析】

本案例属于酒店前厅部门的总台接待与收银业务管理中的问题。酒店是为客人提供食、宿等综合服务的场所，作为酒店有义务接待前来入住的旅客。在国外的酒店法律规定中，如果酒店无缘无故地拒绝客人留宿，那么，该客人有权向法院提起诉讼，但这并不意味着酒店必须无条件地接待所有客人。

【服务优化】

本案中客人要求提前退房，前厅部的服务员不应那么爽快地答应客人的要求，应该尽量弄清楚客人入住不到半小时就强烈要求退房的原因。难道真的是对房间的装饰不满意吗？其次，在给客人办理退房手续前应先请客房服务中心查房，若发现房内一切完好如初，则同意退房，且押金全额退给客人，不收取任何费用，并希望他下次光临。当然该名服务员这样做完全是相信客人，息事宁人，况且酒店也没有什么损失。但要特别注意对档次要求较高的客人，应该这么处理；但对心存不轨的客人，这样做无疑是给他提供了方便，今后将后患无穷。若查房发现客房内被动过，则根据各酒店不同规定按钟点房、半天或全天房价收取房费，这样做也是合理的。因为客人动用过客房内的物品，楼层服务员就要重新打扫。在程序上该房也是由空房转为住房又转为走房，客人理该付费。至于住店时间长短，取决于客人自己，但酒店有酒店的规章制度，不得随意破坏。相信客人会理解酒店的这种规章制度的。

案例 64 恶劣的服务态度

【情景描述】

金正旭先生不久前入住韩国一家五星级酒店，却在酒店遇到了让他非常生气的事情，事情大致是这样的：金正旭先生 11 点左右曾委托前台李小姐叫醒他，但李小姐未能准时叫醒客人，从而耽误了金先生的航班，引起了客人的投诉。金先生生气地向经理讲述了事情发生的经过，并陈述了事情的严重性，要求酒店对他赔偿损失。大堂经理看见客人如此激动，于是就请客人坐下来慢慢说，金先生对于大堂经理的建议却不予理会，大堂经理说如果这件事发生在他身上，他肯定会冷静的，所以希望金先生也冷静。金先生却说："我没你修养好，你也不用教训我。我们没什么好讲的，去叫你们总经理来。""叫总经理来可以，但您对我应有起码的尊重。我是来解决问题的，可不是来受你气的。"金先生情绪更加激动地说道："你不受气，难道让我这花钱的客人受气，真是岂有此理。"之后，金正旭先生向当天值班的总经理投诉，总经理在了解情况之后微笑着对金先生说："金先生，真的很抱歉，此次事故的发生我们酒店确实有一定的责任，请您先消消气，为了使您的损失降到最低，我们还是先想一下怎么让您尽快到达目的地行吗？”金先生看总经理想得如此周到，就赞同了他的提议。经过咨询，当天没有金先生要去的那个地方的航班，于是总经理就动用一切关系帮金先生买到了时间最近的机票，金先生被总经理的真诚打动，后来也就没有计较酒店员工的过失。一场前厅服务风波就此平息。

【案例分析】

本案例属于酒店前厅部门处理宾客投诉的问题。宾客的投诉是酒店管理者和顾客之间沟通的桥梁。宾客投诉是坏事，也是好事，它可能会使被投诉的对象即酒店整体或酒店服务员感到不愉快，严重的话责任人甚至会被罚，但是接待客人投诉也并不完全是一件令人郁闷的事，因为接受客人的投诉会使酒店的服务更加完善，这也是提高酒店档次的一次机会。

【服务优化】

本案例中，叫醒服务本来是酒店前厅部的服务项目，金先生因未被叫醒而耽误航班，应该是酒店的责任，因此他采取投诉的方式是正确的，甚至要求赔偿损失也在情理之中。但本案例中的大堂经理没有站在金先生的角度去思考问题，不但没有礼貌地对待冲动的客人，反而用教训的口吻教训客人，完全没有正确认识和落实“顾客就是上帝”的理念。大堂经理的这种做法不仅损害了自己的形象，同时也降低了酒店的服务质量，酒店应根据相关规定对其给予严惩。正确的做法应该是像案例中总经理一样，在了解事情的真相后，首先向金先生赔礼道歉，客气而耐心地向客人解释，安抚客人的情绪，然后按酒店有关规定妥善处理。

案例 65　预订风波

【情景描述】

2012 年 7 月的一天，一位香港客人来北京某酒店前台办理入住登记，负责接待的员工按照酒店的入住程序向客人询问其所需要的房间类型，但因客人不懂国语，而该员工粤语水平又欠佳，在尝试用蹩脚的粤语向客人解释后，客人仍听不懂。于是该名员工趁乘客人转身拿回乡证时，向精通粤语的行李员求救，请他们帮看这样行不行。客人本想与酒店再争辩一番，可一看时间确实很晚了，再加上自己又很累，只好勉强答应。客人入住后便立即投诉网络公司不给自己预订酒店，随后网络公司又投诉酒店未给客人及时预订。经查证,网络公司于当日晚 8 时 36 分将传真发至饭店预订部,而此时预订员已经下班不在岗。而前台接待员在电脑里没有查到预订通知的情况下,也没有到预订部去检查有无传真,便告诉客人没有预订,造成了客人投诉网络公司而网络公司投诉酒店的情况。同时导致网络公司和酒店之间不必要的纠纷,损害了双方的利益及合作关系。

【案例分析】

本案例是属于酒店前厅部预订管理中的预订方式及种类问题。客房预订的方式多种多样,这其中包括电话预订、传真订房、国际互联网、口头订房等,且各自有不同的特点,而客人采用何种方式预订受预订的紧急程度及客人设备条件的制约。

【服务优化】

本案例中的前台接待员在电脑中没有查找出预订资料时,应该到预订部再进行详细查找看有无传真,或者及时向领班及主管汇报情况,看能不能有其他的补救办法,不能简单地告诉客人没有预订。而本案例中前厅服务员的做法说明了其缺乏工作责任心,没有考虑周全,服务不仔细,导致客人投诉网络公司,网络公司投诉酒店的情况发生。最终使酒店在网络公司和客人心目中的服务形象受到严重影响。从这件事中可以看出该酒店前厅部的领班和主管应加强对员工的培训,注意对服务员进行现场督导及检查,以便发现问题后能及时解决。

案例 66　被冷落的信件

【情景描述】

一天上午,上海市某五星级酒店总服务问询处收到一封从邻近省市某工厂企业寄来的一封平信,信封上写明“请速转住店客人李敬献先生收”。在信封左下角用括号特别加注了一行字:“台湾李先生日内由香港中转到大陆并入住你店。”总台问询处服务员一看到是一封平信,而且也没有注意到信下面的那行小字,因此在思想上并未引起重视,随手就把信放在柜台后面的信架上,而且在与另外的值班服务员交接班时忘记交代此事,时间一长,这封信便成了一封“死信”。其实外地工厂来信的原因是这样:台湾李先生拟专程来大陆与该厂谈判合资办厂问题,李先生事先用图文传真告知该厂他到上海的日期和所住酒店(包括地址)以及他到达该厂的大约日期。厂方接到传真以后,厂方的老板与该厂的谈判代表恰巧一起到上海办理公事,于是发传真到台湾,希望李先生在上海等厂方代表并就地谈判，谁知李先生已离台湾去上海了，传真内容无法知悉，厂方不放心，在李先生尚未到达上海之前，寄出一封平信，认为上海的酒店会负责及时将信件转交给李先生。然而事与愿违，虽然台湾李先生在上海市逗留了一个晚上，但在该酒店入住登记和离店时没有及时收到这封信，而且台湾李先生也不知道这件事情：但是，就在李先生离开上海乘火车的途中，厂方的代表却坐在行驶方向恰恰相反的火车上。事已至此，该厂只好向台湾的李先生道歉，请他再次折回上海，又折腾了一番。

【案例分析】

本案例属于酒店前厅部问询与留言管理问题。处理客人进出酒店的信件是问询处的服务项目之一。客人信件的处理程序包括：首先，查找住店客人的信件；其次，查找预期抵店客人的信件；最后，查找要求提供信件转寄服务的客人信件。

【服务优化】

本案例中由于该酒店问询处没能及时将信件转交给台湾客人李先生，导致他匆匆往返于上海与邻近省市工厂之间，平白地浪费了厂家和客人的精力、时间和金钱。但庆幸的是，酒店服务人员的过失并没有影响到李先生和厂家合约的签订，要不然其后果对李先生和厂商以及酒店来说都是不堪设想的。目前国内外的五星级酒店都专门设有专职邮电员，工作职责是处理邮件、电报、电传、包裹、信件等，专门做好邮件登记和客人签收工作，及时准确地把信件、传真等邮件送到客人手中。

案例 67　额外的午餐

【情景描述】

2008 年 8 月 8 日，是云海大酒店隆重开业的日子。这一天，酒店上空彩球高悬，四周彩旗飘扬，身着鲜艳旗袍的礼仪小姐站立在店门两侧，她们的身后是摆放整齐的鲜花、花篮，所有员工服饰一新，面目清洁，精神焕发，整个酒店沉浸在喜庆的气氛中。开业典礼在店前广场举行。

11 时许，应邀前来参加庆典的有关领导、各界友人、新闻记者陆续到齐。正在举行剪彩之际，天空突然下起了倾盆大雨，典礼只好移至厅内，一时间，大厅内聚满了参加庆典的人员和避雨的行人。典礼仪式在音乐和雨声中隆重举行，整个厅内灯光齐亮，使得庆典别具一番特色。

典礼完毕，雨仍在下着，厅内避雨的行人，短时间内根本无法离去，许多人焦急地盯着厅外。于是，在与酒店的高层商讨过后酒店经理当众宣布："今天能聚集到我们酒店的都是我们的嘉宾，这是天意，希望大家能同在敝店共享今天的喜庆，我代表酒店真诚邀请诸位到餐厅共进午餐，当然一切全部免费"霎时间，大厅内响起雷鸣般的掌声。

虽然，酒店开业额外多花了一笔午餐费，但酒店的名字在新闻媒体及众多顾客的渲染下迅速传播开来，使酒店后面的生意格外红火。

【案例分析】

本案例属于酒店前厅部中总台接待及处理的问题。该酒店的经理很灵活地使用了旅游公关礼仪的手段，借开业典礼之机请进避雨的行人，共享开业的喜庆，借此树立酒店正面形象，并且收到了意想不到的效果。

【服务优化】

本案例中的开业典礼对一个新建的酒店来说是一个大喜的日子，也是气氛热烈而又隆重的庆祝仪式，既表明酒店对此项活动庄重、严谨的态度，又可借此扩大酒店的社会影响力，提高酒店的知名度和美誉度。这一举动很好地体现了该酒店管理者的社交水平及文化素养。

案例68 开房的抉择

【情景描述】

2002年圣诞节前夕的下午，南京天京大酒店公关销售部施经理正在大堂忙忙碌碌地张罗圣诞节的环境布置。只见一位身穿西装的先生带着一位身穿夹克衫的男子急匆匆地走到他跟前，轻轻地对他说："施经理，有件事跟您商量一下。我是北京××公司的总经理，这几天和另一名同事住在贵店，开了一间房。这位先生是我的南京客户，刚才和我一起吃完饭，多喝了点酒，我想给他另开一间房，让他休息一下，晚上住一宿，顺便谈点生意。可总台服务员说我已经开了一间房，不能再开了。而这位客户正好没带身份证，也不让登记。这就麻烦了。施经理，您就帮忙再开一间房吧。您看，这是我的身份证。"他边说边递上身份证，下面还附着一张没有填写的住房登记表。"施经理，您就行个方便吧。"旁边那名男子也递上名片求情。

此刻，施经理感到很为难：这位北京某大公司的总经理是本酒店的常客，他的要求应该尽量满足，如果处理不当，就会失掉一个很有潜力的常客；但如果答应让其客户无身份证入住，又不合饭店住宿的一般规程。他试图找到一个变通办法，便询问那男子："您有没有证明你身份的其他证件？"男子摇了摇头。"那可不行啊！"施经理显得无可奈何。那位先生有点急了，赶紧说："这是特殊情况嘛，请允许我用我的身份证来担保他入住吧。""好，就这么办吧。"施经理略一沉思，下了决心答应下来。两位客人喜出望外，连声道谢，表示今后有机会一定再住天京大酒店。

施经理领两位客人到总台办完入住登记后，又给楼层服务台挂了个电话，向值台服务员介绍了那位新入住客人的特殊情况，请她特别多加注意。

【案例分析】

施经理对客人特殊要求的特殊处理，既拉住了一个重要客源，又确保了酒店安全无恙，合理合法。本案例实际上提出了酒店管理者和服务员如何在维护酒店利益的前提下，灵活运用遵守规章制度的问题，值得酒店同行思考。相关的例子是不少的。比如，酒店除了对少数了解熟悉、有信誉的客人，原则上是不予赊账的，但有时对有特殊情况且印象不错的客人，可暂允其赊账；住店客人进房时钥匙给同房朋友带走且身边未带住房卡，但服务员认得出客人，宜先开房让其进去休息；等等

【服务优化】

第一，施经理照顾的客人是一个熟悉了解的信得过的大公司总经理，此事的基础是稳妥可靠的。第二，公司总经理以自己的身份证担保客户入住的安全，并办理了有效的登记手续，就正式承担了相应的责任，有据可凭，有案可查。第三，施经理最后又请楼层服务员对新入住客人特别多加注意，再增加了一条保险措施，可以说是慎之又慎，万无一失。

案例 69　一拳袭来后的淡定服务

【情景描述】

某日晚上 6 时许，河南省国际饭店的大堂内灯火辉煌，宾客如云。总服务台的接待员小马正忙着为团队客人办理入住手续。这时两位香港客人走到柜台前向小马说："我们要一间双人客房。"小马说："请您稍等一下，我为这个团队办好手续后，就马上替您找空房。"其中一位姓张的港客说："今晚 7 点半我们约好朋友在外面吃饭，希望你先替我们办一下。"小马为了尽可能照顾这两位客人，于是一边继续为团队办手续，一边用电脑查找空房。经过核查，所余空房的房金都是每间 218 元的。他如实告诉客人。

此时那位姓张的先生突然大发脾气:"今天早上我曾打电话给你们饭店,问询房价,回答说双人标准间是每间186元,为什么忽然调成218元了呢?真是漫天要价!"小马刚要回话,这位姓张的客人突然挥掌向小马的脸上打去,小马没有防备,结果吃了一记耳光!他趔趄了一下,脸上变得煞白,真想"回敬"对方一下。但他马上想到自己的身份,决不能和客人一般见识,决不能意气用事,于是尽量克制,使自己镇定下来。接着用正常的语气向客人解释说:"186元的房间已经住满了,218元的还有几间空着,由于楼层不同,房金也就不一样,我建议你们住下,尽快把入住手续办好,也好及时外出赴宴。"这时另一位香港客人李先生见他的朋友张先生理亏,想找个台阶下,于是就劝张先生说:"这位接待员还算有耐心,既然如此劝说,我们就答应住下吧。"张先生见势也就软了下来。

小马立刻招手要行李员把客人的行李送到房间。然而当时从小马紧握着的那只微微颤抖的手上,可以看出他正在极力压抑着内心的委屈。在周围的其他客人都纷纷对那位先生的粗鲁行为表示不满,那位张先生一声不响地和李先生办好手续后便匆匆去客房了。

那位张先生事后深感自己的不是,终于在离店时到总台向小马表示歉意,对自己的冒失行为深感遗憾。

【案例分析】

客人张先生的所作所为肯定是不对的。而小马的表现是无可非议的。他既不还手,也不用恶语回敬。他懂得作为酒店的从业人员就是得理也应该让人,这样才会多留住两位客人,并让他们最后拥有一次愉快的住店经历。当然小马在客人突然袭击之际,自然感到委屈,这就需要克制自己,不与客人一般见识。小马的宽容举止很典型地体现了"客人总是对的"这句话的真谛。如果酒店员工都能从这个高度来要求自己,酒店的服务质量就可以产生质的飞跃。

【服务优化】

服务人员首先要尽可能地向顾客解释清楚,若还是碰到无礼客人,酒店应针对此类突发事件制订特殊培训计划。毕竟错不在服务人员,但顾客又是上帝,需酒店管理人员给予受委屈的服务人员一定补偿和精神上的安慰。

案例70　厕所文明不容忽视

【情景描述】

我国北方某城市一家二星级酒店，建筑外观还算不错，设备也算得上齐全。住在306客房的客人，清早起来发现室内卫生间的地面被马桶内漏出的水弄湿了，他叫服务员来收拾，而自己走下楼去大堂男用公共卫生间大便，一进去就闻到一股异味，便缸也冲得不清爽，他勉强地使用之后，找到一个大堂服务员，对厕所不卫生的情况提出了意见。服务员却回答说："卫生间总是有臭味的，我们酒店人手少，公共场所怎么照顾得过来！"客人听了之后更是火冒三丈，再去找酒店经理，谁知经理也是一样的态度，还是那句话："卫生间总是有异味的，怎么能弄清爽！"客人听了更觉得不是滋味，大声申诉说："你们这家酒店也算是星级酒店了，连客房内的卫生间都弄不好，更不要说公共卫生间了，真是岂有此理，我要向你的上级投诉，并且劝说熟人出差时不要住在你们这里！"

【案例分析】

"卫生间总是有臭味的"这句话听起来似乎不无道理，特别是酒店内大堂公共卫生间，进出人多，的确容易产生异味，然而正是因为有异味才需要有专人去打扫，管理者也应当经常加以督促检查。

该酒店大堂服务员和酒店经理用很不得体的话来回答客人的投诉，完全是不诚恳、不虚心的态度。看来这家酒店挂着星级招牌，在管理和服务方面均不合格。此外，酒店员工(包括管理者)平素也不注意酒店语言的使用技巧。

对一家酒店来说，清洁卫生的形象是很重要的。客人们一般对客房内的卫生设备和公共卫生间状况，都是很计较的。

【服务优化】

在我国，长期以来，厕所也好，卫生间洗手间也好，都被视为登不上大雅之堂的，其实这是人们的一种历史偏见。人们不论在家里或者外出，厕所是不可缺少的生活设施，人们往往把"脏""臭"看成是厕所的代名词，这是很不公正的。

现代生活中的事实告诉我们，厕所是应当不脏不臭的，而且也能够做到不脏不臭的，关键在于管理。只要有具体的制度，落实到专人勤加打扫就可以取得成效。广州市的酒店及城市许多公厕已采用微电脑控制冲水，并引进一批"绿房子"——移动公厕，在粪便器中溶了化粪除臭剂并加进了天然香水，自然芳香，异味全消。国家旅游局早在1982年前后两次召开省市旅游部门负责人会议，专门讨论厕所问题，并明确宣布：厕所文明不"达标过关"，不能称为文明城市、文明单位。

案例71　记住客人的姓名

【情景描述】

一位常住的外国客人从外面回来，当他走到服务台时，还没有等他开口，问讯员就主动微笑地把钥匙递上，并轻声称呼他的名字。这位客人大为吃惊，由于酒店对他留有印象，使他产生一种强烈的亲切感，旧地重游如回家一样。

还有一位客人在服务台高峰时进店，服务员问讯小姐迅速且准确地叫出："××先生，服务台有您的电话。"这位客人又惊又喜，感到自己受到了重视，受到了特殊的待遇，不禁添了一份自豪感。

另外一位外国客人第一次前往住店，前台接待员从登记卡上看到客人的名字，迅速称呼他以表示欢迎，客人先是一惊，而后作客他乡的陌生感顿时消失，显出非常高兴的样子。简单的词语迅速缩短了彼此间的距离。

此外，一位VIP随带陪同人员来到前台登记，服务人员通过接机人员的暗示，得悉其身份，马上称呼客人的名字，并递上打印好的登记卡请他签字，使客人感到自己的地位不同，由于受到超凡的尊重而感到格外的开心。

【案例分析】

学者马斯洛的需要层次理论认为，人们最高的需求是得到社会的尊重。当自己的名字为他人所知晓就是对这种需求的一种很好的满足。

在酒店及其他服务性行业的工作中，主动热情地称呼客人的名字是一种服务的艺术，也是一种艺术的服务。通过酒店服务台人员尽力记住客人的房号、姓名和特征，借助敏锐的观察力和良好的记忆力，提供细心周到的服务，使客人留下深刻的印象，客人今后在不同的场合会提起该酒店如何如何，等于是酒店的义务宣传员。

【服务优化】

在为客人办理入住登记时至少要称呼客人名字三次。前台员工要熟记VIP的名字，尽可能多地了解他们的资料，争取在他们来店报家门之前就称呼他们的名字，当再次见到他们时能直称其名。同时，还可以使用计算机系统，为所有下榻的客人做历史档案记录，为客人提供超水准、高档次的优质服务，把每一位客人都看成是 VIP，使客人从心里感到饭店永远不会忘记他们。

本篇章案例 48～53 资料摘自《酒店管理 180 个案例品析》(王大悟、刘耿大著，中国旅游出版社 2019 年出版)；案例 54～70 资料摘自《高星级酒店管理案例精析》(唐斌、江燕玲著，重庆大学出版社 2013 出版)。

第三篇章　客房服务与管理

案例 1

客人不在时，能为陌生访客开门吗？

【情景描述】

某日，客房服务员小张在 2117 房间打扫卫生的时候，听到走廊内有人叫服务员。

小张立即暂停手中的工作，快步走出房间。她看到对面 2118 房门口站着一位先生，手里拎着好多东西。小张微笑着迎上去，问候道："先生您好，请问有什么需要帮助的吗？"这位先生说："我朋友住在 2118 房。早上他打电话，让我把这些东西送来，并在房间里等他回来。你帮忙开一下门。"

"先生，请问您朋友贵姓？"小张微笑着问客人。

"怎么，不信任我？"客人用质疑的语气反问小张，并把手里提的东西往地毯上一放，从上衣口袋里掏出他的证件，伸到小张面前。

小张明白客人误解了自己的意思，但还是有礼貌地对客人笑着说："先生，您误会了。首先，我对您肯定是信任的。但是您的朋友住我们的酒店，这个房间目前的所有权归他，如果不经他本人同意，我们是无权为任何人开门的。您想，如果这个房间是您的，而在您不在的情况下，我们服务员听别人一说就把人放进房间，那多危险。"

客人听完小张的一席话后，脸上流露出了温和的笑容。他拿起手机拨通了朋友的电话，讲明情况，把电话递给了小张。客人在电话里说："小姐，谢谢你，我是 2118 房间的客人，叫李强。麻烦你把房间打开，让我的朋友进去，我马上就回来，谢谢。"挂断电话，小张对访客说："先生，对不起，请稍等，我马上核实一下，并拿房卡。"

小张借机打电话到总机，将刚才客人拨打的电话号码和李强这个名字，与 2118 房间的住客信息进行核对。小张确认无误后，就在最短的时间内返回客人面前说："先生久等了。感谢您的配合！"小张马上打开房门，并协助客人把东西提进房间放好。

来访的先生微笑着对小张说："小姐，酒店有你这样对工作、对顾客认真负责的员工，我的朋友在这里住，还有什么不放心、不满意的呢？谢谢你！”

【案例分析】

在客人要求开门时，小张请客人先征求其朋友的意见，这样做在征求住客意见的同时也得知了客人的身份。当然，这样一通电话还不足以证明住客的真实身份。小张借拿房卡之机再次向总台确认该房间客人的身份，就更加稳妥。

在整件事情的处理中，小张考虑得十分周到，同时对客人说话也比较有耐心、得体，赢得了客人的理解和配合。

【服务优化】

客房安全必须小心谨慎，未经过住客同意，客房服务人员决不可私自将访客带到客房，更不能随意为陌生客人开门，这是客房安全工作基本的要求。若住客本人不在又确需打开房门让他人进入，必须由住客事先出具书面声明或由总台与住客通过电话等方式确认，同时要核实好访客身份，做好记录。当然，本案例情形中，服务人员也可以建议来客将物品先寄存在总台，待住客回店后领取，特别是在无法联系上住客的情况下。

案例 2

客人不在时，访客进来了，能让他待着吗？

【情景描述】

某日早上，汇华酒店楼层服务员小吴在 1201 客房打扫完，刚要离开时，突然有一名男士没有打招呼就进了房间，倒在沙发上躺着。小吴怔了一下，回过神来想：“会不会是这个房间的住客呢？”小吴微笑地对他说：“这位先生，能否请您出示一下房卡，这样我才好放心离开。”男士说：“我是这个房间客人的司机。他让我上来休息一会儿。”小吴礼貌地说：“您好，能否请您说一下这房间住客的姓名，和您的名字，我来帮忙确认就好。”男士说：“他叫刘宇兴。我叫张自强。”小吴说：“好的，张先生，请稍等。我马上确认一下。”小吴打电话给总台，请总台与住店客人联系。但客人电话一时没接通。小吴抱歉地对男士说：“张先生您好，因为这个房间客人刘先生的电话暂时未接通，刘先生之前也没交代可以让人进来。我们未经他同意，暂时还不能让您进房间。这样吧，能请您在楼层沙发座稍作休息一下吗？总机一联系到刘先生，我就马上告诉您。”男士表示理解，先去楼层的贵宾沙发座坐着了。一会儿，总机打通了刘先生的电话：“刘先生，您好，我是汇华酒店总机小林。有一名张自强先生说是您的司机，要进您的房间休息。我们需征得您同意。"住客刘宇兴说："哦，对对，我忘了把房卡给他。请你们帮他开一下门吧。"总机小林马上回复小吴，已经确认住客刘先生的确同意让司机进房，并告知了司机姓名。确认无误后，小吴放下电话，礼貌地过去对男士说："张先生久等了，我们已经和刘先生确认好了。感谢您的配合，请您进房间好好休息，再见！"

【案例分析】

作为一名楼层服务员，不仅要为客人提供周到的服务，同时还担负着保障客人安全的职责。事情的经过看似简单，但却危机重重，如果马虎的服务员轻易相信了陌生客人的话，一时心软让其留在房间休息，就有可能使住客出现财物损失或人身危险。上述案例中的服务员小吴谨记酒店服务规程，在面对陌生客人时，不忘与之核实身份；并且也尽力为客人着想，为他提供可供休息的楼层沙发等候区，充分展现了其专业素质和服务意识。

【服务优化】

酒店必须将安全工作放在首位。服务员应该按照严格的规定层层把关，将住客安全放在首位。如遇住客朋友在住客不在时到访，应有明确的服务流程：当住客有提前交代时，让到访客人出示房卡(证件)，经过核对确认，才开门；当住客没有提前交代时，要礼貌地向到访客人解释酒店的义务与责任，请对方表明身份并出示证件，再通过总台与住客联系确认。在进行访客服务时，也应规范服务用语。因此，客房部需在岗位培训时做好情景训练，这样方能令服务员得体地应变。

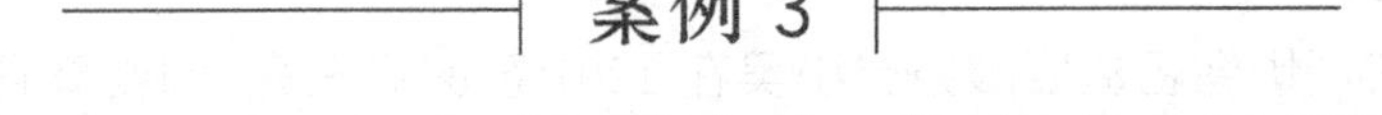

案例3

客人回来了，但没带房卡，能帮他开门吗？

【情景描述】

一天傍晚，服务员小陈正在主楼9楼进行开夜床工作，这时过道有名男士过来要求："小姐，开一下9012的门。"小陈说："先生您好，您没有带房卡么？"

"我不记得放在哪里了。我很忙，可不可以帮忙开下门？"男士不耐烦地说。

小陈说："先生，对不起，为了住客的安全，我需要核对一下身份，才能开门。"

"那我没有房卡，怎么办？"

"那可以出示您的身份证吗？"

宾客一脸无奈："麻烦，规定是死的，人是活的嘛！"一脸不高兴地从包里拿出证件。

小陈看一下证件说："张先生，谢谢您的配合！请稍等，我与总台核实一下。"小陈马上电话总台，经核对证件与登记信息无误，立刻把证件还给客人，并为其开门。小陈礼貌地道歉说："张先生，对不起，让您久等了，因为您是我们的客人，我有义务对您的安全负责。如果您的房卡实在找不到，可以随时携带您的身份证去总台补办一张。谢谢您的合作！很高兴为您服务，祝您入住愉快！"这时张先生也冷静下来了，理解了小陈刚才的谨慎是为自己着想，也对小陈表示了感谢。

【案例分析】

楼层服务员一定要把住客安全放在第一，并提供细心的专业服务。如果楼层服务员因怕客人不高兴或投诉，就轻易为其开门，则会给许多不法分子提供作案机会。上述案例中的服务员小陈在安全方面具备极高的警惕性，用耐心礼貌的言语进行专业的解释，安抚客人，并迅速高效地完成信息核对，让住客能很快进入自己的房间，既体现了自己娴熟的业务技能，也展现了高水平的服务意识。

【服务优化】

安全工作是一项坚持不懈、时刻不能放松的工作。酒店须将安全工作放在首位。服务员应该按照严格的规定层层把关，未经与客人核对能证明身份的房卡或证件，是不能开门让对方进房间的。遇到较急躁的住客，要礼貌、清楚地向客人解释酒店的安全义务与责任；如客人遗失房卡，可提醒客人携带有效证件至总台补办手续，以避免安全事故的发生。

案例 4　多加一条被子

【情景描述】

某日，前台服务员小王接待了来自北京的老客人刘先生和他的一位来自瑞士的外宾朋友艾瑞克。刘先生对酒店印象一直很好，在登记时不停地向艾瑞克夸赞酒店。小王按刘先生原来预订的房间 1012 进行入住登记，在登记时小王发现系统宾客档袋显示这位外宾艾瑞克曾经反映酒店的床很硬且每次都需要加一条被子，于是小王对艾瑞克说："您好，艾瑞克先生，您是否需要多加一条被子？另外，我可以帮您升级一下房间到 1206，那间的床铺非常软，您一定会觉得非常舒服的。"艾瑞克先生听到之后感到很惊讶，说："上帝啊，你怎么知道我的喜好？"小王微笑着说："您以前在我们集团另一家酒店入住过。我们的同事细心地记录了您当时提过的要求，所以我才能及时了解并为您提供更好的服务。"艾瑞克先生开心地说："大大的惊喜！非常感谢你们这么细心的服务！"小王笑着说："让您入住愉快，我们的工作才有意义。您可以先感受一下我推荐的房间，如果还觉得床很硬，可以通知我们服务员再加一层垫子。"这时一旁的刘先生也直夸酒店的客史记录做得好。艾瑞克先生也很高兴，并赞许说他会先感受一下。艾瑞克先生到房间试过之后，觉得床铺的软硬度非常合适，还特地打电话向小王再次说谢谢。

【案例分析】

在酒店员工看来这是一桩很小的并且每天都可能发生的事，但在客人看来却是酒店优质服务的一种体现。因此，做好客史档案的记录和共享，会对服务带来很大帮助。特别是集团化酒店，拥有更高效率的信息共享平台，员工只要充分学会利用共享信息，就能不断提高服务质量，让客人觉得酒店是在真诚、用心地服务。

【服务优化】

通过这则案例可以看出，在服务工作中做好客史的收集与记录、对客人的关注等细节，都会提高酒店的服务品质，留住老客人，得到新客人的认可，从而提高酒店的声誉和经济效益。因此前台部门在内部培训时，一定要注意做好管理系统中客史档案使用方法的培训。

案例5　失踪的火车票

【情景描述】

某日下午，楼层服务员小赵在布草间整理时，收到房务中心来电，说住在6116房的客人有东西不见了，需要帮助。小赵忙过去6116房，门开着，一对老夫妇正在房间里急得团团转，看到小赵来了，如见救星。老先生着急地说："同志，我们放在房间内的两张动车票不见了，那是明天早上我们返回上海的车票。"小赵帮客人在房间的桌上、床头等表面位置先细细查找，但一直未找到。老夫妇俩很是着急，老奶奶对着小赵直叨叨："我们不会用手机买。这是儿子特地帮我们取的票。这下丢了，我们也不会用手机看车次座位，儿子也不能办补票退票，还得去窗口。那可麻烦了呀！"小赵耐心地安抚老夫妇："二位不要着急。只要车票原来有在客房，肯定不会丢的。你们想想，还记得车票原来放在哪儿吗？"老奶奶说："我们特地用信封装好的，就放在桌上的提包里。

现在却不见啦。"于是小赵征得夫妇同意，又认真地检查了桌上的提包，在寻找时，小赵发现包中两张房卡均在。她怔了一下，因为房卡至少要有一张得插在门口取电槽内，房间才有电。小赵到门口查看了一下，发现插着的是一片撕下的厚纸，拿起来一看，是折起来的一部分信封。小赵拿给老奶奶看，老奶奶一拍大腿："想起来了，昨天入住房间时，我把信封撕了头插在那里……可是剩下的信封在哪儿，我想不起来了。"小赵想想，问老奶奶："您会不会将剩余的信封习惯性地当作废纸扔掉了呢?"但是房间今天早上已经打扫过，昨天的垃圾袋已经换新的了。两位老人家这么一想更急了："好像真的不小心扔了。糟糕糟糕，怎么办呀?"小赵赶紧安慰他们："别急别急，楼层垃圾还在，我去找找。"所有房间收出来的垃圾都长得差不多，不翻还好，翻开总是恶心的。但小赵耐心地一个个翻开来看，最终，在一堆脏乱的垃圾中帮客人找到了半截信封中的动车票。小赵细心地用新的信封装好送回给 6116 房的客人，老夫妇万分感动，在离店时，特地写了感谢信给酒店，表达对小赵的感激。

【案例分析】

保护客人人身及财产安全是酒店的头等大事，无论原因如何，当客人发现物品短少，酒店有责任和义务帮助客人寻找。

服务员小赵把工作做到最细处，不忽视每一个细节，在与客人的交谈中发现了问题，并在短时间内帮客人找到，这种以客人为第一、不怕脏的精神，是值得所有员工学习的。

【服务优化】

万事防患于未然。客房员工在打扫房间时，应注意观察房间垃圾桶内的垃圾，有无客人误扔进去的贵重物品或资料，若有物品暂时收起放入工作间，等客人回来时，注意询问客人是否需要。客人误扔有用的物品，是客房常见的现象，切不可不看就直接把垃圾袋换掉。因此客房部应加强服务员对客房清扫服务细节的培训。

另外，不能默许客人用其他自制物品代替房卡用于取电。房卡取电的目的，就是为了让客人离开时拿走房卡，房间会自动断电省电，特别是用电安全事故防范，避免人不在而电器运转过度或出现故障而引起事故。当发现住客没有用房卡取电时，应协助客人改用房卡，并耐心解释原因。

案例 6 椅子太软了呀

【情景描述】

一天下午，客房部棋牌室服务员小张在进来为客人提供添茶水服务时，无意间听到客人们的谈话。其中一位客人说："哎呀，这椅子太软了，我这腰扭伤还没好，坐这样软的椅子实在受不了，坐硬面板凳就舒服多了。"小张细想棋牌室提供的客椅均是软面椅子，要是能为客人提供一张硬面的就好了，于是立即向当班领班汇报了此情况。领班迅速从酒店其他部门借来了一张硬面板凳和一个靠垫。当小张把硬面板凳送来时，从客人眼里看到了赞许和感激。客人惊讶地说："哎呀，我这一说你就放在心上了，谢谢你！"小张下班之前，又把这位客人的个性化资料做了记录和交班，这样这位客人以后再来消费时，所有员工都会知道，能提前为他换上硬面板凳。

【案例分析】

小张是一位善于发现、细心的服务员，在遇到部门没有硬面板凳时能主动向上级汇报，及时采取有效的应对方案，为客人提供了方便，令他有更好的服务体验。同时小张还将这一情况做了交班，以便下次客人来消费时其他服务员能了解客人的需求，及时提供到位的服务，体现了其团队协作精神。

【服务优化】

棋牌室的顾客一般坐的时间都比较久，部门在配置家具时，桌椅的高度、椅子的坐感应认真选择，力求让客人久坐不累。或可配备可拆卸的椅垫，这样就可灵活控制椅子的软硬程度。

案例 7 麻将机"罢工"

【情景描述】

某一天晚上，客房部一间棋牌室的客人正开心地打着麻将，突然机器出现了故障：在洗牌的过程中，电机一直在空转。客人觉得很扫兴，非常恼火，叫来服务员小张："你们这什么机子，还好意思做生意?”小张迅速上前查看故障原因，同时礼貌地对客人说：“先生，实在抱歉，我马上检查一下机器，请您稍等。”但是客人不想等，还是很生气：“什么破麻将机，给我换一间新的重新算时间，不然下次我们就不来了。”此时小张已经打开机器的盖板，发现有客人的一个打火机掉进麻将机里了，从而导致机器故障。此时这位客人也看到了，知道是由于自己的打火机惹的祸，就不作声了。小张却当刚才的事情没发生，热情地对客人说：“先生们，不好意思，我修得太慢啦，让你们久等了。各位继续玩，我马上给大家添一下茶水。”客人们也顺着“台阶”下来，纷纷坐下又开始愉快地玩了。

【案例分析】

这是一个比较典型的服务案例，服务员小张巧妙地处理了一起客人的“投诉”。这件事处理这么迅速，是因为小张熟悉棋牌室麻将机的性能，并具备了排除麻将机常见故障的能力。同时在服务过程中，小张能把“对”让给客人，不让客人尴尬，注意讲话艺术和方法，做得非常好，使客人从不满意到满意，没丢面子。虽然表面不说，但这些客人一定对小张的情商和处理效率默默点赞。

【服务优化】

棋牌室的培训内容应包括：

1.茶水服务程序。客房人员在首次服务过程中，必须礼貌地向客人询问，是否需要提供后续服务。若需要，则至少每 30 分钟进入房间一次，为其提供茶水及清洁服务；若客人不需要，则至少每 30 分钟观察一次棋牌室动态。

2.麻将机的使用方法。客房人员在引领客人到棋牌室时，应礼貌地向客人询问，是否需要介绍麻将机的使用方法，并按客人需求提供必要协助后再离开。

3.麻将机的常见故障处理方法。这是非常有必要的，当机子出现故障后，客人是很难有耐心等待专业人员前来维修的。因此应教给员工对常见故障的处理技巧，让员工能在第一时间尽快修好机子，不让客人久等。

对于客人的失误，只要不是有意的，并没有造成重大损失的，并且客人自己也知道有错的，不妨帮客人“背锅”，维护客人的面子。这样高情商的“背锅”处理，反而能赢得客人的尊重和赞赏。

案例8 水洗还是干洗

【情景描述】

某日,1105房的客人在走廊上遇到服务员小汪,他对小汪说:“我房间有一包衣服,帮我把洗衣单填一下,衣服水洗。”

小汪爽快地答应了客人,并迅速来到1105房,洗衣袋里面装有一件衬衣和一件毛衣。小汪在填写水洗单前仔细地检查了一下,发现这件毛衣是纯羊毛的,不能水洗。但此时客人已经外出,无法当面与客人核实。于是小汪打电话向总台问到了客人的联系方式,并马上联系到客人:“刘先生您好,我是要帮忙您填写洗衣单的客房员工小汪。您的毛衣是纯羊毛的,若按您吩咐水洗会让衣服变形。所以和您确认,能否改为干洗?”客人刘先生回答:“哦,对的,我忘记这是件纯羊毛衣了。好的,就按你说的毛衣用干洗吧。感谢你这么细致周到的服务!”小汪愉快地说:“不客气,这是我们应该做的。”

【案例分析】

首先,服务员小汪未严格遵守客房服务程序,违规接受了客人代填洗衣单的要求,这样容易引起衣物误洗,产生不必要的纠纷。还好在操作过程中,小汪有较强的责任心,发现客人的吩咐不妥之后,能及时与客人再次确认,从而避免了一起衣物洗坏的投诉事件。

【服务优化】

客房服务员不应接受替客人代填写洗衣单的要求,而应婉转解释,请客人亲自填写,自己可从旁提供协助。在为客人开展洗衣服务的过程中要严格执行酒店的规章制度和服务程序,这是对客人衣物真正的负责。因为经常有客人的衣物十分昂贵,用料特殊,不能用常规水洗方式,请客人自己确认清洗方式,是最不易出错、最能保护衣物的。即使代客人填写洗衣单明细内容,也应该请客人过目确认,并一定要客人亲自签名,以做依据。酒店服务人员要有很强的工作责任心,真正理解服务流程的操作意义,严格按照程序操作,防止因疏忽大意而酿成错误。

客房在进行业务培训时,也应让员工认识不同面料衣物的正确清洗方法,并在收洗衣袋时,一定要检查实物与填写内容是否一致,所选清洗方式是否正确。当发现客人填写可能有误时,也能及时协助客人修正,避免引发纠纷,力保让顾客入住愉快。

案例 9　不要打扰我

【情景描述】

一天,1531 房客人入住时,与总台声明要求免打扰。总台随即告知客房房务中心,总机做了记录,并通知了楼层服务员小陈。小陈便一天未去打扰客人。第二天,小陈发现该房间的“请勿打扰”灯仍一直亮着,想着客人总需要把垃圾袋换一下吧,便在上午 10 点时请客房中心打电话询问客人是否需要打扫房间。结果客人回答:“不用,不需要。”就挂了电话。小陈看住客信息,知道这位客人是单身入住,感觉客人心情不太好,于是在 12 点时找了个借口,来到 1531 房门前,先礼貌地轻敲三下,见无反应,隔几秒再敲三下。房间里客人出声了:“是谁?”小陈忙微笑着说:“您好,我来给您添一下卫生纸好吗?”客人闷声闷气地说:“不用,你走吧。”一直拒绝开门。小陈心里更加确定这位客人状态不好,比较奇怪,马上将这一情况告知客房中心,客房中心才上报经理。经理联系了公安机关请求查一下客人是否有异常情况,结果发现 1531 房的客人因家庭琐事离家出走一天未归,家人很不放心,刚刚报了警。酒店得知此信息后,赶紧联系了当地派出所和客人的家人,让家人尽快赶来相聚,避免了客人过长时间独处发生意外。

【案例分析】

该案例中,部门第一天对该客人的状态不够重视,带有较大安全隐患:客房中心在接到总台关于客人要求免打扰的通知时,只告诉楼层服务员,没有上报管理层,是比较轻率的处理方式。而楼层服务员接到客房中心通知后当天尚未引起重视,只是将此房作为一般客房对待;晚班服务员也未及时上报“DND”房状况;早班在第二天未按程序上报各点和各部门经理。若该客人思想极端,第一天就做下不可挽回的错事,不管是酒店还是客人都深受伤害。还好第二天服务员小陈较快地发现了异常,及时试探和上报信息,经理处理得也及时,很快联系到客人家属,避免了安全事故的发生。

【服务优化】

对于单身住店,又长时间要求免打扰的客人,酒店应通知相关岗位人员,密切关注其状态,做到真正关心客人。客房应对此类型有标准服务流程:

1.客房中心在接到总台的通知后,应确认并做好相应的记录,在告诉相关楼层服务员的同时也要让负责领班及经理知道此事;

2.服务员在接到客房中心的通知时，应及时做好记录并上报负责领班确认；

3.房间“DND”超过下午两点，客房部必须通知大堂经理；

4.客人入住酒店明确提出房间要求“DND”，应通知安全部门到公安部门核实客人身份。

案例 10 退房后的钥匙管理

【情景描述】

一日中午，楼层服务员接到前台通知 1516 房间退房，于是前去查房。查房时发现已经无人无行李，遂通知清扫员清扫，并按程序将通限卡刷了一下，但没有注意门锁是否发出“嘀”的声音(表示刷卡成功，取消现有房卡权限。没有“嘀”声，表示现有客人房卡仍有权限开门)。

在清扫员打扫好房间，服务员检查后就报了 OK 房，将该房恢复为空房状态，继续接受新的入住。当晚，该房间有新的客人 B 登记入住了，结果新客人一到 1516 房，惊讶地发现房内有一位客人 A 在睡觉。两位客人都吓了一跳，然后都很生气，先是互相吵了起来，再叫来楼层服务员。服务员一看也懵了。值班经理匆匆赶来，一边安抚两位客人，一边赶紧让前台检查怎么回事。经过二十几分钟，前台终于查清，已经在房间的客人 A 是这两天在酒店参加公司会议的客人。会议于今天中午已经结束，当时会务组已通知总台参会客人房间全部退房，并承诺会在下午将收回的房卡统一退回总台。但客人 A 不知为何，并没有收到退房通知，以为还可入住到第二天离开，不知会务组已为其退房。同时会务组没有清点收回的房卡，交给前台时前台也没认真清点。客人 A 只有随身文件包，所以中午服务员查房时看没有行李，以为客人已经退房离开……一系列的乌龙最终导致了现状。最后，经理安排客人 B 入住其他客房；帮客人 A 补办续住手续到第二天退房，并免除一天费用。

【案例分析】

在这个案例中，酒店方操作过程中出现一系列差错：

1.楼层服务员退房时没有刷通限卡，前一位客人 A 还可以用原房卡开门进房间；

2.前台没有及时清点会务组的房卡收回情况，导致客人 A 没有交房卡回来又继续入住；

3.服务员没有对照房态留意楼层房间状况，没有及时发现差异房。

【服务优化】

楼层服务员在检查退房状况后一定要刷通限卡，并注意听“嘀”的声音，确认刷卡成功。如在操作中发现房卡故障，应及时向上级汇报，更换房卡，避免出现类似失误情况，保证客人的财产和人身安全。

前台在通知退房后应及时收回客人房卡，如由会务组代收与会客人房卡，要注意跟踪房卡收回状况，并与会务组仔细确认是否所有客人都退房，有无个别客人需延迟退房或续住的，做好相关记录，并及时通知总台。

楼层服务员应建立每班核对房态的工作程序，如有差异及时查出原因，确保房态正确。

案例 11　门锁没电了

【情景描述】

某日，723 客人王先生在外工作一天后，在晚上 11 点左右疲惫地回到酒店，但房卡一直刷不开房门。王先生只好按房卡上的酒店电话打给总机，让通知楼层服务员过来帮忙开门。结果当班服务员小郑过来用她的楼层卡也开不了。王先生累得直发脾气：“搞什么，你们酒店门锁就这质量？”小郑忙说：“对不起先生，您稍等一下，我和总台再联系。”总台从系统中检查，发现王先生和小郑的房卡权限都没有问题，也一时摸不着头脑。后来领班让行李员先送上来一把机械钥匙帮王先生先开门让他进去休息。王先生累得很，不洗漱就躺下了。才没躺一会儿，又听到敲门声。王先生很不耐烦地爬起来开门，原来是工程部值班员工老吴收到通知上来检查门锁。经检查，原来是门锁电池无电了，所以无法感应房卡。老吴换上新电池，房卡使用就正常了。王先生经几番折腾，也累得不想说更多话，看门锁好了，就关上门继续睡觉去了。

【案例分析】

此案例发生的原因包括：

1.白天的服务员在查房整理时，未检查门锁刷卡时显示的电量状况。

2.客房部没有制定关于门锁电量的检查和管理工作程序，对门锁电量情况没有相关记录和跟踪。

3.服务员明显看到王先生很累，应在王先生进门前，和他确认是马上来修锁，还是第二天再来修，以免影响客人休息。

【服务优化】

服务员查房时应增加门锁电量一项，刷卡时一旦发现红灯、绿灯一起亮表明电池电压低，应立即更换电池。

客房部应制定门锁电量检查工作程序，定期统一检查门锁电池电量，及时更换并做好相关记录。

案例 12　有头发丝的床铺

【情景描述】

2 月 7 日晚上 10 点左右，1105 房间入住了一位香港的王先生。因为旅途比较疲惫，王先生很快便洗了一个澡，然后掀开已经开好的夜床准备休息，却突然发现床单上有一根长长的头发丝，而且发现被子上有一根长长的头发丝，接着又发现床单有些皱。于是，王先生打电话给大堂副理处投诉说："我的房间里的床单皱巴巴的，而且上面还有一根头发丝，肯定是没有换过，请你们马上来处理。"大堂副理接到电话后迅速赶到 1105 号房，果然发现王先生的陈述属实，便对他说："先生，真对不起，我马上让服务员更换床单，并给您的房价打八折，您看可以吗？"王先生表示接受大堂副理的处理。

【案例分析】

客房是客人在酒店逗留时间最长的地方，也是其真正拥有的空间，因而对于客房的要求往往也比较高。有研究表明，客人选择酒店需要考虑各种要素，这些要素虽然对不同类型、不同层次的客人来讲各式不一或侧重不同，但是对客房清洁卫生要求甚高却是相同的。美国康奈尔大学酒店管理学院的学生曾花了一年时间，调查了 3 万名顾客，其中 60％的客人会因为客房卫生干净整洁而在入住期间心情舒畅、情绪稳定。客人对清洁卫生的关注表现在各个方面，其中最为关注的是与自己的身体亲密接触的设备和用品，如客房的客用品、杯具、酒水等。试想，如果你是一位客人，入住客房后，看到床上有毛发，甚至有污渍，床单皱巴巴的，你能够安然入睡吗？因此，酒店在服务过程中，应特别注意这类设备、用品的清洁卫生。

【服务优化】

案例中的王先生显然是一位经常住酒店而且十分关注酒店清洁卫生状况的客人。因此，当他发现床单上有一根头发，而且床单有些皱时，就自然怀疑服务员偷懒，未更换床单，认为觉得自己的利益得不到保证，因而向酒店投诉。对客人来说，床单上无论如何都不应该有头发丝，如有，就说明是没有达到清洁卫生标准的次品房。酒店应严格执行清洁卫生标准，加强客房服务员的培训，从一开始清理卫生时就做到标准化，同时楼层主管和经理在查房时应该特别注意细微的地方，发现不合标准的房间应该第一时间处理并建立相应的奖惩机制，以防止因类似的投诉而不得不给客人的房价打折，带来经济上的损失。服务员不要小看一根头发，它事关服务质量，事关酒店形象，客人对客房卫生的投诉往往是从一根头发开始的。

案例 13　好尴尬呀

【情景描述】

1月16日，821房间的客人李先生在酒店已住宿两天了。第三天时有客人来访，为了款待客人，李先生打开迷你冰箱，准备取出冰箱内的饮料请客人饮用。当李先生拿起两罐加多宝时，发现罐底已生锈，在冰箱里还留下了一圈圈的锈迹。拿起留言夹想记事，却发现铅笔无笔头。这两件事其实都让客人当场看到了，李先生极为尴尬，却也无奈。待客人走后，李先生很生气地打电话给客房中心反映了情况，服务员立即为李先生更换了加多宝和铅笔，并对冰箱做了清洁，同时向李先生致以真诚的道歉。

【案例分析】

加多宝罐底出现圈圈锈迹，说明此问题的产生已不是一天两天了。由此可以看出客房冰箱内是清扫的薄弱环节，往往不被注意，由于服务员没有经常擦拭检查，所以才出现饮料罐底锈迹斑斑的情况。留言夹上配备铅笔，原本是为了方便宾客，但铅笔无笔头，客人又怎么能使用呢？是提供了方便，还是增加了烦恼，看来是不言而喻的了。楼层主管查房工作不细，冰箱内的饮料长期没有检查、铅笔无头造成客人投诉，楼层主管也应对此负责。部门经理和楼层经理也应接受教训。

酒店与酒店之间在服务方面的差异往往体现在细微之处。对于基本的常规服务项目，每家酒店都能提供，但是否能做到位，则因店而异。当做到位时，客人的感受是物有所值；当做不到位时，客人的感受是大失所望。尤其当亲朋好友在场时，可能让客人颜面尽失，而这种面子将很难挽回。客人也可能因为顾及自己的身份而羞于启齿，不敢进行投诉，更不可能大发雷霆，只能简单地向酒店反映，在酒店员工真诚的道歉面前，有涵养的客人虽然表面大度的样子，嘴上说着“没关系，小事一桩，别往心里去”，但内心却默默地承受着委屈和不满。从表面上看，双方已经相互理解，可酒店很可能已经在未来失去了这一宝贵的客人。

【服务优化】

酒店客房服务员除了检查房间迷你吧的商品是否齐全之外,也应该定期做好迷你冰箱的清洁和消毒,为客人提供愉悦的使用空间。同时,楼层主管不单单局限于检查客房服务员是否将迷你冰箱的商品补充完整,更应该做好相关的日期登记,及时清理或更换长期未用的产品,确保迷你冰箱的摆放更能激发客人的消费欲望。

案例 14 请您醒来

【情景描述】

5 月 7 日,住在酒店内 1102 房间的吴先生在晚上 9 点临睡前从客房内打电话给店内客房服务中心,说:"请在明晨 6 点叫醒我,我要赶乘 8 点起飞的班机。"服务中心的值班员当晚将所有要求叫醒的客人名单及房号(包括吴先生在内),一共 5 间客房,通知了电话总机接线员,并由接线员记录在叫醒服务一览表之中。

第二天清晨快到 6 点之际,接线员依次打电话给 5 间客房的客人,他们都已起床了,当叫到吴先生时,电话响一阵,吴先生才从床头柜上摘下话筒。接线员照常规说:"早晨好,现在是早晨 6 点的叫醒服务。"接着传出吴先生的声音(似乎有些微弱不清):"谢谢。"谁知吴先生回答以后,马上又睡着了。等他醒来时已是 6 点 55 分了。等赶到机场,飞机已起飞了,只好折回酒店等待下一班飞机再走。客人事后向酒店大堂值班经理提出飞机退票费及等待下一班飞机期间的误餐费的承担问题。值班经理了解情况之后,向吴先生解释说:"您今天误机的事,我们同样感到遗憾,不过接线员已按您的要求履行了叫醒服务的职责,这事就很难办了!"客人吴先生并不否认自己接到过叫醒服务的电话,但仍旧提出意见说:"你们酒店在是否弥补我的损失这一点上,可以再商量,但你们的叫醒服务大有改进的必要!"

【案例分析】

叫醒服务的关键内容就是要将客人叫清醒。像上述案例中总机的电话没有将客人叫醒的情况时有发生,电话叫醒后客人又睡着了的情况更为普通。因此,叫醒服务一定要有信息反馈,一定要确认客人已经被叫醒,不致因此误事,否则可能会招致客人投诉。

【服务优化】

客人吴先生最后的表态，的确有一定的道理。理应受到客人所信赖的叫醒服务项目，该酒店却没有完全做好，至少可以在以下几点优化服务：

1.酒店应当确认，叫醒服务是否有效。当话务员叫醒客人时，应细心留意客人状态，如果觉得客人回答不大可靠，应该过一会儿再叫一次比较保险。

2.如果许多客房的客人要在同一时间叫醒，而此时只有一名话务员来负责的话，为了避免叫醒时间的推迟，应当由 2～3 名话务员同时进行，或通知有关人员直接去客房敲门叫醒客人。

3.最好在客房服务中心安装一台录音电话，将叫醒服务的通话记录下来，作为证据保存。录音至少应保存两三天，这样遇到客人投诉时便容易处理了。

案例 15　OK 房不 OK

【情景描述】

9 月 12 日，酒店 915 房间的客人离店了，服务员将房间打扫干净，楼层主管认可后按 OK 房报出。第二天，该房间又入住了一位任先生。当任先生有私人贵重物品想放入客房保险柜中时，却发现保险柜是锁着的，打不开，于是任先生找服务员要求打开保险柜。客房中心报保卫部后，由保卫部在有关人员在场的情况下，按程序将该房间的保险柜打开。保险柜打开后，发现里面不是空的，而是有一张机票和 1000 元人民币现金。虽然 915 房间的卫生是合格的，但是任先生仍然认为他入住的不是一间完好的 OK 房，出于安全和卫生的要求，任先生强烈要求更换房间。服务员将事情过程和客人要求上报给当班经理，经理亲自到来，向客人当面道歉，并马上协调，帮任先生更换了同楼层另一间客房。

【案例分析】

客房是酒店出租给客人的商品，既然是商品，它就有质量标准和质量要求。五星级酒店的客房必须保证它的产品质量，也就是说，房间内的一切都必须符合质量标准才可以作为完好房出租给客人。如果将不符合标准的客房出租给客人，就是损害了客人的利益，就会对酒店的品牌信誉产生不良的影响。

【服务优化】

必须全面认识客房产品的质量标准，必须保证出租的完好房是真正的“OK”房。

只重视卫生，怕检查罚款，只注意迷你吧，怕跑账赔款，是对服务质量检查的认识误区，是对产品质量标准的认识误区。

客人住高星级酒店是一种高层次的消费，追求的是一种高档次的享受，需要的是一种无缺陷的服务。因此，卫生好仅仅是满足客人的基本需求之一，客房的所有设施完好，客房服务员提供个性化服务，才能使宾客觉得入住高星级酒店物有所值。

OK 房是酒店产品质量的承诺，因此，服务员在清扫房间时不但要保证卫生达标，而且要认真检查客房设备设施的完好情况，如果发现其中某一项有问题，应立即报告楼层主管和楼层经理，及时报修或调试。服务员离开房间在做房表上签字时，应该保证此房间是一间真正的 OK 房。如果楼层主管、楼层经理检查出问题，或是客人入住后提出投诉就不是一间完好房，而是一间残次品房。因此，服务员应该增强工作责任心，坚持质量标准，树立品牌意识，并且真正认识到从自己手中出去的完好房应该是真正的“OK”，每一间 OK 房都和酒店的优质服务品牌息息相关，不能因为自己工作疏忽给酒店的服务品牌抹黑。

楼层主管和部门经理也应各司其职，哪一个环节出现疏忽，都会给酒店的产品质量声誉带来不利的影响。楼层主管尤其应该坚持质量标准，认真仔细查房，特别是对员工可能忽视的地方更应该仔细检查，以防疏漏。楼层经理和客房部部门经理也应进行抽查，加强现场督导检查，发现问题及时纠正解决，以防止残次品房出租给客人。每个人都应严格把关，每个人都要有责任心，每个人都应对酒店品牌负责。

案例 16　催了三遍的水

【情景描述】

一天晚上，客房服务中心文员小丽在 21 点 41 分接到 1026 房客人电话，需要给房间送两瓶水。小丽马上通知了 10 楼楼层服务员小罗给客人送水。小罗说：“我正在 8 楼打扫房间，小张还在 10 楼，你叫他送吧。”小丽刚要再联系小张，突然有电话进来，小丽忙先接听并处理。当小丽处理完，已经忘记了要通知小张的事，到了 21 点 49 分的时候，1026 房客人又来电催促了服务中心。此时小丽才想起这事，赶紧拨打小张电话，但电话未打通，小丽又因接到其他电话，再次忘记这事。直到 21 点 56 分客人最后生气地打电话来投诉，小丽才联系上小张将客人需要的矿泉水送到房间。小张不了解前情，很欢快地把水送到 1026 房，却毫无准备地被客人劈头盖脸地骂了好几句。小张很委屈,心里怨上了小丽。

【案例分析】

文员传递信息要及时准确,5 分钟内跟进服务是否完成。这个案例中最关键的失误环节就是文员小丽没有把接收到的客人要求及时处理好,反而频频忘记,还得客人再三催促。

【服务优化】

1.小丽应在电话中诚心向客人道歉,马上联系小张将两瓶水送至客人房间,并提醒小张再次代为道歉。

2.作为客房部案例在早会上告知员工,酒店一定要努力做到第一时间满足客人的需求,服务中心文员接到电话,应边听边记录下来,这样才不会出现忘记处理的失误。

3.给予当班文员小丽警告处罚。并告知所有文员,为客服务一定要及时通知,通知完之后 5 分钟,楼层没有反馈一定要打电话询问并在通话记录本上备注完成。

4.早中班做好交接,注意服务,避免二次投诉。

案例 17　裤子去哪里了

【情景描述】

近期是旅游旺季,酒店入住率特别高。楼层服务员小陈每天都要像陀螺一样转得飞快,才能勉强在下班前打扫完当天客房。当她打扫到 706 客人房间时,进了洗手间一看忍不住叹口气:又遇上一个不讲究的客人,用完的毛巾、浴巾、地巾到处乱扔。小陈用目光飞快地扫视一圈,心里就有数了,洗手间布草数量都够。她熟练地一转身就将扔在各处的布草都抱起,一股脑儿扔进布草车上的脏布草框中,然后手脚麻利地完成各项清洗消毒、擦尘、做床和物品补充等客房打扫步骤。打扫完 706,小陈稍喘口气,就立刻开始下一间客房的打扫……晚上,706 的客人荣先生一家回到房间,荣太太,说:"你们等一下洗澡,我去把洗手间里昨晚的裤子拿出来一下。"但她在洗手间东找西找,却没找到牛仔裤。于是荣太太致电服务中心说:"我放在洗手间里的一条牛仔裤丢了,是不是你们服务员拿走的?我要投诉。"服务中心当班的文员小范赶紧安抚客人:"荣太太您别急,我马上帮您调查一下。"小范立刻把荣太太的事告诉客房当班的曾主管。曾主管先通过电话,询问小陈。小陈很委屈地说:"曾主管您是知道我的为人的,我怎么会拿客人的东西。"曾主管冷静想了想,马上去洗衣房寻找,果然,在团起来的一包浴巾中找到了这条牛仔裤。曾主管亲自打电话至706房，告诉荣太太："荣太太您好，您的牛仔裤找到了。实在对不起，我们的员工将它和浴巾一起误收走了。这样吧，我们免费给您清洗好，明早帮您送回来，可以吗？"荣太太一听，马上想起，昨晚自己把牛仔裤和用完的浴巾扔在一起，因为太累了没收拾，把裤子浴巾一团就去休息了。既然裤子没丢，酒店又给了自己面子，还愿意免费清洗，荣太太自然没意见，很高兴地连声说"谢谢"！

【案例分析】

本案例中，虽然起因是客人自己把衣物和浴巾包裹在一起，从外表不易看出，导致忙碌的服务员直接一起收走。但服务员小陈自己也违反了工作流程，在清点布草时，没有拿起抖一抖，检查是否有包着客人其他物品，以免误收。布草中裹有其他物品，是客房并不罕见的情况。因此在本投诉中，酒店的确负有过错。曾主管本着"客人都是对的"的服务精神，从部门自身工作来找原因，并诚实向顾客认错，采取免费洗衣的方式，不但给了客人面子，还令客人深受感动。

【服务优化】

无论是打扫住客房还是退房撤布草时都需谨慎，认真检查。床单、被套、枕套、毛巾、浴布这些较大的布草，经常会不小心裹到一些客人的甚至客房的物品。因此在收拾布草时，都应抖开检查，这样不仅可以检查有没有包着其他东西，还可以及时发现是否有破损。

1.将本事件作为案例在早会上告知员工，并列入培训案例：打扫房间时注意不要将客人的衣物和脏布草混淆，脏布草巾要一条一条撤，床上用品要一床一床撤，浴袍需一件一件撤，勿将客人的衣物和脏布草混淆。

2.洗衣房在清洗布草时，应再做检查，一张张打开，确认无其他物品方可进入清洗环节。

案例18　咖啡不见了

【情景描述】

服务员小张今日负责7楼楼层房间打扫。当她在打扫711退客房时，看到桌角有半盒很精美的便捷袋装精品咖啡。小张想客人都退房了，这肯定是他不要的，那我就留着吧，丢了多可惜。于是将客人的咖啡收出来，下班后带到休息室，放在自己更衣柜中，想着以后中午休息时喝。结果，711 房客人并未离店，他只是换房到了另一间 902 客房。客人换到 902 房后，晚上回来时想泡杯咖啡喝，结果才想起来，忘记从原来房间带走，于是致电客房服务中心，请求帮忙把咖啡拿过来。服务中心致电当班楼层服务员小美，可是小美没有在交班记录和楼层工作间看到有该咖啡。服务中心又电话联系下班的小张，小张一时不敢说自己拿了，因为这是违反规定的，所以只含糊说："我有看到过半盒咖啡，但是当时太忙，没做遗留物处理进行登记，不过我应该也没当垃圾扔掉，就是一时忘记放在哪里了。"小美和当班主管又去工作间找寻，未果。他们再去垃圾房，想看看是否会在垃圾袋中。却发现小张没有在垃圾袋上贴房间标签，几十袋垃圾没法一一寻找。主管只好第一时间报告给了当班值班经理跟进，同时告诉小张这件事她负有一定责任。小张一听，害怕受到处罚，便赶紧回到酒店从自己更衣柜中拿出那半盒咖啡，交给主管，称自己不小心扔了，是在垃圾房找回的。主管见咖啡盒外表干净，暂不说什么，先马上送去给客人。

【案例分析】

本案例属于客服部楼层服务人员清洁打扫房间问题。首先员工小张未按照遗留物处理程序处理遗留物，出于私心自己拿走客人咖啡，是严重的工作失误。即使他谎称忘记放哪里了，这也属于工作失职。其次，小张未将垃圾袋贴标签，也属于未按照工作流程操作。只有及时将垃圾袋贴上标签，才能做到万无一失，即使误扔客人物品，也能在第一时间找回。

【服务优化】

1.员工在做房时，如遇到较为贵重的物品，应按遗留物处理程序，进行保存和登记，并做好交接班。如客人还在酒店内，则应马上联系把遗留物送还给客人。

2.该员工小张纪律意识淡薄，必须对其进行处罚教育，使其认识到工作流程的重要性以及违反工作流程的后果，做到下不为例。

3.作为案例在早会上告知所有员工要按照遗留物处理程序处理遗留物，同时员工下班与区域领班主管交接时要检查垃圾袋是否有贴标签，中班领班主管不定时到垃圾房抽查，对未贴标签的员工在早会上进行通报批评。

案例 19 用过的针头

【情景描述】

一晚,826 房间的客人王女士不小心把放在床头的发夹给扫到了床头与墙壁的缝里头。她试着推了下床,感觉自己力气还行,就动手把床移开一些,把发夹拿出来,但这时她发现在床垫与床头柜之间有一个用过的针头。王女士吓了一跳,客房怎么会出现医用物品,特别是针头,这令王女士产生了很不好的联想。王女士很生气地拨打电话投诉到总机:"我是 826 房的,这个房间内有用过的针头,我现在非常怀疑房间以前有住客吸毒,或者是有什么病,这个房间的卫生让人太不放心了!我没法再住下去!我和你说呀,我已经拍照留证了,你们赶紧来处理!"总机赶紧通知客房当班的丁主管。

丁主管迅速赶到 826 房,向王女士诚恳道歉,安抚她说:"首先我们真诚地向您道歉,这是我们没把细节卫生做到位!非常对不起!我们一定会给您满意的补偿。关于吸毒客人,我们酒店肯定是不会有的。因为酒店入住系统都有经公安系统监督,若有可疑顾客,我们都会在入住登记时及时发现,并马上处理,不让任何有危险的人进入酒店。"王女士说:"那这个房间我也不住了,谁知道以前住过什么人?"丁主管说:"没问题,王女士,您的心情我很理解。为了表达我们的歉意,我会向领导申请,给您马上换房,并免费升级为行政套房。"王女士这才点头同意。

丁主管在与王女士沟通时,也顺便发现桌上有几株多色小雏菊,插在一个矿泉水瓶中,便记在心上。他趁王女士收拾行李时,叫楼层服务员特地在新房间桌面上放上一束多彩的鲜花。王女士随丁主管来到新房间,首先看到桌上的多彩鲜花,脸上不禁露出笑容。丁主管帮王女士放好行李箱,微笑地说:"王女士您好,为了保证这间套房的卫生和安全,我刚刚让楼层服务员再次认真检查了一遍。一定没有任何问题,您请放心入住!"王女士挺满意,说:"好,也麻烦你了。谢谢!"丁主管说:"让您住得放心、舒心,是我们应该做的!如果有什么事需要帮忙,请随时电话通知我们。祝您入住愉快!晚安!"

【案例分析】

该案例体现出员工的工作细心程度不够,做完房间卫生时没有检查床底及边角,吸尘不到位。同时管理层不够重视复查工作,领班主管查房时,也遗漏了边角卫生。还好丁主管处置迅速得当,第一时间安抚好客人,并采取补救措施,让客人又对酒店服务开始满意。特别是丁主管细心地发现客人喜欢颜色亮丽的鲜花，主动为客人配了VIP级别的鲜花，令客人很开心，有助于缓和客人的情绪，使投诉事件顺利解决。

【服务优化】

除了丁主管采取的措施，此事还可增加以下步骤，并作为培训案例保存共享：

1.马上告知值班经理，让服务员重新打扫房间，并让领班主管查房。

2.严格培训员工"ABC做房程序"，按照标准步骤做房，避免做房过程中有些地方的遗漏。

3.早中班做好交接，注意王女士房间的卫生和细节服务，避免再次投诉。

4.以后再发现客房有针头出现，如为住客房，应马上关心客人，主动询问是否身体有恙需要帮助；如为退房，应如实记录上报。

案例20　房间有人

【情景描述】

一天晚上8点左右，中班服务员小陈去开夜床。她来到1212房间的门口，先敲三下门，说"客房服务员"，停3～5秒，再敲三下，再说一次"客房服务员"，房内一直没人应声，小陈就判断房内无人，于是刷房卡推门就进。结果一进门先看见一男客人坐在沙发上看电视，电视声音开得很大，这时又有一位女客人从浴室里出来没穿衣服，与门口的小陈正碰了个面对面，她马上惊叫了一声。小陈吓得赶紧把门关上离开，心慌意乱地上报了主管，问该怎么办。果然没过一会儿，1212房的客人就投诉了，当班值班经理及当班主管先迅速和小陈了解了经过，立刻去房间向客人当面道歉和解释，并送了一份水果。客人原以为是陌生人士乱闯进来所以很生气，听了经理解释，便清楚是一场误会。客人也通情达理，不再追究。

【案例分析】

这件乌龙事件，主要是小陈有两点没做好：

1.在开门时太快，若及时听到房内有很大的电视声，就应该再敲一次门后，在门口大声一点再报一次岗，让室内客人听到，经客人同意后再推开门进入。

2.小陈在报完岗快速开门进去后，看到了客人，因受到惊吓就关了门离开，未在门口马上给客人解释，导致客人以为是外人，对酒店安保和门锁安全起疑。

【服务优化】

服务员在任何情况下要进入房间都必须严格按照标准的敲门程序操作：

1.先看门口“请勿打扰”灯有没有亮，有亮就不进，没亮再敲门。

2.站于门镜前方，以便客人在室内观察。面带微笑，用食指或中指关节在门上轻敲三下，或按门铃一下，轻声报“客房服务员”，隔3～5秒再敲一次，再报一次。无人应答后，再拿房卡开门。

3.在开门时不能太快，应先只开一条缝约15厘米，能看到取电槽处，简单感觉和观察一下房内是否有人，再报一次“客房服务员”，如仍无人应答，再将门打开进入。注意不要猛烈推门。

4.如发现客人在休息睡觉，不要打扰，马上轻轻退出，把门轻轻关上。

5.如客人醒着在房间，应向客人问候，说明来意，征得同意后再进行工作。

6.遇到意外的突发情况，勿惊慌，马上对客人解释清楚并道歉。

7.与客人同时待在房间时，要把门全部打开。

本案例中，是员工没有严格按工作程序操作导致投诉，所以早中班要做好交接，部门近期内部培训时可作案例分享，提醒员工需特别注意开门的细节，防止类似的情况再次发生。

案例21　留在客房的粉饼盒

【情景描述】

7月27日早上，5楼楼层服务员小姜查退房，向客房服务中心上报526房间有遗留一个粉饼盒在房内，服务中心文员小蔡收到遗留物通知后第一时间报与前台，但此时客人已结账离开了酒店，于是酒店前台做了遗留物记录。7月30日该客人打电话到酒店，要找前几天她遗留的粉饼。于是前台打电话给客房服务中心，要求找出7月27日526房间的遗留物品。当天值班的文员小陈马上查看了遗留物记录，结果没有发现相关记录，她想了想，又去查找了27日的文员电话记录本，发现上面写着“今日526房间上报有一个粉饼盒遗留”。小陈马上联系那天上班的小蔡和小姜，经核实，小姜因没收到反馈，下班时看了一下粉饼盒里只剩一点儿粉饼，自认为客人不需要了，于是当垃圾丢掉了。前台得知此结果后，只好如实告诉客人，并向其道歉。客人虽然没再说什么，但明显从电话里听得出有点不高兴。

【案例分析】

对待任何遗留物品的态度应该严谨,具体应注意以下两方面:

1.员工任何时候对待任何遗留物均不能以自己的感觉去判断物品的价值,更不能自行处理遗留物。

2.若有遗留物,员工需及时上报服务中心,下班之前要与区域领班主管交接。

【服务优化】

1.值班经理第一时间联系客人,并向客人致歉。

2.根据部门规章制度,该员工按原价赔偿客人,引以为戒。

3.作为案例在早会上告知所有员工并加强培训,让员工明白何为遗留物(任何非酒店的物品均属于遗留物)及如何按照遗留物处理程序处理遗留物。

早班文员下班之前应与服务员确认遗留物并写好交接,楼层员工下班之前若有遗留物需及时写好遗留物单拿到办公室与中班文员交接,中班文员要与早班交接本核对,若核对不上的应及时打电话询问并做交接。

案例 22 能洗不能洗?

【情景描述】

午班服务员小范在晚上为 1219 房开完夜床后,顺便询问是否有衣服需要送洗。房间是一对夫妻客人王先生和吴女士,其中王先生说有衣服需要送洗,吴女士补充问:"衣服上的油渍能否洗掉?"小范说:"我得问一下洗衣房。"吴女士就说:"能洗能洗,这个很容易的,用洗涤剂泡泡肯定能洗掉。"然后她就拿了 3 件衣服,王先生看了看衣服,也没有说其他什么话,让小范拿走送洗。小范就把衣服送去了洗衣房湿洗。结果客衣送洗回来时,客人打开检查,发现有一件布料有点变形。客人拒不认账,说衣服本来好好的,也否认是自己交代小范湿洗,投诉酒店要求赔偿。

【案例分析】

在该案例中,员工小范没有按收取客衣程序收洗衣:一是没有在洗衣单上记录衣服油渍情况;二是没有当场检查衣服有无破损变形;三是没有如实填写洗衣单,并让客人本人签字。所以当纠纷产生时,就难以确认客人的责任,这样就只能由酒店方来承担后果。

【服务优化】

1.在早会上告知所有员工并加强培训，要按规定程序收取客衣，尤其要当面跟客人确认是否送洗，是干洗还是湿洗。

2.当着客人的面填写洗衣单，并要求客人确认签字，问清客人是付现金还是挂房账。

3.在工作中，要细心和用心，按照标准程序操作，避免失误。

4.让前台备注客史，下次入住收洗衣需注意，避免类似情况的发生。

案例23　忘记关房门

【情景描述】

一天晚上8点多，516房间的郑先生打电话到酒店总机，生气地质问："你们服务员打扫完房间为什么没有把房门关上？我刚刚回来发现门是开着的！如果房间有贵重物品丢失，谁来承担这个责任！"总机马上转告客房部，客房服务中心文员小张打电话询问早班服务员小陈，小陈回忆后说："今天要打扫的客房太多了，可能是我打扫完这个房间急着去下一间，忘记把房门关上了。"

【案例分析】

1.小陈没有按照标准做房程序打扫房间，没有认真完成最后一步关门。

2.领班或主管没有尽到查房的职责，使得第二道"防线"没起到作用。

【服务优化】

1.上报值班经理，对小陈和当天的领班主管，进行整体责任追究和处罚，并在早会上作为案例分析告知所有楼层员工，要引以为戒。

2.组织培训做房的各项安全规定。严格强调要按照标准做房程序打扫房间。进出房间需在报表上如实填写进出客人房间的时间，防止做完房间直接推车走人。

3.早中班做好交接，对516房间更加注意卫生和服务的细节，避免二次投诉。

案例 24　快来打扫房间

【情景描述】

一天中午，1120 房客人在 12 点 4 分致电服务中心小张，说："我下午有重要客人来拜访，请马上帮忙来打扫一下房间。"小张马上打电话给房务中心，转告客人此要求。房务中心联系了 11 层服务员小王告诉他 1120 房请求打扫。结果在 13 点 19 分，客人非常生气地向服务中心反映："我等了一个多小时了，怎么还没有服务员来打扫房间？我的朋友很快就要来了。"小张接到电话后，马上再次催促房务中心，提醒客人已经投诉。房务中心向小王询问，小王委屈地说："我今天才独立上岗，才做了几间。我怕跳去 1120 房后，就会忘记自己原来做到哪里了。我现在已经忙得满头晕晕的了。"房务中心赶紧报告给领班，领班立即协调，安排 10 楼一位老员工先赶去为 1120 房客人打扫房间。

【案例分析】

1.实习生小王对业务不熟悉，遇到困难一时也没想到求助，沟通不及时，造成工作上的失误。

2.房务中心文员在传达客人要求后，没有再追踪，导致没有及时发现小王的困难。

【服务优化】

1.房务中心接收到的任何信息要第一时间传达，并做好通话记录，以免遗忘，也有利于班次交接。

2.作为案例告知所有文员，为客服务一定要及时通知到责任人，通知完之后 5 分钟，楼层没有反馈一定要打电话询问，并在通话记录本上备注已完成。

3.员工工作中遇到困难，可能无法顺利完成客人的请求时，一定要上报领班或主管，请求及时支援，以免耽误客人事情。

4.早中班做好交接，注意 1120 房间的卫生和细节服务，避免二次投诉。

案例 25　遗失的手机

【情景描述】

2019 年 2 月 23 日，在酒店 1811 房间退房之后，楼层服务员进到该房间打扫客房，在客房打扫过程中，发现客人杨先生的一部手机遗留在床上，被枕套包住了。于是该服务员及时上报给了值班经理。值班经理联系到值班保安之后，根据失物招领程序，值班经理通过杨先生同室的刘先生的电话，联系到了杨先生。虽然杨先生描述的遗留物所有细节均符合，但是此时他本人已经抵达上海。值班经理按客人要求将手机用顺丰快递寄给杨先生，并请他查收快递单号。两天之后，杨先生收到了手机，打电话到酒店致谢，非常感谢酒店的贴心服务，并表示如果下次到福州，他的首选一定还是该酒店。

【案例分析】

在本案例中可以看到，楼层服务员发现客人遗失的手机之后及时上报给了当天的值班经理。在这一过程中可以看到，该酒店的楼层服务员并没有将手机据为己有，体现了酒店服务人员的专业素质；当接到通知之后，酒店的值班经理和值班保安根据失物招领程序及时联系到失主，在这一过程中反映出酒店值班经理用非常专业的标准操作程序来解决相关问题；联系到客人之后，及时将手机寄送给客人并请客人注意查收，给客人带去了最佳的入住体验。

【服务优化】

在这一过程中，可以进一步优化的服务是：当客人办理退房时应尽快去检查该房间的设施，因为查房时客人还未离开酒店，若当时发现手机，就可以及时当场归还客人。查房时一定要把布草都抖开检查，像枕头套信封边开口处，经常会发现客人小物品被包进去而忘记带走的情况。

案例 26　半夜热得睡不着

【情景描述】

客人张女士到前台退房，在等待办手续时，张女士向前台反馈，虽然已经是秋天，但房间还是太热了，酒店配备的是挺厚的羽绒被，房间中央空调半夜不知为何没有冷气，睡羽绒被越睡越闷热。她晚上都没睡好，只好半夜打电话给房务中心，之后工程部来检查后，重新开启了空调总机，房间温度才降下来。值班经理在旁听见，特地过来亲自向张女士致歉，并感谢客人的意见，表示会将张女士的意见反馈给管理层。经理同时特地留了自己的电话给张女士，邀请客人如下次入住一定告诉他，为了表示对此次事情的歉意和感谢，他会特地为张女士安排好房间，并给予贵宾升级。

【案例分析】

住店客人感到房间太热，酒店房间没有开冷气，越睡越热，由于是酒店空调系统与床上用品的问题，房务部一时之间无法解决，需要联系工程部重新启动系统才能够降温，因此花了一些时间，没有让客人得到良好的休息。为此，值班经理做出了相应的补救，立刻向客人表示歉意，感谢客人的提醒，并告知客人下次光临可以为其升级房间，从而避免了客人对酒店留下不良印象。

【服务优化】

在客人住店期间记录下客人的偏好，客人下次入住时，提前做好准备，给她更好的入住体验。工程部的同事可及时检查酒店的空调设备，调到最舒适的温度。

案例 27　椅子坏了

【情景描述】

接酒店总机通知，1203 房的客人赵先生反馈房间办公椅的头枕坏了。客房部马上向经理汇报，并提醒这种椅子的价格为 3803 元，是否要客人赔偿。值班的丁经理立即前往房间查看。赵先生对丁经理说：“你们这个办公椅很符合人体工程学，坐着很舒适，我每天会坐着靠在椅子上办公。但今天我靠着的时候，头枕突然断掉，害我摔倒了。你看，这头枕是塑料的，质量太不牢固了。”丁经理先询问了赵先生是否有受伤，赵先生表示无大碍。经过工程部以及丁经理现场检查，椅子除了头枕断裂并无其他外力破坏痕迹，头枕断裂处为塑料材质，按赵先生所述，他也是正常使用椅子，并无不当操作或者人为破坏。丁经理先试探着问赵先生：“赵先生，您好，是这样，因为椅子是在您使用过程中损坏的，所以可能得由您承担维修费用。”赵先生一听气了：“你这椅子质量不好害我摔倒，我还得倒过来负责，哪有这样的事？”赵先生明确表示不愿意支付任何赔偿费用。丁经理考虑到客人也是长住客，并且椅子自身的确有质量问题，便安抚赵先生说：“赵先生，请勿生气。这样吧，您也是我们的老顾客老朋友了，我向酒店汇报，这次由酒店承担维修费用。然后我马上先给您换一把椅子过来，不耽误您工作。”

【案例分析】

客人倚靠在椅子上办公，由于椅子质量问题客人失去平衡摔倒在地上，值班经理首先询问客人是否受伤，在得知客人并没有大碍之后，值班经理继续与其沟通。客人是正常使用椅子，并没有任何不当操作，酒店也考虑到客人是长住客，于是并未向客人收取赔偿的费用，希望客人下次入住能够有更好的体验。

【服务优化】

工程部应定期检查客房内的设施设备，以免因设备问题对客人造成身体损伤，如对本案例中各房间的办公椅头枕进行检查加固。在发生相关问题之后，酒店的员工要先站在客人的角度上解决问题。

案例 28　暖心的拖鞋

【情景描述】

有位客人沈先生预订入住一个星期，属于长住客。酒店会将长住客的信息分享给各部门服务人员，要求遇见长住客时，必须以客人的姓氏尊称并打招呼。客人入住的第二天上午，客房服务员前去房间为其打扫客房，服务员敲门后客人开门，客人来开门时是光着脚的，服务员看到此景，马上从工作车上拿了一双干净的拖鞋并拆好递给客人说：“沈先生，您好，您这样不穿鞋子踩在地板上很容易感冒的。”虽是简单的一句话、一个小的动作，却让客人感受到服务员像家人一样关心他，特别感动。第二天客人特地给这名服务员写了一封表扬信表示感谢。

【案例分析】

用心观察每位客人的需求，待客人如家人，让客人宾至如归。最简单的一句问候就能让客人在酒店感受到家的温暖。

【服务优化】

随时关注客人在店的一切情况，为客人提供个性化服务，如发现客人入住时有些感冒，可以在客人回房间前烧一壶热水；或者在天冷时及时询问客人是否需要添加被褥；或者根据不同年龄的客人提供不同类型的枕头等。

案例 29　被投诉的热心

【情景描述】

一位客人预订酒店入住 3 天，在入住当天致电宾客服务中心告知说在住店期间不要动他房间的空调。宾客服务中心接到信息后第一时间与客房部相关人员进行信息分享，当班人员也及时做好了交接本等交接工作。第二天的早会上，客房部主管也分享了此房间客人的特殊要求及其他注意事项，要求打扫房间的同事做好记录。当班服务员小吴在给客人打扫房间时，推开门发现房间特别闷，且不透气，她担心长时间这种环境会影响客人的身体及入住体验，于是决定先开一会儿空调给房间换换气，等房间打扫完再及时关掉。但小吴打扫完房间后却忘记关闭空调了。晚上客人回来致电宾客服务中心投诉："为什么我房间的空调是打开的？差点一进来就冷到感冒！"

【案例分析】

这个案例中，虽然服务员小吴是为客人着想，但她没有严格按照客人的要求去做。在客人没有特殊要求的情况下，按照以往的工作经验，遇到类似的问题大部分人都会像小吴这样热心处理，但当遇到需求比较特别的客人时（如本案例中客人怕冷），酒店却会因常规思维导致客人的投诉。

【服务优化】

客人提出的要求，酒店员工应该严格遵守，不要以自己的经验擅自操作。如果员工觉得有些事是我们可以为客人做的，可以先给客人写个留言条，征求一下客人的意见再做决定。比如在该案例中，小吴可留一个纸条，或请房务中心在客人回来后，向客人提议，征求客人意见。这样即使所提建议是客人不需要的，但客人也会因酒店的细致关心而感动。

案例30 "自动变满"的保温杯

【情景描述】

一日，楼层服务员林丽英打扫1330房间时发现客人床头放着保温杯和感冒药，于是在打扫房间的同时帮客人烧热水并倒在客人的保温杯内。在打扫完房间时林丽英看到阳台的椅子上挂着衣服，便到房务中心为客人配送了晾衣架，并在房间留言道："尊敬的客人，您好，保温杯内的水是重新烧开的，衣服也已经帮你用晾衣架晾好了，我们酒店大堂也有自动售卖药品柜，若有其他服务可拨打房务中心电话'6'，希望您能在三正半山温泉酒店住得开心。"当晚房务中心听单员接到1330华女士的电话："帮忙转达我的谢意，谢谢今天给我打扫房间的服务员，我住了很多酒店，三正的服务员最关心住客，谢谢她了，以后我会常来的。"

【案例分析】

这个案例充分体现了林丽英在工作中对客人的细心和给予客人之所需的贴心。林丽英帮客人备好热水后留言说明，这样客人回来就不会被吓一跳。虽然客人没主动提出要晾衣架，但客房得知客人需求便主动提供，这样比客人要求后再提供，更会给人暖心的感动。

【服务优化】

将此案例做培训共享，列入个性化服务的参考做法。

客房部并非所有的物品都会充足地放置在客房内，有的是放在房务中心，待客人需要时补充提供。但客人并不知道哪些物品是可以请求提供的，而且有的客人比较腼腆，不好意思提要求。所以酒店的员工如能细心主动地发现客人的需求，主动积极地向客人提供力所能及的帮助，就会让客人备受感动，留下美好的入住印象。

案例 31　黄金周的麻烦事

【情景描述】

十一黄金周期间，全国各地景区迎来一年一度的旅游高峰。A 酒店因为地处世界自然遗产地、国家 5A 级风景名胜区，五湖四海的游客纷沓而来预订入住。某天 17 点，A 酒店总台员工小李和小王正在有条不紊地接待着。此时一批团队客人在旅行社导游的带领下来到酒店总台准备登记入住，总台员工小李询问了导游所带团队名称和用房间数，并核对销售部所下订单无误后，按照规定程序进行了排房登记，客人领到房卡后也依次离开总台去客房。

过了 10 分钟左右，该批团队的导游和领队怒气冲冲地来到总台投诉，声称刚入住的客房内竟然每间都有行李，而且明显是已经有人在住的。总台员工小李顿时懵了，她一边安抚导游和领队，一边赶紧查看管理软件上的房态图，发现确实是安排的空净房，自己并没有排重房。于是她便告诉导游和领队没有其他客人入住该房间，导游和领队非常生气，要求酒店负责人给予合理的解释。这时小李也觉得肯定是哪个环节出现了问题，她通知房务中心叫服务员去现场查看，同时让同事小王马上通知部门经理到达现场跟客人沟通。不久，前厅经理赶到了总台，房务中心电话也打到了总台，这批刚入住客人的房间确实已经有人在住。此刻，前厅部杨经理意识到问题的严重性，她立即向客人道歉，并吩咐总台员工小李安排其他房间让客人入住。然而导游和领队表示不能接受，要求酒店给予他们一个合理的说法。

为了不影响其他客人的登记入住，杨经理现场电话请示了酒店领导，同意该批客人全部免费升级到价格更贵，楼层更高的客房，在店期间每天每间赠送一份精美水果。客人最后表示接受酒店的处理方法并要求酒店加强管理，不要再出现类似事件。

【案例分析】

经查，原来是总台早班员工在进行退房操作时，误将前一天入住团队的续住房间一并进行了退房处理，即同一个团队中部分客人离店但还有部分客人继续在住。早班员工下班时没有进行二次核对和账目梳理，也没有进行书面或者口头交接，中班员工没有接收到这个信息，就按照房态上显示的空净房进行登记安排，这是导致此次排重房事件发生的主要原因。同时，房务中心也没有严格进行二次手工报表核对，未能及时发现电脑房态跟实际房态的误差。

【服务优化】

1.严格执行房态操作程序。入住登记和退房结账做到准确一致,结合公安网系统的退房信息进行二次核对,避免出现误操作和漏操作现象。

2.加强交接班管理制度。对于各班次重要事项要进行书面交接,未完成或者需跟进事项要进行口头交接。各班次要认真阅读交接班内容。

3.房务中心的手工房态表要认真填写,及时进行房态更新,发现与电脑房态出现误差时要及时核实并查找原因。房务中心与总台要保持一天三次的房态核验。

案例 32　自燃的水壶

【情景描述】

某日凌晨5时许,A酒店各部门都处在宁静之中,各楼层的宾客们也沉浸在睡梦里。突然监控室响起刺耳的警报声,值班监控员李姐吓得一个激灵,立即起身查看消控设备,发现是客房1102房间烟感触发警报,于是她立即用对讲机通知值班保安前往该房间查看,同时用内线电话通知了总台和房务中心当班员工并要求,提醒客人是否需要帮助?然而得到当班人员的答复是该房间是空净房,于是一个大大的疑问出现在各当班人员面前。这时值班的保安人员也已赶到1102房间门口,在客房服务员的协助下打开了房门。映入眼帘的一幕吓到了保安和服务员,只见房间内浓烟弥漫,到处充斥着刺鼻的塑料烧焦味道,沙发旁的茶几上水壶还在闪着火花,手柄严重烧毁,茶几玻璃碎裂,值班保安赶忙拿灭火器进行灭火。所幸发现及时,客房内其他地方未引发火情,如果引燃地毯,后果将不堪设想。经查,原来是早班服务员在进行房间卫生清洁后误将水壶开关按钮按下,而水壶的电源又插在不间断电源处,导致水壶一直干烧,最终引发了自燃现象。对此,酒店在当日早会上对客房部相关负责人进行了严厉的批评,并责成相关部门做出事故处理意见,再次重申了安全意识和安全工作的严肃性、重要性。

【案例分析】

1.服务员操作不规范是导致此次事故的主要原因,水壶在清理后要处于关闭状态,确保干净、无垢、安全。

2.暴露出客房管理层的管理意识安全意识淡薄,三级查房制度落实不严谨的问题,服务员违规操作的现象没有得到及时有效的制止和改正。

3.客房设备摆放或者使用不合理。大功率常用电器接通在不间断电源上存在较大安全隐患。

4.采购物资质量存在问题。正常合格水壶干烧一段时间后应该会启动保护装置，自动跳停。

【服务优化】

1.加强员工安全教育，规范日常操作流程。

2.明确管理职责，做到“任务分派有条理，工作检查重程序，逐级监督抓落实”。

3.严把质量关，不管是卫生服务还是物资的采购，都应该符合相应的标准。

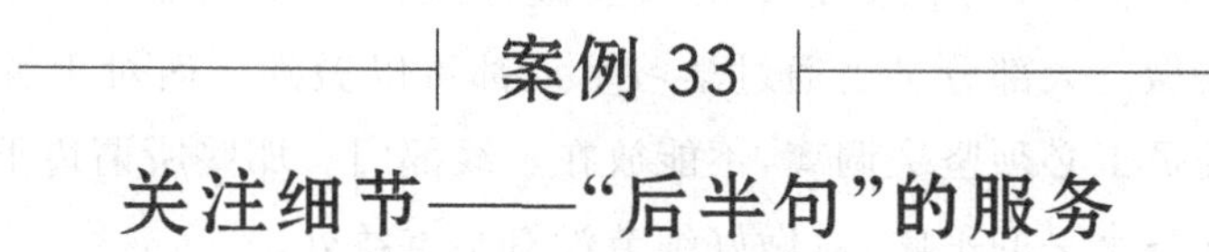

案例 33

关注细节——“后半句”的服务

【情景描述】

希尔顿酒店对员工执行服务流程时的细节要求很有独创性。如前台接待。客人问：“有房间吗？”如果没有怎么说？“对不起，我们最后的两间保留房已经售出了，很抱歉。”作为五星级酒店希尔顿的员工如果只说这句话，那他只说了一半。还有一半怎么说呢？应该说：“我给您推荐另一家酒店的两间客房，档次跟我们差不多，而且价格还低 20 元，要不帮您看看？”客人听到这话，能不要吗？接待员于是马上电话连线其他酒店的客房预订中心，直到把客人送上车。可以想象，客人即使没能在希尔顿酒店住下来，也享受到了希尔顿酒店员工热心细致的服务。这种出乎客人意料的服务一下子就激起了客人下次一定要住希尔顿酒店的欲望。细节最能抓住人，最能感动人。

【案例分析】

服务质量是酒店生存和发展的根本，尤其是个性化的细节服务最能打动宾客，它是酒店追求成功、出奇制胜的法宝。细节能看出一个服务员素质的高低，能检验酒店对客服务的水准，能判断一个酒店的成功与否。细节抓住了，优质服务就变得简单了。

【服务优化】

寻找细节主要有两条路径。一是重温过去曾经制订的经过时间检验完全正确、适用的流程细节。这些细节在日积月累的工作中慢慢变了形，或淡化，或丢弃，或搁置在一边，需要重新整理后编入程序中。这是一个温习的过程，费力也较少。二是在已保存的基础上继续挖掘寻找，有以下四种方法：

1.培养细节意识。员工的细节意识靠管理者培养,那管理者的细节意识呢?要靠自我学习和对酒店高度负责的态度。认识到了细节在优质服务中的作用和在当今酒店竞争中的重要性,管理者就应带着忧患意识投入到狠抓细节的工作中去。这种忧患意识不仅自己要有,还要通过各种途径、办法让全体员工都有。让他们从强制到自觉,从被动到主动,真正从思想上绷紧细节这根弦。

2.量化。有一家酒店硬性规定每个部门每月必须有1～3个服务细节出台,或者在已实施的细节中有新的亮点。这种看似强硬的做法其实很有好处,即强化部门和员工的细节意识,同时对提升酒店的整体细节服务有很大帮助。量化最终还是要用在一线员工身上。流程制定好了,员工照本宣科,熟练后再生巧,从规范中透出灵活,是量化所要达到的目的。

3.因人而用。细节工作需要心细的人去做,需要对工作充满热情的人去做,需要性情开朗的人去做。大部分员工通过学习培训都可以做到。而对于少数经过培训仍不能达到要求的员工必须坚决调离,不能放在一线部门。那些所谓边干边学的做法只能招致投诉或服务水平的平庸,对做好细节没有半点益处。

4.激励。激励主要是让员工多想、多做、做好。身处一线的员工深知客人在想什么、需要什么,在细节服务上他们也最有发言权。一些酒店花钱买员工的细节点子,对做得好的员工、受到客人赞扬的员工给予工资、职务或荣誉上的奖励,这些办法除对本人工作的激励外,更重要的也是对其他员工的激励。要在整个酒店形成一种想细节、做细节的氛围。只有这样,才能使酒店的服务质量大大提高,客人满意、酒店满意的双赢局面才会出现。

案例34　吹风机损坏该赔50元吗?

【情景描述】

早上,某酒店大堂总服务台前,一位女客人与正在办理退房手续的服务员发生了争执。这位手里拿着火车票的客人着急但好像又很无奈地对报务员说:“你们抓紧点,不就是50元钱吗?我给你们!”客人将50元钱递给了服务员后转身疾走,把总服务台的一声“小姐,您的50元发票”甩在身后。在进入出租车前,她撂了一句让大堂副理目瞪口呆的话:“不就是50元钱吗?说什么下次我也不来这儿了!”

原来,这位匆忙离店的客人在到总台结账退房时,查房服务员发现该客人住过的房间内吹风机按钮无法使用了，于是打电话到总台告知。按照规定客人应当赔偿200元。但这位客人认为吹风机不是她弄坏的，拒不赔偿，并投诉到饭店大堂副理处。10分钟后，大堂副理了解了情况，告诉总台服务员，仅仅是一个按钮坏了，赔偿50元就足够了。但客房服务员仍然坚持按照规定必须赔偿200元，最后经值班经理处理后总台服务员收了客人赔偿金50元钱。

【案例分析】

当这件事在办公例会上通报后，总经理在经理会议上提出了三方面问题供与会人员讨论：第一，吹风机到底是为什么坏的？第二，赔偿200元与50元的依据是什么？在紧急情况下，总台服务员处理类似情况有多大权限？谁在扯皮？第三，如果不让客人支付赔偿金的话，后果是什么？

针对这几个问题，有关人员在复查客房内吹风机后，发现上述客房内的吹风机按钮损坏，并不是客人的原因，而是设备上的原因。对此，饭店管理层提出了三点改正意见：一是按照客人登记的地址将50元钱邮寄给客人；二是将赔偿金额定为由总台说了算，客房服务员只提参考意见，赔偿不赔偿由总台人员酌情处理；三是对此类问题，只要投诉到大堂副理处，大堂副理可以全权解决，尽量让客人满意。

【服务优化】

酒店客房用品和设施损坏的赔偿较为复杂，在管理上应采取分类处理、尺度设置和适度授权方式。赔偿既要掌握原则，又要视情况灵活处理，切不可采用酒店单方面设定的格式条款。

1.低值用品，如客人否认，总台人员有权见机处理。

2.电器既不应原价赔偿，也不应在50～200元之间浮动，尤其是能修复的，应让客人支付修理费用。

3.大堂副理有权视客人在店消费额和信誉，免除客人某些赔偿责任。

案例35 客人要取遗忘物品

【情景描述】

盛夏的一天下午，上海某旅游研究机构的刘先生与一位同事因组织一个全国性会议入住山西太原一家大酒店508房间。由于代表报到踊跃，报名人数一再突破，使本已排满的客房压力骤增。于是几位会务人员决定采取“紧缩政策”，连夜搬出各自的标准房间，挤进一间套房凑合。由于当晚刘先生搬迁匆忙，把一双洗净的袜子遗留在客房卫生间里。当第二天想起后，他便直奔508房取袜子，正好房客不在，就只好请服务员帮忙了。当然他知道，现在他已失去该房主人的身份，要取回遗忘物品并不那么简单。不过东西还是要取的，顺便也想体验一下服务员是如何处理这个特例的。

他找到楼层服务员——一位朴实而秀气的山西姑娘，请她打开508房取样东西。只见她和颜悦色地点了点头，随即请他出示住房卡。他连忙向她解释了原委，说明自己是昨天入住的会务组工作人员。那姑娘表示知道这件事，接着她问清他要取的是晾在浴巾架上的一双灰色袜子后，便爽快地把他领到508房门口。当她打开房门后，刘先生试着想跟她进房，立即被她礼貌地制止，请他在门外稍候。接着她只身进房，很快从卫生间拿出一双灰袜子，问他是不是这双。他一边称是，一边连声道谢。那姑娘出来将袜子交到刘先生手中，只是平静地说了声"不用谢"，随即关上房门，道别后往服务台去了。

【案例分析】

服务员也完全可以循规蹈矩，拒绝为刘先生开房取物，请他等候房主回来后再来取。这样的处理原则上也没有错，完全合乎酒店规范，客人也无话可说，但缺点是给取物客人带来了不便。相比之下，还是上述处理方法更好。因为它抓住了酒店规章制度的精神实质，根据具体情况做了灵活处理。服务员在确认了取物客人的身份，又判断其不可能为一双普通的袜子"冒领"的情况下，亲自为客人开房取出遗忘物品，使其物归原主，这种做法是十分积极而稳妥的。

【服务优化】

酒店为了展现完美的客房服务，可尝试做以下三点：

1.服务员先请客人出示住房卡，以便确认其房主身份后再开门。

2.当她得知客人（会务人员）昨晚在客房遗留物品（普通的袜子）这一特殊情况后，并没有死抠住房卡不放，而是根据情况，站在客人的立场积极为客人排忧解难，去开门取物。

3.为了尊重客房主人，并保障他们的利益，服务员又很有原则地阻止了并非房主的客人进房；最后，当客人确认遗忘物品后，她便果断地将物品归还客人，既及时满足了客人领回遗忘物品的愿望，又符合酒店的有关规定。这样处理，每一个环节都合情合理而又无懈可击。

案例36　床头悬挂画框有隐患

【情景描述】

张先生因工作关系经常入住酒店。他有个习惯，临睡之前都要看一眼床头上方的墙上是否挂有画框，若有，就会取下置于墙边地上，这样才能安心睡下。因为他担心画框有可能安装不牢固，万一遇上震动，会有随时掉下来砸到自己的危险。即使被告知安装已十分牢固，但张先生还是没有安全感。

在床头上方悬挂画框虽然不多见，但少部分酒店还是有的，而对客人将画框取下之后的反应，这些酒店一线人员是不一样的。有的酒店的服务员会问客人：是不是怕画框掉下来？如果是，那就不挂了。有的管理人员对张先生的“床头上方不宜挂画”的建议十分重视，表示马上取下，改挂其他地方。而有的酒店一线人员似乎对此不以为然，到了第二天仍然将之挂上，也许还认为这位客人真是怪异呢！

【案例分析】

每个人都有自己的生活习惯，酒店的任务就是尽自己最大的努力来满足客人的需要。立即响应并满足客人的要求，这是酒店的服务宗旨所决定的，也是酒店员工的职责。优质服务的重要表现就看服务的细致周到、反应迅速、善解人意。满足了客人的这些要求，客人就会称赞；客人被感动了，不怕成不了回头客。

【服务优化】

客人“异常”行为的同一种表现，在不同酒店或不同的一线人员中反应却不一样。这里多少可以折射出员工对客人态度的不同，或至少表现出对客人“异常”行为的敏感度及反应能力的差别。由此，应注意以下三点：

1.对员工宾客意识的灌输应当常抓不懈。只有让员工时刻把客人装在心中，才可能对客人的异常表现去敏感察觉、细心揣摩，继而做出适时和适当的反应，以满足客人的特殊需求。

2.管理人员必须经常深入现场，倾听客人意见，了解员工的发现和反馈信息，对设施设备的改进、服务标准的修订做出及时的跟进。

3.管理人员应当允许和鼓励一线员工在规范服务的基础上，对有异常表现的客人给予个性化或特殊化的处理。某些问题的处理需要一定的权限，这就要求管理人员必须给予适当的授权和放权，以增强一线人员对宾客服务的主动性和反应能力。

案例 37 关系客户的打折要求

【情景描述】

2012 年 11 月 23 日晚上 10 点左右，某酒店前厅接待处迎来一位叫史密斯的外籍客人。“先生，您好！请问您有什么需要吗？”还没有等客人开口，接待员就微笑着用甜美的声音询问史密斯先生。“小姐，你好！我是你们酒店老总的朋友，我想问一下如果今天我住在这儿是不是可以给我一间特价房啊？”史密斯先生问道。“先生，真的不好意思。我现在暂时还没有接到这样的通知，所以我现在真的没办法帮您办理特价房。”接待员无奈地说。“什么？难道你怀疑我是故意来讹诈你们酒店的吗？我告诉你，这么多的酒店我都没去，直接上你们这儿来就是给你们老总面子，现在我居然连要求打一点折的权利都没有了？”客人生气地说。“先生，请您消消气。事实并不是您想象的这个样子，我真的没有接到通知说老总的朋友今天要来住店，而且我是真的没有权利在无任何依据的情况下就给客人打折的，请您谅解一下。”接待员试着耐心地解释，但客人根本就听不进去，继续大声吵闹。大堂经理闻讯赶来，先将史密斯先生引领到大厅坐下，并给他递上一杯热茶，请他稍微休息了一下，大堂经理了解了事情的大概过程后对客人说：“史密斯先生，不好意思，请您先消消气，听我给您解释。我们没有怀疑您不是老总的朋友的意思，而是我们的接待员真的没有接到任何通知，根据酒店规定，我们是需要确认一下的，但是我们老总恰巧今天坐飞机出国去了，我现在也暂时联系不上他。或许老总通知了别的部门，或是留下相关信息或留言，我们马上帮您核实一下，请您稍等下。还有一种可能性就是老总临时有事走得太急忘记通知下面的人，也许他明天一早会通知我们的。请您放心，只要是老总的朋友，我们一定会给您一个满意的价格。要不您看这样行不行，我们先为您办理入住登记，让您先入住休息，等待明天我们联系上老总，您看行吗？”大堂经理微笑着问道。“好吧，就先这样吧！”客人无奈地说。

第二天大堂经理接到老总的电话说他的一个朋友要来酒店住，让大堂经理给他的这个朋友打个折。大堂经理问“那位客人是不是史密斯先生”，老总说“是”。于是大堂经理把昨天的事告知了老总，老总感到对朋友照顾不周，但自己又赶不回来，于是叫大堂经理代替酒店向朋友致歉。当天上午大堂经理提着新鲜的果篮来到史密斯先生的房间，向他表达深深的歉意。

【案例分析】

本案例属于酒店客房部房价管理中的影响客房定价的因素问题。客房定价的目标有追求利润最大化、提高市场占有率、应对和防止恶性竞争以及实现预期的投资收益等。客房定价应围绕定价目标进行,此类目标也是影响客房定价的主要因素。

【服务优化】

在本案例中,大堂经理的处理方式较合理。在客人生气时先让其坐下消消气,然后再慢慢跟客人解释,最后想出让客人先登记入住的办法。如果这个客人真的是老总的朋友,这么做是帮老总弥补了一个过失,没有得罪朋友。而如果此人与老总并不相识,无非是争取一个优惠价或在朋友面前有面子,那么第二天结账时,给他一个普通的常客优惠价,客人也会很乐意地离去。

案例38 一份寄出去的真情

【情景描述】

3月寒冷的一天,在参加完酒店部门员工的培训后,服务员小骆刚回到楼层,同事就告诉她有位张先生请她到1113房去找他。

下班后,小骆敲开了1113的房门。开门的是一位40多岁的男子,小骆觉得他很面熟,却又记不起他是谁了。客人一见小骆便说:“你是骆小姐吧?谢谢你帮我将裤子寄到北京,你的服务真的很周到。这次过来,就想专门感谢你。另外我本来还想住九楼,可惜没房间了。”

这时小骆才想起,两个月前,洗衣房送回903客人送洗的裤子时,客人张先生已经退房了。服务员小骆知道他很珍爱这条裤子,因为在送洗之前他特意说过这是好朋友送的。还说要住几天呢,可只住了一天,张先生就走了,客人走得这么急,一定是有急事,要不为何连珍爱的裤子都忘记带走呢?客人来自北京,而且是第一次来衡阳,下次还不知道什么时候再来,怎么办呢?小骆决定按照住宿单上的地址,将裤子寄给张先生。在邮寄裤子时小骆还附加了一张卡片,祝他阖家幸福,工作顺利。于是就有了开头的那一幕。

张先生接着对小骆说:“那天我因有急事走得很匆忙,回家后才发现裤子不见了,我都不记得遗失在哪里了,正心疼不已,没想到却收到这份意外的惊喜。这次我到衡阳出差顺道来谢谢你。这是50元,请你务必收下,就算作为邮费的补偿吧。”小骆并没有收下钱，微笑着对张先生说："这是我应该做的，是我分内的事情，不应该收您的钱，您今天能再次入住我们酒店就是对我工作的最大肯定。欢迎您再次光临华天大酒店！"

【案例分析】

本案例属于酒店客房部个性化服务问题。对于酒店服务，现在业界普遍认为是一种即时服务，也就是一种与客人面对面的服务，当客人离开酒店时，服务即宣告结束。但事实上，对酒店来说，除了做好面对面的即时服务，售后服务也很重要。

【服务优化】

本案例中由于客房部的小骆提供的出色服务，使得衡阳华天多了一位潜在客户甚至是忠诚客户。售后服务做得到位，是使满意客户转变为忠诚客户的有效措施。国内著名的小天鹅集团公司，就售后服务有一个重要的公式，即 1∶25∶8∶1。也就是说，如果小天鹅公司服务好 1 个购买了小天鹅产品的客户，这个客户就会把这种好的信息传达给他周围的 25 个人，而这 25 个人当中又会有 8 个人做出购买小天鹅产品的欲望，并最终会有 1 个人购买小天鹅公司的产品。这个公式告诉我们，如果服务好了一个客户，就会带来一个潜在的客户。因此，酒店服务除了酒店实施，还要根据客人的要求把服务延伸到酒店之外，这不仅是服务的要求，也是市场的要求。

案例 39 巧妙的推销

【情景描述】

阳光明媚的一天上午，南京金陵酒店前厅部的客房预订员小王接到一位美国客人从上海打来的长途电话，想预订两间每天收费在 120 美元左右的标准双人间客房，并且 3 天以后开始住店。

小王马上翻阅了一下订房记录表，回答客人说由于 3 天以后酒店要接待一个大型国际会议的多名代表，标准间客房已经被订满了。小王讲到这里并未就此把电话挂断，而是继续用关心的口吻说："您是否可以推迟两天再来，要不然请您直接打电话与南京××饭店去联系询问如何？"

美国客人说："南京对我们来说是人地生疏的城市，你们饭店比较有名气，还是希望你给想想办法。"

小王暗自思量以后，感到应该尽量不要使客人失望，于是接着用商量的口气说：

"感谢您对我们酒店的信任，我们非常希望能够接待像您这样尊敬的客人，请不要着急，我很乐意为您效劳。我建议您和朋友提前来南京，先住两天我们酒店内的豪华套房，每套每天收费也不过 280 美元，在套房内可以眺望紫金山的优美景色，室内有红木家具和古玩摆饰，提供的服务也是上等的，相信你们住了以后会满意的。"

小王讲到这里，故意停顿一下，以便等待客人的回话。对方沉默了一会儿，似乎是在犹豫不决，于是小王开口说："我猜想您并不会单纯计较房金的高低，而是在考虑这种套房是否物有所值，请问您什么时候乘哪班火车来南京？我们可以派车到车站来接您，到店以后我们酒店一定派人陪您和您的朋友一行参观一下套房，再决定也不迟。"

美国客人听小王这么讲，倒有些感到盛情难却了，最后终于答应先预订两天豪华套房后挂了电话。

【案例分析】

本案例属于酒店客房部门中的预订业务管理问题。酒店客房预订业务管理通常包括接受预订、确认预订、拒绝预订、候补预订、核对预订、取消预订、变更预订以及超额预订管理等。接受客人预订是酒店前厅部一项重要的任务，有利于提高客房利用率。

【服务优化】

本案例中的小王在促销时已掌握所谓的"利益诱导原则"，即让客人的注意力集中于他订房后能享受哪些服务，也就是将客人的思路引导到这个房间是否值得甚至超过他所付出的。小王之所以能干，就在于他不盲目引导客人，而是用比较婉转的方式报价，以减少价格对客人的直接冲击力，避免使客人难以接受而陷入尴尬。小王的一番话使客人感觉自己受到尊重，并且小王的建议是中肯、合乎情理的，在这种情况下，反而很难回答"不"字，终于达到了饭店积极主动促销的正面效果。

案例 40　合理的解释

【情景描述】

某日，接待员 Matthew 接到住在 2518 房客人丁先生的电话。"你好，我想问一下我这个房价是不是通过艺龙网络预订的，房价是否为公司协议价，为何双人间只赠送单人早餐？""我们酒店的房价政策是赠单份的早餐，如果要加一份早餐需另加 60 元人民币。"Matthew 耐心地解释道。"一份早餐 60 元太贵了，我也是经常住五星级酒店的，不要以为我什么都不知道！这样的事还是第一次遇到，你们酒店要给我一个合理的解释！"丁先生愤怒地说。

"先生，请您先不要着急，这其中一定有什么误会，请您听我慢慢解释，好吗？"Matthew 态度谦和地说。"那你倒是解释解释！""丁先生您享受的正是艺龙公司的协议价，根据我们酒店对入住客人的调查，一位客人的入住比两位客人的入住要多得多，所以我们酒店的房价应市场的需求分为单早价格和双早价格。如果以单早的价格入住，外加一份早餐需另加 60 元人民币，如果丁先生您下次是一个人入住的话，若赠送双份早餐，您就多付了一份早餐的钱。因此我们酒店是从客人立场出发来制定房价的，让入住的客人有多种选择，希望您能理解。"听着服务员耐心周到的解释，丁先生觉得有道理，于是就没再追究。

【案例分析】

本案例属于酒店客房部客人投诉及处理问题。对客人的投诉要认真听取，勿随意打断客人的讲述或胡乱解释。此外要注意做好记录，包括客人投诉的内容、客人的姓名、房号及投诉时间等，以示对客人投诉的重视。

【服务优化】

本案例中的酒店应该将酒店政策告知入店的客人，尤其是那些一个人入住双人间的客人。如果酒店早一点告知客人这个情况，也许就可以避免后面的问题。虽然没给酒店带来多大的影响，但客人对这个酒店的第一印象就会大打折扣。根据近几年的酒店市场调查可以知道，现在出差的人大多是一个人。因此，根据市场的需要，有些酒店的客房价格会做出相应的优惠，入住率就会有一定的改变，这种行为是正常的。

案例 41 深夜醉酒的客人

【情景描述】

某日凌晨两点左右，北京某大饭店的电梯在 15 楼停住。"叮当"一声门开了，一位客人踉跄而出，喃喃自语："喝得好痛快啊！"并且口里喷出一股浓烈的酒气。这时巡楼的保安员小丁恰好走近 15 楼电梯口，见到客人的言语模样，小丁断定这位客人是喝醉了，连忙跑过去扶住他，问道："先生，请问您住在哪间房？我看您是喝多了，我送您回房间吧。"好在客人神志还算清醒，从口袋里掏出 1517 房的钥匙牌，小丁便一步一步把客人扶进房里。他把客人放在床上躺下休息，并泡了杯醒酒茶，将内有塑料袋的清洁桶放在床头旁。客人开始呻吟起来，小丁赶紧把客人稍稍扶起，将拿沏好的茶“喂”客人喝，同时安慰客人说：“您没事的，喝完茶躺下歇歇就会好的。”然后他又到卫生间弄来一条湿毛巾敷在客人额上，说道：“您躺一会儿，我马上就来。”随后小丁退出房间，将门虚掩。一会儿，小丁取来一些用湿毛巾裹着的冰块走进了房间，用冰毛巾换下客人额上的湿毛巾，突然“吐”地一声，客人开始呕吐了。说时迟，那时快，已有准备的小丁迅速拿起刚才的清洁桶接住，让客人吐了个畅快，然后轻轻托起客人的下颚，用湿毛巾擦去他嘴边的脏物。小丁坐在床边又观察了一会儿，发现客人的脸色渐渐地缓和了起来，就对他说：“您好多了，好好睡上一觉，明天就没事了。”他边说边帮客人盖好被子，在床头柜上留下一杯开水和一条湿毛巾，又补充一句：“您若需要帮忙，请拨 15 楼层服务台。我们的工作人员会马上赶过来的。”然后他调节好空调，取出垃圾袋换上新的，轻轻关上门离开了。小丁找到楼层值班服务员，告诉她醉客的情况，并请她每过 10 分钟就到 1517 房门口听听动静。天亮时，辛苦值勤一夜的小丁眯着一双熬红的眼睛，专程跑来 15 楼的值班台了解情况，得知醉客安然无恙才放下心来。最后又让值班服务员在交接班记事本上写道：“昨夜 1517 房客醉酒，请特别关照！”

【案例分析】

本案例属于酒店客房部个性化服务问题。保持个性化服务需要员工具有高度敬业精神和良好的职业习惯。而高度敬业精神和良好的职业习惯需要酒店有一套行之有效的激励机制。

【服务优化】

本案例中的保安员小丁突然遇到客人酒醉，首先毫不犹豫地伸出援手，及时保护了客人的健康安全，避免了可能发生的不测，这种急客人之所急的高度责任心值得赞扬。其次要保护好客人的健康安全，保安人员还必须具有娴熟的服务技巧，才能在紧要关头临危不乱，救护有方。小丁突遇醉客，能沉着镇定，井井有条地独立实施救护，达到最佳效果，这说明他平时训练有素。最后，帮人到底，救人救彻底。小丁将醉客安顿好后，继续交代值班服务员定时观察，又于天亮后跟踪了解，并交代接班服务员“特别关照”，这种认真的服务态度、严谨细心的工作作风，尤为难能可贵。

案例42　遥控器可以“减肥”

【情景描述】

于先生因工作需要常年出差在外，有一次，他入住台湾某星级酒店。进房后，他躺在床上，习惯性地把手伸向床头柜，想拿电视机的遥控器。他摸了半天也没摸到，一抬头，发现遥控器放在电视机上，于是，他便起身去拿，并躺回床上。当他拿起遥控器一按，发现电视机没有图像，于先生想当然地认为电视机的电源开关没开，便又起身去开，当他再按遥控器时，电视机还是没有图像。于先生记起床头控制板上还有一个电视机的电源开关，便弯腰打开电源。当又一次按下遥控器时，忽然记得刚才自己动过电视机的电源开关，便再次起身去打开电视机的电源。等他回到床上再按遥控器时，久等的图像终于显现，但于先生已没有了看电视的兴致。于先生索性走下床，在整个客房转了一圈后，打电话找来客房部经理，开始诉说客房的种种不是。虽然于先生有点生气，但是后来他又开玩笑地说了一句：“经理，老于我虽然有啤酒肚，但是还不至于通过你们的遥控器给我减肥吧？”听完这话，原本脸涨得通红的经理忍不住笑了，并对于先生保证一定会将房间的布置加以改进。

【案例分析】

本案例属于酒店客房设备的问题。客房部是酒店为客人提供服务的主要部门，酒店是以建筑物为载体，通过为顾客提供住宿和饮食取得经营收入的行业，其中客房部所提供的住宿服务是酒店服务的一个重要组成部分。

【服务优化】

本案例中的于先生所遇到的情况是目前大多数酒店的现实情况，这类现实情况确实带给客人种种不便。实际上，类似的情况还很多，如沐浴液、洗发液远离浴缸，香皂远离脸盆等。这充分说明许多酒店在“隐性服务”方面的欠缺，也说明酒店追求的只是设施设备的拥有，并不在乎设施设备是否方便客人使用。这种没有充分考虑客人需要的服务肯定难以令客人满意。

案例 43　洗衣引起的诉讼

【情景描述】

在某四星级酒店里，一清早服务员小王来到 910 房间查收洗衣。小王先轻轻敲了一下门，说："我是服务员，来收洗衣。"房内那位住客大声回答了一句，由于门的阻隔，服务员没有听清客人在说什么。在门外等了 10 分钟，仍没有动静，因为担心没按时收洗衣服会被经理批评，服务员来到工作间打电话给 910 房询问客人。客人一接电话，生气地说服务员打搅了他休息。中午 11 点左右客人起床后，就向楼层主管就今天的事情进行了投诉。

【案例分析】

本案例属于酒店客房部人力资源管理中的客房员工的素质要求问题。提高服务质量，首先要提高员工的素质，包括服务意识的培养、职业道德的教育、企业文化的熏陶、管理制度的灌输、专业知识以及技能技巧的培训等。

【服务优化】

本案例中的酒店为了保障服务质量，制定各种服务规范是必要的，服务员应严格执行。但是服务员在执行时应明确这些规范是定给服务员执行的，不是定给客人执行的。服务员在执行规范时切忌生搬硬套，影响客人休息。正确的做法应该是：如果客人正在休息，就不要打搅客人，可暂不查洗衣。但应多留意客人的动向，客人一旦起床，再及时查洗衣。如客人起床很晚，错过了查洗衣时间，而客人又要求洗衣，则应提供个性化服务，与有关部门协商做特殊处理。

案例 44　突遇客人夜游

【情景描述】

夜深人静，客人们都已休息了，楼面静悄悄的。客房部服务员小张正在值夜班。他按规程在楼面巡逻，不时地来回走动。凌晨 2 时许，忽然，一声门响，只见 1212 房门打开了，一位日本客人双目紧闭，两手摸着墙一步一步朝前移动。

小张见状走上前去，想询问客人是否需要帮助，刚想开口，突然停住，暗自想道："这位客人的行动很奇怪，不像是盲人，难道是夜游症患者?"心中念头一闪，小张赶紧停止询问，他先打电话报告夜班经理。将事情向经理汇报后，小张放下电话后，蹑手蹑脚地跟随着那位夜游客人，心想万一发生险情可及时抢救。客人慢慢地挪动着脚步，小张轻轻地紧随其后，心情很紧张。大约 10 分钟后，经理来到该楼层，见状也跟在梦游客人的后面。时间一分分过去，约半个小时，客人在楼层摸索了一圈之后，慢慢地摸进了 1212 房，关上房门。小张和经理看到客人安全回到自己的客房后，松了一口气，经理吩咐小张时刻注意该客人。在以后的几小时中，小张始终注意 1212 房的动向，以免客人夜游症再次发作，发生意外。早晨 6 点，交接班时间到了，小张向接班的小朱交代了夜半发生的事情："小朱，昨夜 1212 房的日本客人出来夜游，幸亏没出什么意外，你要多多留意这位客人的动态，看是否需要帮助。"交代完了后小张迈着轻松的步伐回家了。

【案例分析】

本案例属于酒店客房部人力资源管理中的客房员工素质要求问题。客房部的管理人员必须对员工进行多种形式的、长期的、系统的培训，同时帮助员工获得发展的重要途径。除此之外，根据不同的问题总结经验。

【服务优化】

本案例中所反映的是这一类事情：一个普通服务员的灵活机动、随机应变能力，对提高服务质量十分重要。设想一下，如果小张不善于随机应变，走到夜游客人身边，发出问话。"先生，需要我帮忙吗?"客人被突然的干扰惊醒，一下子便可能昏厥倒地，后果不堪设想。如果小张没有认真的服务态度，不采取保护措施，客人也许因为夜游不慎摔倒而发生意外。所以提升服务能力，树立良好的服务态度，是服务员最重要的素质。

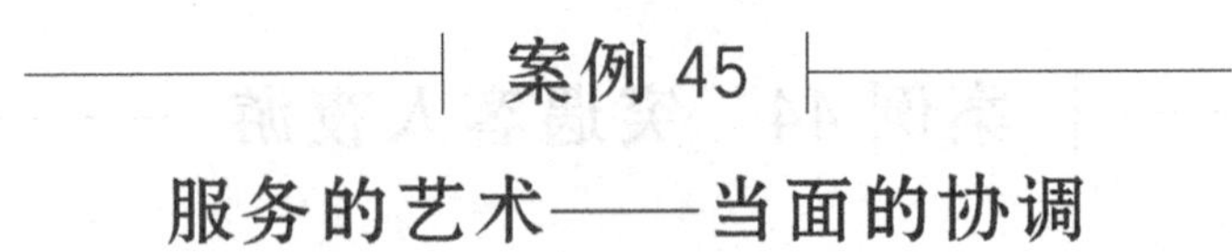

案例 45

服务的艺术——当面的协调

【情景描述】

1998 年 7 月，香港来的王女士下榻当地某四星级宾馆，入住在 1408 房间。晚上，王女士回到房间,发现空调坏了,于是打电话要求客房部派人来维修。客房部派服务员小张来负责处理此事。小张知道 1408 房的空调暂时修不好,而且现在宾馆已无空房,怎么办? 他一边走一边想。来到房间,小张先认真查看空调后,告知客人,空调已坏,诚恳地向王女士道歉;然后,当着客人的面跟总台通话,强烈要求给客人调换房间。总台服务员回答说没有空房可供调换,小张一再恳求,未果。接着小张又打电话到工程部强烈要求立即修理空调。工程维修人员解释说这个空调某部件坏了,一时难以修好。小张把情况一边说给王女士听,一边强烈抗议要求维修部立即想办法,言辞异常激烈,强调"要为客人的健康负责"。小张的这一番努力,让王女士非常感动,对小张说:"先生,谢谢您为我操心,您别为难了,给我加个电扇就行了。"小张抱歉地说:"那好,先给您加个电扇,一有空房我们马上给您调房。谢谢您对我们工作的理解!"于是,小张马上给客人加了一台电扇,就这样处理好了这一棘手的问题。

【案例分析】

本案例属于酒店客房部门中的客房服务之贴心服务的问题。客房部服务员在服务过程中,要主动为客人提供方便,及时满足客人的要求。

【服务优化】

本案例中服务员小张注意到了客人的情绪和心理,把事情处理得非常巧妙。小张明知空调暂时不能修好且无空房可调,但并没有简单地把这些情况直接告诉客人,请求客人的谅解,而是当着客人的面努力争取客人的利益,使客人亲眼看到真实情况,并亲身感受到服务员对她的真诚关怀。小张随机应变的举动,使客人看在眼里,暖在心头。客人虽然所争取的利益渺茫,却得到了一种心理上的满足,从而大度地谅解了宾馆。

案例 46 潮湿的床单

【情景描述】

2012 年 4 月 2 日凌晨,下榻某酒店的加拿大旅行团领队约翰先生打电话给客房部经理,投诉房间的两张床铺均是潮湿的,好像有人故意在上面倒了许多茶水,根本无法睡觉,要求酒店做出解释并说要追究责任。经过经理现场察看,客人反映的情况属实。深入调查了解后发现,4 月 1 日白天,约翰先生随团外出游览,下午回到酒店,进房时床铺是完好的。下午 5 点 30 分以后房间钥匙他一直随身携带,只是到了晚上,该团有4名团员一直在约翰先生的房间聊天至次日凌晨。据调查证实,4月1日是西方国家的愚人节,此事系该旅行团4名团员与领队开玩笑所为。针对上述情况,酒店方面立即采取措施,给客人更换房间,使客人能尽快休息。另外,酒店就此事所造成的损失向该加拿大旅行团做出了索赔的决定。

【案例分析】

本案例属于酒店客房部门中处理宾客投诉的问题。我国《民法》有关条款规定:公民法人违反合同或者不履行其义务的,应当承担民事责任。公民、法人由于过错侵害国家、集体的财产,侵害他人财产、人身的,应当承担民事责任。当事人一方违反合同造成损失的,应当及时采取措施防止损失扩大。没有及时采取措施以致损失扩大的,无权就扩大的损失要求赔偿,因此酒店上述索赔要求是十分合理的。

【服务优化】

本案例中的酒店与旅客之间存在着一种合同关系,一旦合同成立,双方就要履行各自的义务。酒店有责任向旅客提供完善的服务和服务设施,有权要求旅客爱护店内一切设施和财物。旅客由于故意或过失损坏了酒店的设施和财产,酒店有权要求旅客恢复原状或者折价赔偿。酒店如果因此遭受其他重大损失的,有权要求旅客赔偿损失。如旅客损坏了客房内的家具或其他设施,以至于该客房不能马上使用的,则侵害人就应该赔偿该房间不能使用期间的相应损失。而酒店则应尽快使房间恢复到可以使用的状态。旅游者必须遵守所在地有关法规,尽管约翰先生等系外国人,但在华期间所涉及的具体事务应按中国现行的法律、法规处理。

案例47 遗漏的必需品

【情景描述】

2012年7月某日晚上9点左右,经过一天奔波的陶先生入住了马来西亚某星级酒店。"先生您好,请问您有什么需要吗?"还没等陶先生开口,一个甜美的声音就已经传到他的耳朵里。"你好,我想在你们酒店入住一天休息一下,麻烦你帮我开一个房间吧!"劳累的陶先生回答道。"好的,先生,请您稍等一下,我帮您办理入住手续。"服务人员亲切地回答道。

不一会儿,陶先生就入住了房号为8209的房间。陶先生一开始很满意,因为服务人员的态度很好,办理的时间也不长,不愧是星级酒店。进入房间以后,陶先生觉得口有点渴，想喝水，可是却发现房间里没有矿泉水，陶先生心想算了，都这么晚了。于是他又来到浴室想刷牙然后休息，却又发现浴室里竟然连牙刷也没有！陶先生实在是忍不住了，就很生气地给客房部打电话："你们的服务员是怎么搞的？房间里没有矿泉水也就算了，浴室里竟然连牙刷都没有一个！"陶先生生气地问道。当班接待员说："很抱歉，先生，我们马上派服务员给您补上，请稍等。"客人很不高兴地说道："你光道歉有什么用，马上给我送过来。"随即便挂断电话。当班接待员立即打电话到房间供给部说明情况。

【案例分析】

本案例属于酒店客房部客房物品配置以及如何对待客人投诉的问题。这些跟一个企业的企业精神是分不开的，企业精神是以情服务，用心做事。酒店的服务人员给客人提供个性化、亲情化服务是建立在满足物质需求和精神需求基础上的一种升华，如果连客人最基本的必需品都满足不了，又何谈用心做事呢？

【服务优化】

本案例中的酒店客房部服务员在为客人清理房间的时候应该备的东西却没有备，很简单的一点却使顾客产生不满，使酒店之前做的努力全白费，这就是"100－1＝0"的道理。另外，我们常讲"细节，细节，还是细节""检查，检查，还是检查"，员工工作的同时要注意细节问题，而管理者在检查工作的同时更要注重细节，管理的一半是检查，没有检查的管理就是畸形的管理。我们做任何事情，不管对谁，都不能偷工减料，任意省略。换一个角度思考，假如自己是客人，在住酒店的时候要什么没什么，连最基本的东西都没有，那我们会有什么样的感觉？在工作当中还要增强换位思考的意识，时刻把客人的利益摆在第一位。

案例 48　挑剔的客人

【情景描述】

一位台湾客人入住江南的一家宾馆。行李员帮他把行李送进客房刚刚退出，服务员小汤便提着一暖瓶开水走进房间。她面带微笑，把暖瓶轻轻放在茶几上，主动询问客人："先生，您有什么事需要我做的吗？"台湾客人说："小姐，请给我一条毛巾。""好的"。小汤满口答应，马上出去，一会儿便用盆子端着一条干净的毛巾，来到客人面前，用夹子夹住毛巾，递给客人说："先生，请用。"没想到客人却很不高兴，责备道："我不要旧的，我要没有用过的新毛巾！"小汤心里虽然一愣，却不动声色，即对客人表示："对不起，我给您拿错了。"说完便出去换了一条新毛巾来，客人这才满意。台湾客人给自己泡了一杯茶，由于他喜欢喝浓茶，就用两袋茶叶泡一杯茶，并打开闭路电视，一边喝茶，一边看电视。茶喝一会儿后再加些水味道就会变得稍淡些，他又用剩下的两袋茶叶另泡一杯。当他觉得茶味又变淡时，发现茶叶没有了。于是，客人打电话给楼层服务台，请服务员再送一些茶叶来。小汤很快就拿了几包同样的茶叶送到客人的房间，没想到客人大为不满地抱怨道："我不要这种绿茶，我要喝浓一点的红茶！"这时小汤心里虽然觉得很委屈，但她丝毫没有流露出来，再次向客人道歉说："对不起，我又给您拿错了。"接着又去换了几包红茶送了过来。此刻，客人很受感动，他发觉自己刚才两次对服务员发火实在是太过分了，不由连声地向小汤道谢："小姐，谢谢你！"脸上露出了愧疚的神色。

【案例分析】

本案例涉及的是酒店客房部门中工作人员的素质问题。服务人员在服务中应始终坚持"客人永远是对的"这句饭店服务的座右铭，并认真执行。

【服务优化】

本案例中，从换毛巾到调茶叶，可以看出这位台湾客人是一个爱挑剔的客人。小汤却周到、细心地"侍候"好了这位爱挑剔的客人，表现了其充分的耐心、足够的心理承受能力和无可挑剔的服务质量。这是服务员拥有的一种很高的素质和修养，难能可贵。无论是新、旧毛巾之别，还是红、绿茶之分，客人一次又一次地无端指责小汤，这对小汤确实是非常不公平的，而小汤却能自觉地承受委屈，用自己的委屈换取客人的满意，这正是服务员应努力达到的一种高尚的服务境界。我们十分赞成国内一些酒店服务中开展"委屈奖"的评比活动，小汤获得"委屈奖"是受之无愧的。

案例 49 morning call 的预订

【情景描述】

住在泰国曼谷酒店内 1102 房间的周强先生，一天晚上临睡前，想预订一个 morning call。他找到床头的酒店指南，拨打了客房部的电话。一个温柔甜美的声音传来："先生，请问有什么能为您服务的？"周先生说："明天早上，我要赶乘 8 点起飞的班机离开曼谷，希望你帮我预订一个 morning call。"

值班员李丽回答道："好的，先生！我马上联系前台为您预订。"客房部的值班员将客人姓名、房号以及要求告知了前台。

第二天清晨6点之际，前台值班员打电话给周先生，周先生按时起床，赶上了飞机。

【案例分析】

本案例属于酒店客房部与其他部门的沟通合作问题。作为一个星级酒店，不仅仅要求每个部门要尽到自己的职责，还要注重酒店各个部门之间的沟通，只有这样，酒店的整体服务质量才能提高。

【服务优化】

本案例中的morning call原本是属于酒店前厅部的工作，但是当酒店的客人向酒店客房部提出morning call预订时，客房部的工作人员并没有推脱，而是主动为客人提供前厅部的服务，尽量满足客人的要求。该酒店的客房部人员将被动变为主动，既能让顾客满意，又提升了酒店的服务质量。

案例50　借来的手机充电器

【情景描述】

2012年4月6日晚，肖先生入住了韩国新世界星级酒店9106房间。由于自己的疏忽，肖先生把手机充电器遗落在了计程车上，恰巧又赶上自己的手机快没有电了，于是就给客房部打电话寻求帮助。

客房部的服务员听了9106房客人的描述后，就向其他人借了一个充电器送到了肖先生房间。但是过了一会儿，肖先生又打来电话说手机充电器在充电的过程中被烧坏了。于是服务人员又去肖先生那把充电器拿回来，帮拿到工程部去修，结果因充电器内部多根电线被烧断，无法修复。

得到这样的答复后，服务员只能向客人说抱歉了。看见客人失望的表情，服务人员心想他的手机中断了信号，如果有什么商务信息或与家人联系都将会成为问题，于是就打电话到商务中心，为客人又一次借来了相同型号的充电器，送到客人房间。客人对此很感激，一再表示感谢。

【案例分析】

本案例属于酒店客房部中的个性化服务问题。为客人提供个性化服务不仅是提高客房质量的重要途径，而且是未来酒店发展的趋势。

【服务优化】

本案例在对客服务中，按照常规服务而言，服务员能做到这种水平，客人已经相当满意了。但每当面对一件事情时酒店就应该思考，怎样才能提供让客人满意甚至惊喜的服务，尤其是当客人提出了服务需求后，怎样提供变被动为主动的服务。仅仅满足了客人提出的需求，只能让客人满意；只有为客人提供了超出期望之外的服务，才能为客人创造惊喜，才能给客人留下津津乐道、难以忘怀的记忆，才能提升酒店的形象。

案例51 重要的废纸

【情景描述】

在北京某四星级酒店的客房部里，作为酒店实习生的小陈正在清扫一间客房。小陈看到客人的行李已经全部收拾好，整齐地摆放在行李架上，便开始去收拾垃圾。她看到床头柜上有一张皱巴巴的便写纸，就自认为是客人不要的废纸，于是顺手将其丢进了垃圾袋。下午，那个尚未离店的客人急匆匆地找到小陈说："小姐，你有没有看到一张记有电话号码的小便利纸贴？那个电话号码对我很重要。"小陈一听就傻了眼。"对不起，我马上去找。"小陈边说边来到工作车的垃圾袋旁，将垃圾桶里的垃圾袋一个一个地翻出来，找了好长时间，终于找回了客人的那张记有重要电话号码的便利纸贴。由于及时找到，且客人目睹小陈不怕脏乱翻垃圾箱的举动，最重要的是没有耽误客人重要的事，客人也就没有再责怪小陈了。

【案例分析】

本案例属于酒店客房部中客人物品遗留问题。首先打扫房间的服务人员应该知道在客人还没有完全离开饭店前，与客人有关的任何东西都应该保留下来，对于要清理的垃圾，特别是有记录的字条等看作垃圾的物品，一定要先让客人确认，等客人确认后再继续清扫。

【服务优化】

本案例中客人不在房间，但行李还在，这就意味着服务人员要对客房垃圾予以特别注意，尤其是对有记录的字条，一定要和客房主人当面确认后再进行处理，除非有些是客人自己撕掉了扔在垃圾桶里的。如果客人已经退房，当见到这样的文件或字条时，也建议不要马上丢弃，可以统一记录存放在客房部办公室的某个文件夹里，以备客人打电话回来查找。

案例52　一粒纽扣

【情景描述】

2012年8月,李香山先生入住台湾某星级酒店。由于旅途的奔波及劳累,李先生将自己的衣服送到酒店的洗衣部进行清洗。当酒店的服务员在为李先生熨烫衬衫时,发现衬衫的一粒纽扣掉了。由于是件名牌衬衫,所有的纽扣都有图案并与衬衫的颜色相匹配,而酒店洗衣房未配有此物。在征求客人意见时,客人很豪爽地说:“不碍事。”然而,这一切都在酒店服务员的眼中,虽然客人说“不碍事”,也没有要求酒店的服务人员做什么,但是洗衣房的员工却利用下班休息时间,在市场上寻找同样款式与颜色的纽扣。功夫不负有心人,在找了数十家专卖店后,终于买到了同样的纽扣。当再次将清洗的衣服送还给客人时,客人惊讶地发现衣服已很整齐地挂在衣柜内,包括那排整齐的纽扣。此时他马上致电客房经理,连声地称赞,说真的有种回家的感觉。

【案例分析】

本案例属于酒店客房部个性化服务的问题。此案例可以说是“细微之处见真情”的有力代表。酒店服务工作的宗旨就是要把每件事情都做好,没有点完美主义的精神是不可能的。这就要求我们面对任何困难,哪怕是很小的困难,都要以积极的态度去面对。

【服务优化】

本案例表明酒店的员工真正站在了客人的立场上来完成此项工作,把工作推向了完美:是一种让客人感到意外的完美,是一种让客人有回家感觉的完美。“完美”是需要很多的付出来支撑的,这是很简单的道理,它要求服务人员善于观察细微之处,并从中给宾客提供舒适及惊喜的服务。

案例 53　错扔的宝物

【情景描述】

7 月的一个晚上，在韩国首尔爱丽酒店里，酒店的服务员像平时一样去房间打扫卫生。服务人员在清理 8236 房间时，因为客人不在房间，所以就把自己认为是垃圾的东西收走并丢掉。

当天晚上 10 点 2 分，朴先生回房间后惊讶地发现，他花费了好长时间才收藏到的一个可口可乐瓶子竟然不见了。一开始朴先生以为被小偷偷走了，于是赶紧向酒店的保安部打电话。经保安部调查发现并没有小偷，而是被服务人员当作垃圾收走了。

虽然得知自己的东西并没有被偷走，这件事情还是引起了朴先生的极度不满。事后酒店经理向客人道了歉，主管申正焕亲自去垃圾站找回收藏品，并和当晚值班的蔡经理一同送到客人房间，再次向客人赔礼道歉，并做了升值服务，以消除顾客的不满。

【案例分析】

本案例属于酒店客房部中客房个性化服务的问题。服务人员在日常工作中要留心客人的一切信息，只有掌握了客人的信息，再加上好的服务理念，并配以及时、快速的行动，才能很好地为客人提供个性化服务。

【服务优化】

本案例表明在对客服务中我们不仅要讲究房间卫生，给客人创造一个整洁、干净的住宿环境，还要给客人享受的感觉，这就包括心理上的享受。除了整理好房间之外，还要给客人营造一种氛围，就是家的氛围，这就需要靠我们的用心。在工作过程中，我们要注意与客人有关的一切信息，包括客人的喜好、习惯。比如说可乐瓶子，大家都知道 8236 房间里多日来放着许多可乐瓶子，且种类还不一样，那么我们就应该多注意这方面。如果说我们早就注意到这一特殊信息的话，就可以知道客人这一爱好，并会多加注意，更不用说去扔掉客人辛辛苦苦攒的东西了。所以说我们在清理房间过程中，一定要谨慎，对于客人的东西不能乱动，该清理的要清理掉，遇到自己拿不准的应该及时请示主管或经理，不可擅作主张，以免引起客人的误会和不快，也避免使我们的工作处于被动。

案例 54　房卡“遗失”

【情景描述】

1月的某天晚上，杜先生和郑先生相约至韩国的爱丽酒店。第二天，郑先生因临时有急事先行离开了酒店，临走时由于太过匆忙忘记结账。当杜先生来到前台结账时，前台服务员礼貌地问道：“先生，与您同行的客人需要退房吗？我打电话给他，但又联系不上。”听完服务员的话，杜先生赶紧回答道：“不好意思，我那位朋友临时有急事走得匆忙忘记结账了，他的费用由我来付。”杜先生以为这只是一件小事，但事情远没有他想象的那么简单。酒店按惯例客人退房时需要交回房卡，因杜先生朋友走得匆忙并没有将房卡退回前台，打电话又联系不上他，于是，杜先生希望酒店查找一下郑先生有没有将房卡存放在酒店。酒店工作人员先后两次查找，都没找到郑先生交房卡的记录，也没有在房间里找到房卡。于是，杜先生只好很不情愿地付了房卡赔偿金。但是后来，酒店无意间发现了 1202 房房卡存放在酒店，客人并没有带走，但他们并没有对此事故采取任何措施。

【案例分析】

本案例属于酒店客房部门中的客人退房手续办理的问题。酒店宾客结账服务流程包括：问候客人，弄清客人是否结账退房；收回客人房卡，检查客人是否有贵重物品寄存，并提醒客人；弄清客人是否要预订日后的客房；行李员提供结账行李服务；等。

【服务优化】

本案例中反映出酒店工作人员不严格按照酒店宾客结账服务流程执行，当客房服务员看到客人拿着行李时不主动问候客人，弄清客人是否结账退房，导致客人的房卡没有及时收回，不仅给客人造成了不必要的麻烦，同时酒店的形象也有所损毁。在找不到房卡的情况下，询问客人可不可以留下联系方式，如果住客交回了房卡，酒店将钱退还给客人，客人也许就不会那样不情愿了。前厅收款处可能是客人与酒店员工面对面接触的最后场所，因此，在客人离店之前快速、准确地为其提供服务是非常重要的。结账服务的质量将会影响客人对酒店的最后印象，因此，在酒店业中宾客离店结账服务管理是尤为重要的。

案例55 贴心的棉被

【情景描述】

一天早上,重庆市某四星级酒店的客房服务员小刘正准备上岗,正好遇到1416房的两位先生出门。他们边走边谈,小刘无意中听到一位客人说:"昨晚睡觉好热呀!棉被厚了点。"

小刘把客人的话记在心上,暗暗思量,盖棉被热,盖毛毯更热,如果只盖一张床单,那肯定会冷,怎么办呢?终于,小刘想出了一个方法:把两个被套套在一起充当被子。当小刘开心地做这一切时又想到一个问题:虽然有空调,但初冬的夜晚已颇有凉意,客人晚上盖这么薄,要是感冒,那岂不是弄巧成拙了?于是小刘将撤出的棉被叠好放进行李柜中,并留言:先生您好!欢迎您和您的朋友入住本楼层,今天早上无意中听到您说盖棉被比较热,于是我自作主张给您换了两个被套,不知您是否满意;如果晚上您觉得冷的话,行李柜内还为您准备了一床棉被。出门在外,您可要注意身体,千万别感冒了呀!最后祝您工作开心、住店愉快!下午4点,小刘检查卫生时从楼道经过,1416房客人回来了,进房不到一分钟,出来问小刘:"服务员,这留言是你写的吗?"小刘点了点头,客人笑着说:"谢谢你为我做的这一切!"

【案例分析】

本案例属于酒店客房部中的客房个性化服务问题。个性化服务是指针对独特个体的具有鲜明的灵活性、针对性、突发性、差异性的服务,也即满足不同客人合理的个别需求,提供即时、灵活、体贴入微的服务。酒店为了给客人提供个性化服务应该做到以下几个方面:第一,配件设施有特色;第二,重在软件建设;第三,形成制度;等等。

【服务优化】

本案例中的服务员小刘从客人的谈话中得知客人对被子的需求,于是主动为客人把两个被套套在了一起,把棉被放进行李柜中做备用,并给客人留下了一段充满关爱的留言,可以说是既细致又周到。客房服务员小刘的举动使客人连连称赞,使酒店的形象深入人心,有利于酒店的长足发展。这是酒店个性化服务的具体体现和意义所在。每个人都有自己习惯的生活方式,规范化的服务只能保证客房服务的基本要求,只能满足客人的共性需求,而不能满足每位客人的特殊服务需求。因此,规范化服务只能维持客房部最基本的服务质量,要使客房服务质量上一个台阶,必须为客人提供个性化服务。

案例 56 错乱的牙刷

【情景描述】

2012 年 10 月,在韩国春川某高校将举行一场"全球化与亚太地区新营商环境国际学术研讨会",会议安排在知名的五星级酒店太平洋酒店举行。会议期间,来自北京某大学的郑教授和李教授被组委会安排在 8402 房间。两位教授走进房间,发现房内各种设施非常符合他们的心意,颜色搭配也让人觉得很舒服,内心感到非常高兴。但是当他们走进卫生间的时候,发现没有牙具,由于两位教授忙于去参会,于是他们给客房服务中心打了电话,请求帮助。当郑教授和李教授参加完会议,回到房间的时候,他们发现酒店已经为他们准备好了牙具。但是他们又发现了另外一个问题,就是两个一模一样的杯子并排在一起,里面放的也是两支一模一样的牙刷。郑教授茫然地说道:哪支牙刷是我的? 李教授一看,也傻眼了,他们只好把牙具拿出卫生间,放到各自的床头。郑教授笑着对李教授说:"看来国外五星级酒店也有需要改进的地方啊!"

【案例分析】

本案例属于酒店客房部中的客房卫生管理的问题。对于客房的清洁人员来讲,收拾房间的大忌就是随意改变客人自己摆放的物品。清洁人员在保持房间清洁的基础上,还应保持房间的保真性。

【服务优化】

本案例中的酒店客房的配备大到浴巾、毛巾、方巾,小至牙刷、拖鞋、剃须刀等,都有严格的标准和规范,样式和颜色都是一致的,这似乎是酒店行业一条不可违背的"金科玉律"。这种规范对于很多国外的酒店来说,是无可挑剔的,因为它们通常是一个房间只安排一位客人。但我国不一样,我国酒店入住率最高的是标准间,就是有两张床可以两人住的房间。酒店在接待团队和会议时,两个互不相识的人共住一室也是常有的事情。这样,规范背后所隐含的"一致性"要求和客人所要求的"个性化"需求的矛盾就很突出,"哪支牙刷是我的"就是一种很好的体现。生活中没有人愿意使用别人用过的牙具、毛巾等物品,即使对方是你的父母、兄弟、夫妻,更何况是在出差或开会过程中偶住一室的新朋友呢。对于酒店来说,服务从"规范化"到"个性化"不仅是一种观念的变化,更是一种行为的变化。个性化就意味着打破规范,注重细节,设身处地地从客人角度考虑问题。所幸的是,现在我们已经有酒店注意到了这方面存在的问题,把客房配备的毛巾、浴巾、方巾、拖鞋、牙具、剃须刀等均用不同的颜色加以区分，一人一色。如此，相信客人也将不会再重复“哪支牙刷是我的”这样的问题了。

案例 57 结账退房以后……

【情景描述】

一位住客当天中午要乘火车回乡，提早在某饭店总服务台办好结账退房手续，他认为虽然结了账，但在中午 12 点以前客房的住用权仍是属于他的，因此把整理好的箱物行李放在客房内，没有向楼层服务员打招呼，就出去买东西逛街了。

过了一个多小时，那位客人回到饭店准备取行李离店，谁知进入原住客房一看，已经有新住客在房间内喝茶，而他的行李已不知去向。当找到楼层服务员以后才知道他的行李已送到总台去了，楼层服务员反而责怪他为什么在结账后不和楼层联系。

客人听了以后很生气，“回敬”了几句便到总服务台提意见，谁知总台人员不记得他已结账，还不肯马上把行李交还给他。经过与楼层服务员反复联系客人离店时已经快中午了。客人临行时说了句：“如果下次再来这个城市，我发誓不住你们这里！”

【案例分析】

客人办理结账退房以后并未最后离馆的情况并非罕见。通过以上案例，可以看出该饭店在客房服务的程序方面存在漏洞。

有些饭店把房间钥匙交给客人保管使用，比较方便，当客人结账时即把钥匙交回，如果需要寄存行李也应交给总台，不再回客房了。该饭店是采用由楼层服务员为客人开房门的办法，由于总服务台和楼层服务台之间配合得不好，无法掌握客人的行踪去向，造成服务混乱无章。

【服务优化】

正确的做法是楼层服务员心中应当对客人退房离店的时间掌握清楚，主动和客人联系以安排打扫客房接待新来客人的有关事宜。

如果客人不通过楼层服务员而直接到总台结账，总台人员也应该同时和楼层服务员联系，如果客人不马上离店，那么房间不可急于打扫，总台也不可把新客人安排入住该房间。假如客人想再进房间，而已把行李寄放到总台，那就另当别论了。

上述案例中酒店的最大失误，在于客人虽已办理结账退房手续，但行李仍放在房间内，本人尚未最后离店。在客房未重新整理打扫好之前，马上又安排新的客人入住，这显然是错误的，因为这间客房还不够重新出租的条件。

案例58　客人离店被阻

【情景描述】

一位40来岁的客人陈先生提着旅行包从北方某宾馆512房间匆匆走出，走到楼层中间拐弯处服务台前，将房间钥匙放到服务台上，对值班服务员说："小姐，这把钥匙交给您，我这就下楼去总台结账。"却不料服务员小余不冷不热地告诉他："先生，请您稍等，等查完您的房后再走。"一面即拨电话召唤同伴。李先生顿时很尴尬，心里很不高兴，只得无可奈何地说："那就请便吧。"这时，另一位服务员小赵从工作间出来，走到陈先生跟前，将他上下打量一番，又扫视一下那只旅行包，陈先生觉得受到了侮辱，气得脸色都变了，大声嚷道："你们太不尊重人了！"

小赵也不搭理，拿了钥匙，径直往512号房间走去。她打开房门，走进去不紧不慢地搜点：从床上用品到立柜内的衣架，从衣箱里的食品到盥洗室的毛巾，一一清查，还打开电控柜的电视机开关看看屏幕。然后，他离房回到服务台前，对陈先生说："先生，您现在可以走了。"陈先生早就等得不耐烦了，听到了她放行的"关照"，更觉恼火，待要发作，或投诉，又想到要去赶火车，只得作罢，带着一肚子怨气离开宾馆。

【案例分析】

服务员在客人离店前检查客房的设备、用品是否受损或遭窃，以保护宾馆的财产安全，这本来是无可非议的，也是服务员应尽的职责。然而，本例中服务员小余、小赵的处理方法是错误的。在任何情况下都不能对客人说"不"，这是酒店服务员对待客人的一项基本原则。客人要离房去总台结账，这完全是正常的行为，服务员无权也没有理由限制客人结账，阻拦客人离去。随便阻拦客人，对客人投以不信任的目光，这是对客人的不礼貌，甚至是一种侮辱。

【服务优化】

正确的做法应该是：

1.楼层值台服务员应收下客人钥匙，让他下楼结账，并立即打电话通知总服务台，×号房间客人马上就要来结账。总台服务员则应心领神会，与客人结账时有意稍稍拖延时间，或与客人多聊几句，如："先生，这几天下榻宾馆感觉如何？欢迎您提出批评。""欢迎您下次光临！"或查电脑资料放慢节奏，如与旁边同事交谈几句，似乎在打听有关情况；或有电话主动接听，侃侃而谈；等等。

2.客户服务员也应积极配合，提高工作效率，迅速清点客房设备、用品，重点检查易携带、供消费的用品，如浴巾、冰箱内的饮料、食品等，随即将结果告诉楼层服务台，值班服务员则应立即打电话转告楼下总台。

3.总台服务员得到楼上服务台"平安无事"的信息后，即可与客人了结离店手续。

案例59　不合时宜的介绍

【情景描述】

服务员小龚第一天上班，被分在饭店主楼12层做值台，小龚刚经过3个月的岗位培训，对做好这项工作充满信心，自我感觉良好，一个上午的接待工作确也颇为顺手。

午后，电梯门打开，"叮当"一声走出两位港客，小龚立刻迎上前去，微笑着说"先生，您好！"她看过客人的住宿证，然后接过他们的行李，一边说："欢迎入住本饭店，请跟我来。"一边领他们走进客房，随手给他们沏了两杯茶放在茶几上，说道："先生，请用茶。"接着她又用手示意，一一介绍客房设备设施："这是床头控制柜，这是空调开关……"这时，其中一位客人用粤语打断她的话头，说："知道了。"但小龚仍然继续说："这是电冰箱，桌上文件夹内有'入住须知'和'电话指南'……"未等她说完，另一位客人掏出钱包抽出一张面值10元的优惠券，不耐烦地给她。霎时，小龚愣住了，一片好意被拒绝甚至误解，使她感到既沮丧又委屈，她涨红着脸对客人说："对不起，先生，我们不收小费，谢谢您！如果没有别的事，那我就告退了。"说完便退出房间回到服务台。

此刻，小龚心里乱极了，她实在想不通：自己按服务规程给客人耐心介绍客房设备设施，为什么会不受客人欢迎呢？

【案例分析】

小龚对客人积极主动的服务热情首先应该充分肯定，她按服务规程不厌其烦地给客人介绍客房设备设施，一般说也并没错(客人给她小费，本身也包含了对她服务工作的肯定，说明她所做的工作并没有错)。但是，服务规程有个因人而异灵活运用的问题，对服务分寸的掌握也有个度的问题。这样来看，小龚对两位港客过于周到的服务确有欠妥之处。

【服务优化】

显然，将客房的常用设备设施甚至普通常识详细介绍绝非初涉宾馆的档次较高的港客，是大可不必的，特别是当人已显出不耐烦时，还是继续唠叨，那更是过头了，也太死板了，会让客人感到对方以为他们未见过世面而在开导他们，使其自尊心受到挫伤，或者误解服务员是变相索要小费而看不起她，从而引起客人的不满和反感。好心没有办成好事，这是满腔热情的小龚始料未及的，其中蕴含的服务技巧值得饭店同行深思和探讨。

案例60　还是两把钥匙好

【情景描述】

某企业的张工程师与刘技术员两位男士出差到某市，下榻酒店。在总台登记完毕后，接待员给了他们一把钥匙。上楼，打开房门，一定要钥匙插入节能电源插口内，电源才接通。小刘一一开启电灯，室内明亮。这是一间普通的标准住房。过了一会儿，张工与小刘两人商量了各自的工作分工。张工去电子元件厂晚些回来，而小刘去购买机票则早去早回，钥匙该谁拿，成了问题。由张工掌握，小刘早回进不了门；由小刘掌握，张工离去前房里就没了灯。考虑再三，钥匙由张工管。小刘天没黑就先回来了，没有钥匙，拿出住房登记卡，叫楼层服务员开了门。进门后，他自作聪明，找块硬纸先插入节能孔里，想同样能接通电源，可不行；换其他东西硬塞，也没有。他去问服务员，服务员告诉他，钥匙柄内装有磁性片，所以能接通电源，其他东西是不行的。机灵的小刘这下可傻了眼。问服务员，她也没有多余的钥匙牌。小刘就这样黑灯瞎火地躺在床上，焦急地等张工回来。

张工心里也不踏实，办完事，马上叫了出租车回来。进门插上钥匙，小刘才“重见光明”。张工打开文件包一检查，发现电子元件厂给他准备的几份资料忘记拿了，他与小刘打了个招呼，赶快下楼，又去电子元件厂。

张工来去匆匆，按门铃叫小刘开门，小刘此时正在洗澡。听到门铃声也没办法，光着身子泡在浴缸里，咋开门呀！他只能拉开卫生间的门，大声嚷嚷：“张工，我在洗澡，请等三分钟！”张工总算听见了，他想找楼层服务员开门，却找不到，估计是吃晚饭去了。就这样，张工在楼道里来回踱步，直等小刘擦干身子来给他开门。

晚餐后回房，张工有点累了，他一会儿翻阅资料，一会儿看看电视。小刘倒是精神焕发，独自逛夜市去了。10点钟，张工想睡了，这时，他才发现小刘没拿钥匙怎么办？人虽累了，却不敢躺下睡，他靠在床沿打盹，等小刘回来。11点半，小刘的门铃声把他惊起,开门后才脱衣睡觉,临睡前,张工嘟囔了一句:“两个人只给一把钥匙,可把我折腾苦了。”

【案例分析】

现在大多数酒店,对同住一间标准客房的客人,只发给一把钥匙。从酒店来说,管理上方便了,也减少了钥匙丢失的可能性,但这样做,客人很不方便。两位客人住在一个房间里,并不说明他们的活动也是在一起的。当分头活动时,一把钥匙会给客人带来种种麻烦。以上所展示的只是其中的几种情况而已。

【服务优化】

从服务质量考察,酒店首先应满足宾客的需要,而不能图自己方便。下面,我们提出几种办法,为宾客解除钥匙之忧:

1.总台应配三把钥匙,两把分别给两位客人,一把总台备用。

2.总台备有三把钥匙,一般只给客人一把。若两人同住,并提出要两把钥匙,第二把钥匙可采取付押金的办法,以免客人遗忘带走。

3.楼层服务员(或总台)可备有钥匙柄,只用于接通电源。在两人共用一把钥匙的情况下,各人可付押金另租一个钥匙柄。房门则可出示房卡由服务员开启。

案例61 干洗还是湿洗?

【情景描述】

江苏省某市一家酒店住着某台湾公司的一批长住客。某天一位台湾客人的一件名贵西装弄脏了,需要清洗,当见服务员小江进房送开水时,便招呼他说:“小姐,我要洗这件西装,请帮我填一张洗衣单。”小江想客人也许是累了,就爽快地答应了,随即按她所领会的客人的意思帮客人在洗衣单湿洗一栏中填上,然后将西装和单子送进洗衣房。接手的洗衣工恰恰是刚进洗衣房工作不久的新员工,她毫不犹豫地按单上的要求对这件名贵西装进行了湿洗,不料结果在口袋盖背面造成了一点破损。

台湾客人收到西装发现有破损,十分恼火,责备小江说:“这件西装价值4万日元,理应干洗,为何湿洗?”小江连忙解释说:“先生真对不起,不过,我是照您交代填写湿洗的,没想到会……”客人更加气愤,打断她的话说:“我明明告诉你要干洗,怎么硬说我要湿洗呢?”小江感到很委屈,不由分辩地说:“先生,实在抱歉,可我确实……”客人气愤至极,抢过话头,大声嚷道:“你真不讲理,我要向你上司投诉!”

客房部曹经理接到台湾客人投诉——要求赔偿西装价格的一半 2 万日元。他吃了一惊，立刻找小江了解事情原委，但究竟是交代干洗还是湿洗，双方各执一词，无法查证。曹经理十分为难，他感到问题的严重性，便向主持酒店工作的蒋副总经理做了汇报。蒋副总也感到事情十分棘手，召集酒店领导做了反复研究。考虑到这家台湾公司在酒店有一批长住客，尽管客人索取的赔款大大超出了酒店规定的赔偿标准，但为了彻底平息这场风波，稳住这批长住客，最后酒店还是接受了客人过分的要求，赔偿 2 万日元，并留下了这件西装。

【案例分析】

本案例中将名贵衣服干洗错作湿洗处理引起的赔偿纠纷，虽然起因于客房服务员代填洗衣单，造成责任纠缠不清，但主要责任仍在宾馆方面。

【服务优化】

第一，客房服务员不应接受替客人代写的要求，而应婉转地加以拒绝。在为客人服务的过程中严格执行酒店的规章制度和服务程序，这是对客人真正的负责。

第二，即使代客人填写了洗衣单，也应该请客人过目后予以确认，并亲自签名，以做依据。

第三，洗衣房的责任首先是洗衣单上没有客人签名不该贸然下水。其实，洗衣工对名贵西服要湿洗的不正常情况若能及时发现，重新向客人了解核实，则可避免差错，弥补损失。这就要求洗衣工工作细致周到，熟悉洗衣业务。

另外，就本案例的情况而言，酒店一般可按规定适当赔偿客人损失，同时尽可能将客人小损的衣服修补好。由于投诉客人是长包房客，为了稳住这批长包房客源，这家酒店领导采取了同意客人巨额赔款要求的处理方法，这是完全可以理解的。尽管客人的确也有责任，但酒店严格要求自己，本着“客人永远是对的”的原则，从中吸取教训，加强服务程序和员工培训，也是很有必要的。

案例 62　折扣优惠中的学问

【情景描述】

西安市某进口设备公司的周经理到广州办事，在东风大酒店办理住店手续时，要求房金给予优惠。经请示经理同意打八折，并在住房单上写明。

第二天早晨客房服务员小张进客房后发现客人周经理没有起床，经询问才知客人的老毛病肩周炎突然发作了，肩部疼痛，两手不能动弹。小张于是和另外的服务员小于商量以后，劝那位周经理不要着急，并答应另外利用业余时间帮助他解决日常生活中的不便之处。周经理在广州举目无亲，既然有人肯热心相助，他就安心在店内休息下来。在周经理住店一周期间，小张和小于几次送他去医院就诊，还多次帮他洗衣服，周经理心里很感动，屡次坚持要付给她俩小费以表谢意，但都被婉言谢绝。当离店结账时，周经理坚持取消八折的优惠，要求改按全价支付住宿费，因为他觉得住在这样的酒店，得到如此的超值服务，支付全费完全值得而且是理应如此的。

【案例分析】

酒店在房金等方面打折扣的做法，除了是市场促销的需要，还是酒店高层管理人员对某些客人表示的尊重。几乎所有的酒店都有这方面的内部规定。但应该注意的是：给予客人折扣以后决不能降低服务质量，同时切忌把给客人的优惠放在嘴上讲，否则客人听了会感到受污辱，产生不良的影响。

【服务优化】

东风大酒店不少住客（包括上述案例中的周经理在内）之所以表示主动放弃优惠的原因在哪里呢？那是由于该店的员工广泛开展“对客人要有爱心，服务工作要精心、细心、耐心，处处让客人放心”的“五心”活动，并且把这一活动与评选礼貌大使、优秀员工、服务技能创新能手结合起来，还在前台设立了评选意见箱和意见簿，及时对客人提出的意见加以分析，研究改进措施，并对员工开展活动的情况定期进行检查评比。

难怪不少客人在第一次入住时要求给予优惠，但由于酒店服务质量高，他们对酒店产生好感后，有的在再一次前来住店时就不再要求给予折扣；有的在结账时主动提出按全价付房金。可见单纯用折扣优惠的办法来招徕客人是不可取的，因为客人如果对饭店的服务有意见，那么尽管得到房价优惠，也还是会被气跑的。

案例 63 如何处理客人遗留物品

【情景描述】

某日，宾客服务经理 Kim 接到一位刘先生的电话，告知于前一日入住酒店，当日上午 10 点多已退房，现在已在火车站候车。但同行的妻子突然发现脖子上挂着的金项链不见了，应该是遗留在客房的床上。请酒店帮忙确认。

Kim 接到电话后，同客人先确认了身份信息及入住房号，得知刘先生入住 A315

房。他立即查看 A315 房当日的报退记录,确认该房无客遗记录。后再次与房务中心联系,让客房部再次去 A315 房确认是否有遗漏。房务中心文员通知 A 区楼层所在的服务员小梅,回复的结果仍然是未发现遗留的金项链。

Kim 将再次检查结果告知刘先生,刘先生表示妻子确认入睡前脖子上项链还在,一定是遗留在客房床上了,甚至情绪激动,表示是否酒店想私吞。Kim 安抚好客人,联系了行政副管家,和楼层服务员小梅一起去 A315 房检查。同时,Kim 报安保部经理,要求查 A315 房所在区域的监控记录。

经监控室复核,确认楼层服务员在查完 A315 房后,马上去了女更衣室。因这一异常举动,Kim 在报房务总监后,携同安保部、人力资源部和行政副管家,突击检查了楼层服务员小梅的更衣柜,在一条裤子口袋里发现了金项链,与客人描述的项链一致。证据面前,小梅供认不讳,但对酒店私自查看她个人更衣柜有异议。最终,楼层服务员小梅因品行问题,被酒店开除。

【案例分析】

小梅在查房过程中,发现有客人贵重物品遗留,没有马上报前台和房务中心,而是偷偷藏起来。这是极其严重的错误。对于小梅提出的更衣柜属私人物品,酒店不应在没有她本人的同意下进行搜查,侵犯了她个人的隐私这一问题,酒店方认为:因酒店经营性质的特殊性,酒店要求员工在工作时间穿着制服,酒店必然会于工作场所设置更衣室,为保证更衣柜的正常使用,酒店人力资源部一般会组织检查小组,对更衣柜进行定期检查,对不符合规定要求的提出整改意见,故小梅的申诉无效。

【服务优化】

1.每个酒店都有对应的客遗物日常管理与控制操作标准。一般来说,客遗物分为普通物品和贵重物品。不论在何场所发现的客遗物,都应第一时间上报,尽可能在客人离店前归还到客人手上。对于未确认失主的,酒店应对其进行有期限地保管,员工切不可私自扣留。一般普通物品保管在客房部的失物招领库,钥匙存放在房务部钥匙柜内,由行政管家督管贵重物品保存在前厅的贵重物品保险柜内,贵重物品存入或发放均应至少有三方人员在场。

2.酒店人力资源部不定期对酒店更衣柜进行检查,不属于侵犯员工隐私,但开柜现场必须至少两方在场(包括人力资源部和安保部)。

本篇章案例 41～44 资料摘自《酒店管理 180 个案例品析》(王大悟、刘耿大著,中国旅游出版社 2019 年出版);案例 45～65 资料摘自《高星级酒店管理案例精析》(唐斌、江燕玲著,重庆大学出版社 2013 出版)。

第四篇章　酒店人力资源管理

案例 1　客房人员紧缺的烦恼

【情景描述】

浙江某国际联号酒店客房行政管家张经理近期一直被人员紧缺的事情所困扰：春节过后，部门楼层服务员不稳定跳槽频繁；合作的楼层外包单位也经常掉链子，关键时刻配不上人员；PA（public area，公共区域）的几个保洁员也提出离职。三、四月份即将迎来住客房高峰期，如何尽快招聘到合适人员，安排上岗培训，确保服务质量，是非常重要的一项工作。

【案例分析】

酒店客房部洗衣房、PA大多为年纪较大的大姐或大叔，通过常规的酒店招聘渠道如最佳东方、智联、前程无忧等很难找到简历。酒店当地市场竞争激烈，各个大小酒店、楼盘物业均缺少服务员基层岗位，真正熟练的会做客房打扫的楼层服务员或PA保洁技工非常紧俏，薪资待遇也水涨船高。

【服务优化】

针对楼层服务员、PA技工等岗位员工大多文化程度不高，上网投简历少的情况，酒店人力资源部可按照以下思路应对：

1.大力推行“员工推荐奖”。更新酒店招聘职位，发动在职员工身边、周围同事、亲朋好友来推荐，比如成功推荐候选人入职满3个月一次性奖励200元。

2.利用本地人才招聘网，挖掘潜在候选人来酒店应聘。

3.在酒店附近小区张贴招聘广告。

4.通过竞争酒店离职人员的挖掘。

案例2　入职顾问

【情景描述】

浙江某国际联号酒店人力资源主管统计数据显示，当月客房部离职5人，餐饮部离职3人，销售部离职1人，其中入职时间在1～3个月的离职人数共计5人，占离职人数的55%，3～6个月的离职2人，6～12个月的离职1人，12个月以上的离职1人。通过离职原因分析，离职员工中60%感觉不太适应，20%另有发展，20%为其他原因。

【案例分析】

合理有效地控制员工离职率是酒店人力资源的重点工作，客房服务员和餐饮服务员等一线基层岗位人员流动较大，需要从招聘、入职、培训、发展等方面入手，让新员工尽早从加入酒店到真正融入酒店。

入职未满3个月的新员工离职较多，和部门的带教有很大的关系，说明在落实酒店入职顾问项目上出现了偏差。

【服务优化】

1.人力资源部和用人部门需把好招聘源头关，清晰告知新员工酒店工作责任和要求以及员工自身的薪酬福利等。

2.入职顾问的目的是让每一位新入职的员工有一个成功的开始，提升入职体验。入职顾问由至少有6个月酒店工作经验的部门领班或主管/经理担任，通常要求有开放性的沟通和领导风格，乐于助人。入职顾问的职责是为每一名新员工的到来做好欢迎准备，陪同熟悉酒店工作及生活环境，确保完成入职培训检查清单内容，帮助新人融入部门氛围。在顺利完成新员工的转正之后，入职顾问可以享受酒店的现金奖励和获得荣誉证书。

3.人力资源部和部门负责人应不定期关注新员工以及入职顾问的带教情况，及时发现解决新员工的思想和实际困难，体现关爱。培训部定期开展入职顾问培训，帮助好的“师傅”带出出色的“徒弟”。

案例3　某集团酒店的领导力培训

【情景描述】

上个月，酒店刚入职了两位部门总监和两位分部门经理，他们虽然有丰富的酒店工作经验，但是属于新加入集团的，对集团酒店的企业文化、领导力架构还不够清楚。在以后的经营管理中，部门总监和经理将起到非常重要的作用，因此总经理要求人力资源部开展一次关于领导力的培训。

【案例分析】

相比于普通员工，酒店中层管理者的入职培训有很大不同。酒店管理层对于酒店的经营和管理至关重要，要求他们既具备具体的业务能力，同时具备领导部门员工的领导力，所以新入职经理们的培训计划和实施就显得尤为迫切。

【服务优化】

遵循国际酒店通用的学习原则——70/20/10法则，即70%的学习来自实践操作，20%的学习来自向他人或导师学习，10%的学习来自课堂。

按照酒店集团领导力架构，培训分为超前思考、主导变革、领导员工、发展员工、成效驱动、全面协助六大模块，每个模块为期一个月，一共6个月。学员每个月运用学习原则结合当月的学习主题，开展具体实践、思考，并在每个月的会议上相互分享心得，以此提高自身的领导能力。

导师支持。部门总监的导师是酒店总经理，分部门经理的导师是部门总监，总经理出席领导力培训课程的开课仪式和结业仪式。

案例4　一次工伤事故

【情景描述】

工程部维修工小王和小李晚上8点多接到报修电话，大堂一处照明灯需维修，两人即刻准备好维修工具包来到大堂。小王在下面扶住2.5米高的人字梯，小李上去换灯泡。就在小李登上梯子转身拿工具时，不慎摔倒。因当时感觉肩膀有点疼但无大碍，小李并未在意，换好灯泡后继续上班。第二天，小李将此事报告给工程部总监，称肩膀疼痛较厉害，需要去医院。

医院检查结果显示，小李肩部韧带损伤，需要休养治疗一个月。人力资源部接到小李和工程部的报告，申请了工伤流程。一个月后小李的肩伤得到了恢复。

【案例分析】

案例中反映出员工操作时存在麻痹大意导致工伤事故的情形。另外，酒店员工的意外伤害经常会发生，如果没有为员工缴纳保险或没有雇主责任险，酒店将面临较大的风险和损失。

【服务优化】

1.酒店员工的意外伤害需在24小时内报告人力资源部、值班经理、保安部。并在第一时间视受伤情况去医院治疗，由当事人或见证人填写《员工意外伤害事故报告》。涉及工伤的，由人力资源部依规申请工伤流程。

2.人力资源部、保安部、当事部门有责任制定意外伤害预防措施，并开展相应的培训，以此降低风险。

3.针对工伤较严重的员工，酒店应开展多种形式的慰问，关爱员工。

案例5　政策合规性

【情景描述】

2018年8月20日，国家税务总局、财政部、人力资源和社会保障、国家卫生健康委员会、国家医疗保障局视频会议部署，自2019年1月1日起，由税务部门统一征收各项社会保险费和先行划转的非税收入。用人单位未按规定参加社保、未如实申报社保缴纳基数、拒缴社保的，其责任人将被纳入失信名单。

某酒店所在地社保局规定了年度的最低社保缴费基数3060元/月和最高社保缴费基数15270元/月。酒店的人力资源政策是为全员缴纳五险一金，但实际缴费基数按照员工的级别不同分不同档次，比如十级员工3060元/月，七级员工3550元/月，二级员工4020元/月。

【案例分析】

2019年国家出台了新的社保政策，加强了社保的征管机构，由税务部门统一征收,而不是代收。社保基数有上下限,每个地方不一样。如果工资低于基数,按照最低标准缴纳;如果高于基数但不高于最高上限,则按照实际工资据实缴纳;如果高于最高上限,则按照最高上限缴纳。面对新的社保规定,酒店人力资源部应具体落实。

【服务优化】

社保缴费的政策变化事关每名员工的切身利益和酒店人力成本支出,酒店经营的前提是合法依规。这要求我们在制定人力资源政策和操作程序时也要合法依规,并能根据实际情况进行调整。酒店所属集团管理公司应将人力资源政策合规性纳入人力资源监管范畴,避免潜在的劳动纠纷给品牌带来的负面影响。

案例6

员工入职简历中的工作经历不实,能否解雇?

【情景描述】

张某于2014年8月12日入职莆田市A酒店,双方签订期限自2014年8月12日至2018年2月11日期间的劳动合同,约定张某的工作岗位为西餐厅主管。2014年10月13日,酒店向张某送达了《解除劳动合同关系通知书》,内容为:“张×,您好:自2014年8月12日起您与我公司双方订立劳动合同,经我公司核实,您所提交的福州××酒店《离职证明》存在虚假信息且与事实严重不符,现正式通知公司与您解除劳动合同关系,双方劳动合同自2014年10月16日解除,请您于16日上午10:00到人力资源部办理离职手续。”

张某以要求撤销酒店做出的《解除劳动关系通知书》继续履行劳动合同为由,向莆田市城厢区劳动人事争议仲裁委员会提出申请,仲裁委裁决驳回张某的仲裁请求。

【案例分析】

A酒店(甲方)与张某(乙方)签订的劳动合同第23条约定:“乙方有下列情形(包括但不限于),足以影响甲方对乙方的录用决定,视为欺诈,甲方有权与乙方解除劳动合同且不予以经济补偿:乙方被查实在应聘时向甲方提供的其个人资料(包括但不限于离职证明、身份证明、户籍证明、学历证明、体检证明等)是虚假或伪造的。”第9条约定:乙方在签订劳动合同之前,应如实向甲方提供与劳动合同直接相关的基本情况,包括但不限于劳动者的学历证明、履历、资格、体检证明或任职证书(明)以及以前劳动关系是否解除或终止等。劳动者应当如实说明,并应书面承诺其真实性。若因故意漏报、隐瞒前述基本情况，骗取甲方签订劳动合同的，经甲方查出或被原单位追诉的，甲方有权依法申请认定本合同自始无效，由此给甲方造成的损失，应由乙方全部承担。张某入职时提交的入职人员登记表中载明其 2010 年 12 月至 2014 年 7 月就职于福州××酒店，而社保缴费明细中显示张某的工作情况均与入职人员登记表中显示的情况不符，上述事实可佐证张某并非 2010 年 12 月至 2014 年 7 月就职于福州××酒店。因此，莆田市 A 酒店依据入职声明书及劳动合同的约定解除与张某订立的劳动合同并无不当，故仲裁员驳回张某的仲裁请求。

【服务优化】

员工在入职时必须签订劳动合同，且公司需在其入职前与其前任职单位进行背景调查，在员工入职后再根据其社保状况进行排查以确认其提供信息的真实性。如员工所提供个人资料是虚假或伪造的，则可根据《劳动合同法》解除与其签订的劳动合同。

案例 7

员工因主动辞职而无法领取失业保险金，公司是否需要赔偿？

【情景描述】

刘某于 2013 年 1 月 13 日入职莆田市 A 酒店，双方签订期限自 2013 年 1 月 13 日至 2016 年 7 月 12 日期间的劳动合同，约定刘某的工作岗位为管事员(洗碗工)。2016 年 6 月 11 日，刘某因个人原因向酒店提出辞职申请，公司予以同意。其本人于 2016 年 7 月 11 日办理离职手续并离开莆田市 A 酒店。2017 年 5 月 11 日，刘某向莆田市城厢区劳动人事争议仲裁委员会提出申请，要求莆田市 A 酒店赔偿其本人因合同终止而无法领取的失业保险金 7000 余元。仲裁委裁决驳回刘某的仲裁请求。

【案例分析】

失业保险金的领取条件为：(1)按照规定参加失业保险，所在单位和本人已按照规定履行缴费义务满 1 年；(2)非因本人意愿中断就业，即失业人员不愿意中断就业，但因本人无法控制的原因而被迫中断就业。劳动保障部发布的《失业保险金申领发放办法》对哪些情形属于非因本人意愿中断就业做了规定，主要包括：终止劳动合同，职工被用人单位解除劳动合同，职工被用人单位开除、除名和辞退的，用人单位违法或违反劳动合同导致职工辞职。出现上述情形造成职工失业的，职工有权申领失业保险金。

仲裁开庭期间，莆田市 A 酒店提供了刘某本人书写并签字确认的《辞职申请书》，以及刘某的离职考勤和离职工资发放明细，以进一步佐证刘某因其个人原因申请辞职，且情况属实。刘某在2016年7月11日离职后，于2016年9月入职莆田市C酒店任职，申请仲裁时并非待业状态。根据刘某的情况分析，其为本人意愿中断就业，且其本人为就业状态，完全不符合失业保险的领取条件，故仲裁院驳回刘某的仲裁请求。

【服务优化】

人力资源部需要规范员工离职申请程序以规避法律风险。莆田市A酒店规定，员工提出离职申请时必须由员工本人书写《辞职申请书》并签字按手印，由人力资源部存档。并且，酒店会要求员工所在部门填写《人事变动表》及《辞职通知书》，由员工本人签字、员工所在部门负责人签字确认并提交人力资源部及总经理进行审批。审批完成后，申请辞职员工的《辞职申请书》《人事变动表》及《辞职通知书》将存于申请员工的档案中，且离职员工的档案保留年限为2年，如遇离职员工申请劳动仲裁，酒店可提供完整的材料以进行辩护、佐证，从而降低酒店的风险并规范人力资源管理程序。

案例8　虚开收入证明所带来的风险

【情景描述】

2015年11月23日，曾某入职莆田市A酒店（以下简称“酒店”）从事中餐厅服务员工作，双方签订了3年半期限的书面劳动合同。2016年1月5日，曾某因买房需要，向酒店提出出具一张月收入5000元的证明，酒店考虑到“举手之劳”就能帮助到员工，即满足了他的要求。3月5日，公司以严重违反公司规章制度，解除了与曾某的劳动合同。随后，曾某向莆田市城厢区劳动人事争议仲裁委员会申请仲裁，请求公司支付工资差额等共计两万余元。开庭期间酒店辩称：(1)曾某是酒店的中餐厅服务员，实际工资为2200元，其所在部门的同岗位人员也都是这个工资标准，其所称月工资5000元不属实；(2)公司给其开具的月收入5000元的证明，是其为买房获得更高的贷款额度要求公司虚开的，并非真实收入。公司提供了曾某离职时签名确认的工资表、银行流水凭证等予以证实。劳动仲裁委裁决驳回曾某的仲裁请求。

【案例分析】

酒店不该虚开员工的收入证明。在现实生活中，用人单位开具的收入证明由于具有一定的担保背书作用，在一些社会关系中得到广泛认可，其作用不可小视，比如办理保险理赔、购买房屋时银行按揭贷款、办理银行信用卡等等。员工为了获得更多的资源，往往要求酒店开具高于其实际收入的证明，而酒店往往由于缺乏相关的法律风险意识，认为这只是"举手之劳"，也就愿意为之，却不知给酒店经营带来了极大的风险。虚开收入证明的行为妨碍了民事诉讼，属违法行为，《民事诉讼法》第 111 条规定，"诉讼参与人或者其他人有下列行为之一的，人民法院可以根据情节轻重予以罚款、拘留；构成犯罪的，依法追究刑事责任：(一)伪造、毁灭重要证据，妨碍人民法院审理案件的。""人民法院对有前款规定的行为之一的单位，可以对其主要负责人或者直接责任人员予以罚款、拘留；构成犯罪的，依法追究刑事责任。"

【服务优化】

在员工提出要求提供收入证明时，人力资源部应当规范操作，查看员工实际薪资状况并如实填写，且在填写收入证明时应当注明用途。将收入证明发放给员工时需要员工进行签收。不可以虚开收入证明，填写与员工实际收入不符的薪资信息，以防给酒店带来风险。

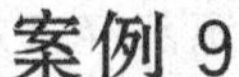

案例 9

如何提升面试技巧，为酒店甄选合适人才

【情景描述】

2013 年 6 月，暑期将至，莆田市 A 酒店营运繁忙的时刻即将到来，可西餐厅的人员短缺问题令餐厅经理开心不起来。2013 年 6 月西餐厅新入职两名员工，但两人均在入职不久后离职。陈某于 2013 年 6 月 3 日入职，6 月 12 日离职；解某于 2013 年 6 月 8 日入职，6 月 20 日离职。为什么两名新入职的员工在不到一个月的时间内相继选择辞职呢？

【案例分析】

人力资源部分析了两人离职的原因：陈某因为不适应西餐厅的劳动强度而决定离职，其本人在之前的酒店为咨客，工作内容仅为来客登记与问询，并未从事点单、领位、收餐等服务工作；谢某因为不适应西餐厅的夜班而决定离职，其本人表示并不知道西餐厅有夜班，且自己患有低血糖症，夜班会影响身体健康。

根据人力资源部对两名离职员工的离职原因分析后不难发现，两名候选人对于所应聘职位的工作时间及具体的岗位职责并不了解，导致其入职后产生落差，不适应岗位工作内容及班次安排，并最终申请辞职。而导致该二人离职的直接原因是面试官在第二轮面试过程中未明确告知应聘者工作岗位职责及班次时间安排。

面试是酒店筛选人才的关键步骤，酒店会根据用工需求、应聘者履历、应聘者在面试中的表现等因素录用合适的人才加入酒店。同时，面试也是应聘者了解酒店信息、所申请岗位工作职责、班次时间安排、薪资福利等信息的重要途径。这也就要求面试官在面试的过程中准确传递信息，确保应聘者知晓所申请的工作岗位职责、班次时间安排及薪资福利等信息，以免应聘者因不知晓以上信息而在短期选择离职，提高酒店离职率。

【服务优化】

分析了原因后，人力资源部发现西餐厅经理并未参加完整的"基础行为面试技巧"培训，仅仅只完成了在线课程学习。人力资源部经理为西餐厅经理开展了一对一的"基础行为面试技巧"培训，带着西餐厅经理梳理了面试的流程，并向其强调了面试环节的重要性。在面试过程中应遵循STAR面试法则（S：详细、具体的时间；T：时间节点；A：所采取的行动、行为；R：如何解决问题）向应聘者提问，以了解应聘者在之前工作单位的具体情况。并且，在面试过程中必须告知应聘者所申请岗位的工作职责、班次时间安排及薪资福利等信息，评估该应聘者被录用的可能性及稳定性，从而减少新入职人员在短期离职的风险。人力资源部经理在培训结束后与西餐厅经理一起参与了三位应聘者的第二轮面试过程，确保西餐厅经理熟练掌握面试技巧。

案例 10

我到底有什么权限可以处理对客服务问题？

【情景描述】

2014年7月，夏季所带来的热浪席卷着整座城市。在炎热的夏天，酒店是一个避暑的绝佳去处。黄女士带着自己四岁大的儿子到莆田市A酒店，准备在酷暑中寻觅一丝清凉，游个泳后再到大堂吧享用一杯冰饮，完美至极。似乎对于清凉的渴望过于迫切，黄女士的儿子在跑向健身中心的时候不小心滑倒了。保洁阿姨正在做地面清洁，地面有些湿滑，黄女士的儿子因此摔了一跤，大声哭喊着。健身中心的服务员小王听到哭喊声后急忙跑了过去，连忙致歉并安慰着黄女士。夏日的燥热本身就让人情绪激动，黄女士一直在抱怨着为什么清洁的时间安排得如此不合理，且工作不够细致，没有起到提醒的作用。幸运的是黄女士的儿子轻伤无碍，但黄女士却连连抱怨，发泄着自己的不满。小王一直在倾听着，但除了倾听黄女士抱怨外并不能做些什么。眼见客人渐渐多了起来，黄女士的状态只会影响到其他的客人。该状态持续了10分钟后，小王拨打了经理的电话，向经理寻求协助。健身中心陈经理赶到现场后第一时间询问了黄女士儿子的伤情，倾听了黄女士的不满并表示理解，同时也向黄女士表达了歉意。陈经理安排保洁阿姨停止清理地面，并使用干抹布清理湿滑部分的地面。为了进一步表达歉意，陈经理邀请黄女士和她的儿子到大堂吧喝了杯冷饮。黄女士的烦躁情绪彻底消除了，并称赞了陈经理的专业。

【案例分析】

在服务过程中随时会遇到突发状况，如果无法及时解决客人所遇到的问题，客人的不满情绪也会因等待而增强，并且还有可能会影响到其他的客人以及酒店整体声誉。所以，如何在最短的时间内解决客人遇到的问题是妥善处理客诉的关键。如果小王拥有处理客人投诉的授权，那么他就可以用最快的速度处理黄女士所碰到的问题，而不必进一步向经理汇报，让黄女士焦躁地等待问题的处理。问题是，在处理对客服务问题时，小王拥有哪些权限呢？

【服务优化】

经过本次事件的处理，陈经理也意识到了授权的重要性，他及时找到了培训部郑经理寻求帮助，想制订详细的授权指南以进一步明确员工在处理对客服务问题时的权限，以便提升服务品质，增加客户满意度。郑经理与陈经理一同制订了授权计划，并针对常见的客户投诉进行了分类，将授权分为三个等级：员工可拥有80元人民币的签单权限用于处理客诉；领班可拥有120元人民币的签单权限；主管可拥有200元人民币的签单权限。且在处理完投诉后，必须第一时间汇报给部门经理并记录详细的事件报告，由部门经理签字后交由培训部审核。

明确员工授权是提升服务品质的绝佳途径，当员工明确自己的权限范围时，就可以及时、高效地解决客诉，从而提升顾客的体验。

案例11　基层员工不一般的展示方案

【情景描述】

酒店拟组织策划一个员工工装展示并参加市级比赛。经过相关部门管理人员讨论，最终敲定了思路，制订出了展示方案。之后人力资源部便着手从全店范围内选拔

10 名选手。第一次排练时，人力资源总监亲自参与动员工作，动员会上总监决定先将展示比赛方案介绍给 10 名来自基层岗位的选手，然后让他们对方案提建议。结果你一言我一语的，10 名选手提出了各式各样的建议，其中有个方案很有创意，非常不错，总监当场就决定采纳选手们提议的方案，替换原管理人员讨论决定的方案。最终比赛时采用选手们提议的方案获得了市级大赛的冠军。

【案例分析】

集思广益，善于听取基层员工的意见、建议，所制订出的方案就更接地气。

【服务优化】

从此，酒店凡是组织全店大型活动或修订、出台新政策，均从全店各层次人员中招募讨论小组成员，共同探讨，集思广益，从中听取良好的建议。

案例 12　员工异常未到岗

【情景描述】

南方某酒店。5 月 2 日，部门开班前上点名时，发现有名员工李某未到岗位上班，部门经理立即询问同宿舍的人员是否知道情况。同宿舍人员反馈，只见李某一直在睡觉，具体不清楚。部门经理结束班前会后，立即同主管一起赶到宿舍，了解情况。到宿舍见到李某，便发现情况不对劲，李某的意识不清，部门经理便立即叫车送李某到附近的医院。结果医院告知，李某突发心脏疾病，如再晚些送医院就非常危险。最后，李某在医院住院治疗 10 天后，康复出院。

【案例分析】

该案例涉及员工关系中，企业对员工的日常关怀和关注度。事故的避免得益于部门经理具有较强的责任心，在第一时间了解到员工未到岗的情况。

【服务优化】

酒店以此为案例，制定政策，要求各部门管理人员，发现员工异常情况未到岗时，应第一时间了解员工去向及具体原因，以排除安全事故或及时为员工提供帮助，加强员工关系的细节管理。

案例 13　面试问询的技巧

【情景描述】

4月25日，酒店人力资源部小黄如往常一般，跟进一位网约人员张某的面试工作。张某通过网上预约应聘酒店市场销售部协调员一职，小黄指导张某填写完整个人履历表后，便就着履历表的个人信息向张某了解细节情况。其中谈及张某为何选择本酒店的问题时，张某实则因为男朋友在酒店工作，想离得近些，但张某觉得这是个人隐私，不愿意告知，又没想清楚怎么回答这个问题。而面试者小黄发现张某对这个问题回答时支支吾吾的，感觉不太对劲，就一个劲地想了解真实情况，结果导致张某事后到人力资源部经理处投诉小黄。

【案例分析】

该案例中，小黄作为招聘面试人员，掌握面试者的个人想法是工作必需，但方式方法不得当，最终适得其反。

【服务优化】

提高招聘面试人员的面试技巧，如需了解应聘者较私人的信息，可考虑先正式地问完工作、经验、规划等问题后，邀请应聘者一起到所应聘岗位的工作场所走走，或在面试间递杯茶水后，先同其放松地闲聊一点轻松的、额外的、不敏感的话题，拉近双方的心理距离，待合适时机，插入需要了解的个人问题，并结合其回答的内容和肢体语言来判断。

案例 14　不能正视自己的员工

【情景描述】

前厅部有名员工李某，在日常工作中，经常犯自以为是的错误，上司找其谈话，指出其工作中不得当的地方时，李某总是不以为然，认为上司是对他有偏见。

【案例分析】

李某的表现属于员工管理中员工思想引导工作，李某的上司同其谈话、引导未能达到效果，主要原因是未能对症下药。

【服务优化】

酒店建议李某上司启动360度考核评估工具，安排李某的上司、同级同事、下级对其进行不计名式的问卷测评，最后将结果与李某的自评进行对比分析，以相对客观的数据形式呈现，让李某更能接受、正视自己的不足，以帮助其补齐短板。

案例15

员工丢失客房万能卡如何处理？

【情景描述】

酒店管家部保洁员姜某，日常工作中表现良好，工作较认真。有次在工作中竟大意地将工作手机和能开整个楼层的万能房卡丢失。这一行为的最大隐患就是有可能被图谋不轨之人拾取并引发一系列问题。部门管理人员便依据员工手册条例对该员工进行书面警告，并要求其自行赔偿工作手机费用。该员工当即情绪激动，认为部门对自己不近人情。

【案例分析】

该案例中，部门的处置让姜某觉得不近人情，伤了员工的心，然而从企业员工管理的角度来说，若不处置，就不能给予员工警示，部门便报送人力资源部，征询处理意见。人力资源经理找姜某谈话后，发现该员工很清楚是因为自己的不负责任导致了这样的错误，也明白这个行为有可能造成的隐患，只是心疼要赔偿500元。人力资源经理最后同管家部沟通达成一致意见，这次行为已违反酒店员工手册对应制度，酒店必须依照制度给予处罚，鉴于姜其日常工作的表现较好，最终决定按制度给予姜某书面警告，但不予罚款和要求赔偿，改为部门来承担赔偿损失。姜某听到这样的处理意见，便非常开心，并表示自己今后会加倍认真地工作，不再给部门、酒店添麻烦。

【服务优化】

人力资源部制订了"非处罚性处分"方案，其核心思想是提倡责任和尊重的处分，认为每个员工都是成熟、负责、可信任的成年人，如果企业像成年人一样对待他们，他们就会表现得更像成年人。

案例16　细心的培训专员

【情景描述】

小玲是人力资源部的培训专员，主要负责培训和员工活动的组织与开展。7月28日，随着第二季度“五心服务大讲堂”的开展，小玲也开始忙碌了起来。按照以往的习惯，获奖员工的自助晚餐券会直接装进红包里，在颁奖时一起颁发给员工。考虑到有些员工不会及时在会后进行签收，且签收时场面会比较混乱，容易耽误工作进程，细心的小玲便想到了制作一张兑奖券装进红包颁发给员工，获奖员工凭兑奖券到人力资源部兑换奖品。

【案例分析】

“尊敬的×××先生/女士，祝贺您荣获……”虽然只是一张小小的兑奖券，但避免了现场秩序的混乱，提高了工作效率，而且温馨的言语还能温暖员工使其获得归属感与荣誉感，这些都体现了小玲在工作中的细心与贴心。

【服务优化】

没有满意的员工就没有满意的顾客，人力资源工作本质上是为一线员工做好服务，对待员工也应该像一线员工对待顾客那样，多为员工着想，关注细节，采取各种办法提高员工的满意度。

第五篇章　酒店营销与商务发展

案例1　低价的后果

【情景描述】

由于市场竞争激烈，某城市的各星级酒店为争取客源市场展开了一系列竞争，该市某四星级酒店更是针对多个酒店产品进行降价销售，对于团队价格的调整尤其明显，由此整个酒店市场开始了价格大战。不到半年时间，各酒店由于价格下滑导致成本上升，接下来就只能想方设法地控制成本，包括大量使用临时工、降低客用品和食品原材料质量，导致客人投诉激增，各合作单位纷纷提出不再合作，酒店后续的生意陷入恶性循环。

【案例分析】

在此案例中，酒店为了得到生意不断降低房间价格，在成本控制上陷入失控状态，导致成本不断增加及客人投诉增加，各合作单位纷纷解约，酒店生意在短期内有面上的提升，但是从长期而言并不能获得真正想要的结果。

【服务优化】

适当降低房间价格，避免形成酒店之间的价格战，而且必须保证客用品、食品的质量，得到客人的认可之后慢慢再次提高酒店价格，使酒店的成本控制在一定范围内，而酒店收入也能有所提升，使得酒店的生意越来越好，越来越能吸引客人。

案例2　混乱的协议价

【情景描述】

酒店行业对于不同的预定渠道制定不同的价格，并每年回顾分析酒店整体价格策略。某酒店为了吸引本地协议价客人，将协议价制定成前台淡季卖价的60%，并设有多重预订折扣，同时给予销售员更多的预订提成，促使销售员更好地维护客户关系。每月的产量回顾中能明显看到酒店执行前台卖价的预订量下降，而公司协议价的预订上升明显，但是酒店整体的收入提升并不大，销售员会在前台迎接客人时建议客人使用协议价入住酒店，很多时候客人到了前台核对信息时会发现预订价格和支付价格不一致，甚至是在网上预订的客人也会遇到这种情况，前台与销售不时有争执。

【案例分析】

此案例中销售员为了自己的提成在前台乱用协议价，也促使很多第三方将协议价放到网站上销售赚取本来应该属于酒店的利润，致使客人在前台入住时需要核对更多信息，延长入住登记时间，而对于酒店而言减少了本来属于酒店部分的收入。

【服务优化】

严厉查处倒卖行为的第三方公司，严格控制管理销售员协议价预订，规范酒店公司协议价审批流程，适当调整酒店前台卖价以及公司协议价策略。

案例3　特价房与收益管理

【情景描述】

酒店的旺季即将到来，旅客人数大量增加，当地客房供不应求。A酒店通过商务发展部的收益分析后决定，将现有携程线上3间特价房在设置有限期的同时，取消所有打折优惠。

【案例分析】

A酒店将那些不打折就无法售出的客房销售出去的同时，要使其余客房维持较高价格。这一措施的关键在于需求预测是否准确,酒店需要预测预订顾客和未预订顾客的不同需求水平,根据预测结果决定多少客房通过预订销售,多少客房留给未预订客人。管理人员不能只考虑今后某一天的销售量,而应认真分析这一天的销售量对今后某一段时间销售量的影响。例如,为接待一个大型团队,酒店必须在团队到达之前就预留大批客房。因而在其抵达前就会有顾客必须转店;团队离店后,短时间内不一定能有足够的新客人,又会有客房闲置。这些情况不但会减少酒店的收入,还会招致顾客的不满。

【服务优化】

酒店尽量限制打折房间的数量,这一措施可以有效地提高其收益,同时又可以满足未预订客人的需要,并缩短付折扣价客人的停留时间。在收益管理工作中,管理人员应特别重视对商务旅游者需求量的预测工作,并为那些较晚购买客房,但愿意支付高价的客人预留适量的客房。如果预测结果显示未来一段时间商务旅游者的需求量较低,就应以折扣价刺激休闲旅游者的需求。收益管理的基本原理是“五个最”,即企业的产品能在最佳时机,以最好的价格,通过最优的渠道,卖给最合适的顾客,以实现酒店收益的最大化。酒店收益管理的操作实务就是:通过对市场和客人的细分,对不同目的的顾客在不同时刻的需求进行定量预测,通过优化方法确定动态的控制,最终使酒店总收益最大化,确保酒店利润的持续增长。

收益管理是酒店经营管理的一项系统工程,在实施收益管理系统时,要明确这一系统不是单靠前厅部就能运作好的,它是酒店提高经营收益、加强管理的一项系统工程,需要酒店管理层的运作。酒店最高层必须对酒店实施收益管理,CEO则需要100%地支持这项工作,这是支持和建立一套管理系统并保证系统有效工作的基础。

案例4 折扣价的底线

【情景描述】

小李是A酒店的销售,某日到当地一家企业洽谈业务,小李坐在潜在客户的办公室里,听对方说自己已经听过上千遍的抱怨:“我们很喜欢你的酒店,也非常想跟你们做生意。不过就是价钱……太高了点吧!再说,你的对手报价就低多了”。再三权衡,小李给对方报了最低的价格折扣。如此一来好像双方都达到了目的,客户得到了个好价钱,小李做成了生意拿到了佣金。但接下来小李却头疼了,他回办公室得向经理解释打折的原因。

【案例分析】

减价是“常见病”。在与客户洽谈业务时，客户习惯提出折扣价，而销售人员也习惯性给客户打折，一是因为怕丢了生意，二是觉得打折比设法让客户明白为什么自己的产品比较值钱更容易。当然也有些业务人员想通过折扣价与客户建立长远关系，而这很可能赔了夫人又折兵。

大多数销售人员都明白，应该引导客户关注服务的价值层面而不是价格，应该向客户说明自家服务的独到之处。换句话说，应该把讨论深入，使价格不再是问题的焦点。如果销售想坚持能让公司盈利的话，这一点至关重要。美国一家市场营销顾问公司 Hahn & Company 公司总裁哈恩认为，打折实际上会降低顾客的忠诚度。更糟的是，销售人员想靠打折建立稳固的长远关系，顾客心中却疑云密布，奇怪这酒店为什么开始要那么高的价，现在却又能按这个价格成交。销售人员应该抛开老路子，不要顾客一有迟疑就认为自己出价太高。不管对新合同还是已有的合同，应始终坚持从客户的需要出发。

【服务优化】

为避开价格陷阱，销售人员应该掌握谈判策略。对销售人员而言，谈判时很难分辨自己面对的究竟是对方的实际困难呢，还是在同他的价格周旋。因此，要在向客户提出方案之前就要收集有关客户承受能力的信息，越早掌握对方信息，影响对方的机会就越大；了解客户的预算周期，主动提供对他做预算有用的信息，客户在为下一年做计划，正是你收集信息，帮客户了解真实情况的好时机。

另外，酒店要让销售人员充分了解酒店的市场地位，对酒店定位和经营特点有清醒的认识，这有助于销售人员秉持正确态度推进整个销售过程。行业竞争，最终胜利的武器是价值而不是价格。

案例5　“刺头”客户的历练

【情景描述】

A是林明所在酒店的客户，属于典型的“刺头”——年销售量在酒店属于中等，但提要求是最多的，所以销售人员都不敢“碰”他。对于刚从学校毕业出来工作的林明，直接被分到了客户A这里做客户维护。虽然对于客户的刁钻已早有耳闻，但林明还是抱着“打不还手，骂不还口”的决心，相信自己肯定能搞定。第一天到客户A公司，客户A接待了小林，没说两句话就去忙其他事情了，约林明第二天再谈。第二天林明到客户公司时已经是9点(客户公司上班是8点半)，客户A一见面劈头盖脸地就说：“我不是约你一早过来吗？现在看看几点了。”林明赶紧解释道歉，后还根据A客户公司需求特性，挖空心思重新为其提出服务方案。由于提供的服务到位，终于得到A客户的认可，销售额增长了一倍多。

【案例分析】

销售员处于酒店销售的前沿阵地，在与客户接触的时候往往需要过硬的业务技能，还需要超强的心理承受能力。不同的客户有不同的性格，遇到难缠的客户也是销售中常见的事情。在这类客户面前，无论你的产品有多好，服务多周到，他们总是能够找到各种理由让你很难在短时间内达成交易。面对这类客户，你要做的就是积极应对，以退为进则是一种明智的做法。在上述案例中，客户A是一个典型的难缠客户，几乎接近于“霸道”的状态。小林能端正服务态度，运用自己的耐心和智慧，用专业及针对性的服务赢得了客户的信任。

【服务优化】

面对难缠型客户，需要掌握一些以退为进的应对方法和措施：

首先要有耐心。难缠型客户之所以冠以“难缠”的标签，很多时候是因为他们能够给销售员带来“烦死了”这样的心理。然而，正是因为这类客户让人感觉“很烦”，所以销售员在介绍产品或者为其提供服务时，要更加有耐心。所谓耐心就是不急不躁，不厌烦，在遇到难缠型客户时要做到百问不厌，百事不烦？不要计较客户的语言轻重和态度好坏，只要自己处处表现出耐心，使客户满意，再难缠的客户都会被你感化。

其次要讲究技巧。应对难缠型客户的过程实际上是一个周旋的过程。然而，在这个过程中你不仅不能得罪客户，还要照顾到自己的利益。如果能够在两者中找到平衡点和突破口，那么你就找到了应对难缠型客户的法门。应对难缠型客户虽然谈不上用到大型商务谈判中的心机，但也需要讲究技巧。尽量满足客户的需求，从客户的角度来讲，他们花钱不仅买产品，而且还买服务。很多时候客户的需求通常表现得复杂而多样，针对这种情况，不但要给予他们优质的功能服务，还需要提供优质的心理服务，可以以真诚的服务打动客户的心。销售员要时刻有心理准备，遇到难缠型客户要及时观察客户的言谈举止，并采取以退为进的方式，反败为胜。

案例6　出现宴会预订“未出现者”

【情景描述】

某先生来A酒店预订宴会场地，并留下了联系电话。但到了约定的时间客人却迟迟未到，销售负责人再打电话询问时，才发现A先生所留的电话是单位电话，没人接听。

【案例分析】

主要原因是因为销售负责人在预订服务时，没有问清客人抵店时间及对客人说清楚具体事宜，也没有留下有效的联系方式。

【服务优化】

吸取教训，在下次预订时各方面服务要做到位，避免此类情况的发生。

首先，在宴会预订时要认真倾听，要明确了解客人的要求并在宴会预订登记表上做好记录：注明接洽人的姓名（在预订中至少称呼客人名字一次）、联系电话（固定及本人手机号）及传真号码；主办单位名称（指示牌如何写），主人的姓名及身份。

其次，要了解清楚相关信息：用餐日期及时间（早、午、晚）用餐人数，根据人数的多少、台型及客人的要求来安排适当的厅堂；被邀请客人的国籍或单位，主宾的姓名及身份；菜肴类别——风味菜、粤菜、西餐套餐或自助餐等，确认有无禁忌或特殊要求；要了解酒水方面的要求，司机或工作人员人数及误餐费和工作餐的安排（误餐费金额、工作餐标准及地点）；是否需要停车位，问清数量及要求；是否要鲜花；需要何种设备设施；厅堂布置（横幅、背板及其他）；有无贵宾室及贵宾休息室，餐前有无会谈及相关要求。预订在零点餐厅用餐时询问安排在吸烟区或非吸烟区；提供相应报价并问明结账方式；如客人要求看菜单，及时将菜单传给对方，并提前确认菜单。

再次，提前与客人确认后，做好宴会任务通知单，经部门经理签字后，发至各有关部门；如宴会有变化要及时通知有关部门，并在预订单上注明被通知人的姓名及时间；如客人当天提出取消宴会，要向客人说明饭店规定，按规定收取损失费；如遇大型集会、婚宴，要与主办单位签订合同书并收取定金，以示确认。如有重要宴会或大型集会时，预订人员应在活动前到现场与主办单位取得联系，并检查准备状况。订金一定要协商好，比如因遇见天气等人力不可抗拒的因素取消时，订金将如何处理，是否赔偿，赔偿数额等。

案例7　有效拜访与无效拜访

【情景描述】

小王两年前来到B酒店商务发展部工作，部门经理安排他去拜访潜在客户。几天后经理询问其工作情况，小王表示：他认为不停地拜访新客户根本没有意义，跑了很多家企业，根本没有一个客户愿意合作。经理问小王是如何拜访的，小王说："就是带着酒店的宣传单直接上门为客人讲解酒店服务，可是通常还没开始就被拒之门外了，好一点儿的就留个名片。"

【案例分析】

客户拜访是商务发展部员工最基础最日常的工作。市场调查需要拜访客户、新品推广需要拜访客户、销售促进需要拜访客户、客情维护还是需要拜访客户。"拜访"在MBA智库的解释是：拜访是指企业为了收集信息、发现需求、促进参与、改善沟通而采取的活动。我们所指的是有效拜访，指的是通过拜访，能获得客户的信任，了解了客户的年龄、工作单位、职务、收入等情况。如果我们拜访客户后一无所获，拜访量大也毫无意义。

以上案例中的小王并没有理解什么是真正的客户拜访。拜访目的性不明确，拜访缺乏准备，对客户不了解等，造成了他的拜访只是流于形式，不属于有效拜访，客户自然也不会轻易接受他的服务产品。

【服务优化】

拜访前需要做很多准备工作和计划，比如拜访前的准备，拜访时的形象和言语等等。有效拜访一般常规要做好下列工作：

1.拜访规划：这是拜访流程中非常关键的一个步骤。盲目的销售拜访是不能保证取得销售结果的，只有经过周密的规划，才能获得拜访的成功。首先要分析客户，包括客户的购买动机，预测客户可能的需求，并明确自身产品的特点和优势；其次是拜访目标，拜访目标描述了酒店期望实现的结果，酒店需要设计结果目标和支持结果目标实现的过程目标；再者是问题设计，问题设计帮助酒店确认要了解的信息和如何引导客户思考；复次是沟通策略，沟通策略进一步细化酒店实现目标的手段，预测实现目标的障碍，并给出实现目标后的具体结果，也就是客户承诺；最后是预测意外情况，并做好应对准备。

2.拜访实施需要注意细节：拜访前给客户致电，确定客户是否有时间；想好此次拜访应该了解到什么信息或者达到什么目的，然后在和客户沟通的时候尽量将话题往那方面引导；尽可能了解好客户的兴趣、需求或者潜在问题，并针对客户需求做好准备，准备解决客户潜在问题的方略。

3.拜访后续工作：要跟踪拜访后续工作和成效；每次拜访后总结一下拜访的内容和经验，找到适合自己节奏的拜访方法和策略。

案例8　成功年会的背后

【情景描述】

2018年10月25日至10月28日，福建省第二十五次放射学术会议一第十八届省科协年会分会场在A酒店举行并取得圆满成功。酒店服务内容涉及住宿371个间、大小中西餐用餐13场、同步会议场地9个，历时4天，总消费达410798元。

【案例分析】

本次年会初步沟通于2018年1月底，跟进至4月份开始落实档期问题，直至6月份，档期由9月份最终确认到10月25日至28日。此次会议涉及前厅、中餐、西餐等多个部门，在客人抵达酒店时，前台便快速准确地为客人安排房间并办理入住，同时为等待办理的客人提供了休息区域和茶水服务；中餐会议工作人员提前一天便将会务所需台型摆放好，在会议期间始终有工作人员协调处理现场的突发情况；西餐厅在会议期间的每个时间点保质保量地为客人提供了用餐服务，并且在临时加餐的情况下，准时地将快餐送至会议现场。2018年10月28日，会议刚结束会务组就特别向公司提交了表扬信，肯定了酒店对于此次年会工作的支持，对酒店所有参与此次年会的服务工作者表示了感谢。

【服务优化】

酒店会议接待，需要始终贯彻“营造温馨、追求卓越”的经营理念，并将其与日常工作紧密结合在一起。想顾客所想，急顾客所急，才能够更好、更全面地为顾客提供优质的服务；会议接待要关注细节，将每一场会议、每一次服务都做到极致，才能让顾客感到宾至如归，最终得到顾客的认可和信任；每一次会议接待后要不断总结与反思，积累经验，提升品质，这样酒店才能不断进步。

案例 9

房费是挂公司的还是自己付

【情景描述】

2018 年 11 月 9 日，福建中源佳进出口贸易有限公司在酒店预订了 9 间客房，由于销售经理未告知预订人员这 9 间房费是挂公司账的，预订人员默认为这 9 个房间均为自付。客人办理入住时被前台服务人员告知需自付房费，导致客人生气投诉。

【案例分析】

前台服务人员在客人登记入住时会询问付费方式，本案例销售经理未能向预订部服务人员明确告知该批客人的付款方式，导致前台向客人收取房费，引起客诉。

【服务优化】

该案例关键还是销售与前台服务一致性问题导致的服务缺陷。销售经理订房时应将客人的付费方式明确告知预订部；预订员在销售经理未告知付费方式时，应主动向销售经理确认；客诉原因是酒店方操作不当，所以在客人生气时要以良好的态度向客人表示歉意，以取得顾客的谅解，必要时做好弥补措施。

案例 10 错误与错悟

【情景描述】

2019 年 2 月 26 日，龙府满月宴在某酒店九楼雅乐厅举办，但酒店大堂的引领显示屏却将“龙府满月宴”的“龙”字写成了“尤”字，在客人反映了一小时后都未改正；用餐时，由于最后一道菜品迟迟未上，客人以为菜品均已上完，便纷纷离席。

【案例分析】

中餐在向传媒部下 OA 单时，误把“龙”字写成了“尤”字，以至于引领显示屏出错；而后客人发现并向酒店相关人员反映时，由于传媒部人员当时工作繁忙未能及时改正；当日宴会人数众多，中餐上菜速度缓慢，引起客人误会，以致最后一道菜品无人品尝。

【服务优化】

中餐下OA单时应该反复确认核对，确保其内容的准确性；在发现内容出错时，要考虑事情的轻重缓急，传媒部应先放下手头的工作，及时修正错误；销售经理在跟进宴会用餐时，要时刻关注客人的需求，发现上菜速度慢时就应及时与中餐负责人协调，尽可能地加快上菜速度；耽误的菜品，酒店销售负责人和中餐负责人应向客人承认工作上的失误，以和善的态度向客人表示歉意，必要时酌情考虑补偿；同时要加强中餐员工培训，避免相同状况再次发生。

案例11　销售末端的服务

【情景描述】

2016年8月1日，中餐汉宫厅举办韦府婚宴，新人们下午就抵达会场了，这时候中餐的服务员还没有上班。销售负责人小婉事先就得知了新娘是孕妇，大概已经五六个月身孕了，所以早早地就在汉宫准备接待。新娘提出需要喝水，中餐只有白开水，小婉就跑到大堂吧调制柠檬蜂蜜水拿给新娘喝。新娘当时十分感动，连说谢谢，告诉小婉说："刚才就觉得喝白开水嘴巴没味道，不太舒服，你贴心地想到泡柠檬蜂蜜水给我喝，真是太感谢了。"

8月1日晚，婚宴顺利结束了。服务人员告诉小婉有宾客把一个手提包落在了会场。她查看了手提包，发现里面有钱包、贵重物品和名片，立马联系了客人，可是打不通，于是将手提包放在了大堂副理那里。第二天，小婉又及时联系了客人，征得客人同意后，将手提包交给新郎一并带回去。客人表示感谢，并说这么考虑非常好，毕竟手提包是私人物品，即便交给熟人也要征得本人同意，这很好地保护了他的隐私并表示非常满意酒店的服务。

【案例分析】

此案例中小婉做到了事先得知客人信息，提前准备，给客人更加周到的服务，让客人感到贴心。另外，小婉在处理客人丢失物品事件中，能做到既保护客人隐私，又将客人物品完好归还，受到客人的表扬和感谢，这值得酒店其他员工学习。

【服务优化】

销售服务始终贯穿服务前、服务中以及后续服务。本案例销售负责人小婉秉持服务连续性理念，在中餐人员尚未到位的情况下，能考虑服务对象的特殊性，有针对性地提供细微服务；在突发事件处理上始终考虑顾客的利益，换位思考，很好地维护了客户的隐私，从细节上体现酒店员工的职业素养和服务能力。

案例 12 卡券的诱惑

【情景描述】

A 酒店准备与第三方售卡公司合作推广超值会员卡和套票。第三方公司进行电话销售会员卡，所售出的卡包含各类免费券，打折券，一套卡和券的总价为 3888 元。A 酒店和第三方售卡公司对售卖卡券的收入进行四六分成，超值会员卡可用于房费的折扣，各种打折券和免费券可用于客房和餐饮费用抵扣使用。

【案例分析】

第三方公司进行地毯式的电话营销，在为 A 酒店增加知名度和带来新客户的同时，凭借其性价比优势势必会稀释掉酒店一部分公司协议客户。客户购买超值卡券套餐后，会员卡用于房费的直接打折，免费房券和餐券用于房费和餐费的抵扣，就会造成酒店房间和餐饮收入相对减少。

【服务优化】

可在一定的时间内进行统计分析：A 酒店加入超值会员卡券销售后，该第三方为 A 酒店带来多少新客户，消费情况如何；在把 A 酒店协议客户转换成会员卡客户后，该客户有没有多带来生意或者携带身边的朋友为酒店带来额外的收益；A 酒店通过销售卡券分成带来的具体收入为多少。酒店运营部门抓取这三个方面的数据来综合考量 A 酒店参与这个超值会员卡券项目是不是成功的，以便于第二年合同的后续签订或条款的更改。

案例 13　酒店总部签订的客人

【情景描述】

B 酒店隶属于 C 酒店管理集团，为一家国际性商务酒店，70%以上的客户来自商务客人，在这 70%商务客户中 90%以上又是本地协议客户，业务由 B 酒店销售办公室跟进并签订协议，剩下 10%的商务协议客户由 C 酒店管理集团的国内业务销售办公室签署。

【案例分析】

因 C 酒店管理集团总部位于北京，管理着国际大企业特别是全球 500 强公司的协议，搜集各酒店的数据统计和报价，并以 C 酒店集团的名义与对方公司集团（如：微软）签署协议，这样导致一种情况：集团销售办公室只负责协议的签订，并不负责客户的跟进服务，而 B 酒店销售可以接触到住店客户，又没有经手协议签订，容易造成对客户的忽视，客户什么时间入住，什么时间离店都没有概念，遇到事情想要找销售负责人找不到，销售也无法从客人身上得知该公司最近的情况，从而找到客户消费需求。

【服务优化】

B 酒店销售应该每日关注自己的到店客户，特别是集团销售办公室签署的公司，还应去接触客人，了解客人和其所在的公司，挖掘其公司的潜在需求，是否有项目需要落地，是否有团建或公司会议需要举办，以此来为酒店带来新的生意和收入。

案例 14　被稀释的房价

【情景描述】

某酒店是 D 县城的一家本地酒店，其 70%以上的业务来源于政府接待，其中公司协议价格和散客分别占到 20%和 10%，政府的采购协议价较低，低于公司协议价格和散客价格的 20%和 40%。

【案例分析】

因为D县是一个比较小的县，客户很容易相互认识到政府人员，也比较容易拿到政府采购协议价。D酒店的平均房价主要是由30%的非政府预定来拉动，如若20%的公司协议价和10%的散客价中即使有一半稀释到政府价格去预定，就会造成平均房价的下跌，大大影响到酒店的总体利润。

【服务优化】

可以综合考虑对预定政府协议价有所限制，如必须公务卡结账或者出示相关证明，以此来限制和管控政府价格；尽可能扩大酒店“30%”的业务，确保酒店基本的利润收入。

案例15 迟到的传真

【情景描述】

柬埔寨五星级酒店西哈努克酒店的一位经商住客弗兰克先生，一天下午2点45分来到酒店商务中心，告诉早班服务员小武3点15分将有一份发给他的加急传真，请收到后立即派人送到他房间或通知他来商务中心领取。3点10分时，中班小玄已经上班，3点15分这份传真发到了商务中心。早班小武正向小玄交代刚接收到的这份紧急文件的打印要求，并告诉他这一份传真要立即给客人送去，然后小武下班了。恰巧在这时，有另一位商务客人手持一份急用的重要资料要求打印，并向小玄交代打印要求；此时又有一位早上打印过资料的客人因为对打印质量不满意而向小玄交代修改要求。忙乱之中，小玄在3点40分才通知行李员把传真给弗兰克先生送去，但是弗兰克先生拒绝收传真。他手指着传真说因为酒店商务中心延误了他的传真使他损失了一大笔生意，并立即向商务中心吴经理投诉。商务中心吴经理看到发来的传真内容是：如果下午3点30分没有收到弗兰克先生回复的传真，就视作弗兰克不同意双方上次谈妥的条件而中止这次交易，并且另找买主。弗兰克自称为此损失了3万美元的利润，要求酒店赔偿他的损失或者开除责任人。

【案例分析】

本案例属于酒店商务中心的文员工作和秘书工作。酒店商务中心的文员工作和秘书工作都需要细心和细致，有时候一不留神就会犯下不可弥补的错误。

【服务优化】

本案例中由于酒店商务中心服务员的过失，让住在酒店的弗兰克先生失去了一笔大生意。酒店商务中心的小武和小玄两名员工应负主要责任，但是还不至于开除。可由酒店总经理或副总经理出面向客人道歉，承认酒店的过错，对客人住店费用酌情予以减免，并送上鲜花、水果及其他一些礼品请求客人原谅。酒店给予商务中心的工作人员小武及小玄留店查看的处分，让他们承担酒店的一部分经济损失以补偿酒店的亏损，并让他们当面向弗兰克先生道歉。

案例 16　商业中心的消费

【情景描述】

对于酒店商务中心的暴利，北京第二外国语大学旅游管理学院教授谷某表示："酒店的运营成本高，相应的服务价格贵也很正常。正如客人在普通餐馆吃一盘宫保鸡丁和在酒店吃，价钱肯定不一样。另外，这样做也是为了保护酒店客人的利益，如果定的价位和普通店面一样，那谁都能享受到酒店的高质量服务了，对酒店的其他顾客是不公平的。"谷教授还表示，酒店的客户群大部分是公务人士，还有很多是外国住客，对于公务人士和外国人来说，在酒店的消费虽然没有超出他们的消费能力，但酒店客户群真的不在乎酒店商务中心的消费价格吗？经常为公司的各种会议选址发愁的张小姐告诉记者，有一次在上海某星级酒店租场地开会，因为领导发言稿临时变更，需要重新打印，竟然花了 50 多元，为了节约经费张小姐只打印了两份，一份给领导发言使用，一份给大家传阅。可见纵然是公司开会，商务人士也并不认为在酒店商务中心就可以"潇洒"消费。

李先生所在的公司专门承办各种在酒店商务中心召开的高规格会议，他告诉记者："我们每次筹备公司商务会议从来不用酒店提供的上网、打印等服务，都是自备打印机、网线、笔记本完成承办各种高规格会议的工作。酒店的这种服务价格比较昂贵，还要另外收服务费，虽然自备机器麻烦但能省笔开销。"李先生说，其实那些能提供相应免费服务的酒店商务中心更受他们的青睐。对此中国人民大学教授、中国休闲经济研究中心主任王琪延表示，酒店的这些服务最好能有一个统一的合理定价。"贵一点是正常的，但是贵到什么程度是可以接受、合理的还是值得探讨。拿网费来说，酒店上网现在已经很普及，如果客人没带电脑但又需要上网，商务中心应该提供优质服务，免费满足客人的上网需求。”

【案例分析】

本案例属于酒店商务部门中的消费标准问题。酒店之所以称之为酒店是因为它的服务好、质量高，也正因此酒店的收费较高，所以，酒店在价格方面更需要有一定的标准。细节决定成败，“一枚马掌改变了国家的命运”“千里之堤，溃于蚁穴”“一条鱼腥了一锅粥”，虽然在古今中外关于细节决定成败的警句有很多，但在如今酒店商务中心服务中，有时还是会出现重蹈“败于细节”的覆辙。

【服务优化】

本案例中的酒店商务中心在整个城市的商务环境中，虽然是一个细节，但这些细节却实实在在地影响着酒店的形象。现在，大型跨国公司喜欢在酒店商务中心召开各种新闻发布会，酒店越来越成为跨国公司商务消费和媒体会议集中的地方，那些跨国公司为何热衷在酒店商务中心开会？其中的原因，酒店管理者应该好好思考总结。在这组调查中，中国休闲经济研究中心主任说过的一句话令人印象深刻，“贵一点是正常的，但是贵到什么程度是可以接受的、合理的还是值得探讨”。这在人们的意料之中，有这样的公正合理言论，才有这样合理的酒店服务和酒店商务中心的收费标准。同时这又有点出人意料，公务人士、外国客人虽然薪资较高，但也不会接受酒店商务中心的不合理价格。商务旅游、会展经济都是酒店商务中心的经济增长点，在整个酒店盈利体系中占有重要位置。而要使酒店商务中心在这两方面获得大发展，酒店服务是必不可少的。要想打牢基础，求得发展，像酒店商务中心这样的“细节”，就应该得到管理者的重视。比如酒店商务中心的服务员就不应该对客人说出“你要是觉得贵，可以不进去消费”这样的话，避免损害酒店的整体形象与声誉。

案例 17　宴会上的“礼仪”差距

【情景描述】

申幼恩作为某跨国公司韩国分公司的一名职员去参加一个高级商务宴会。到达酒店商务中心后，申小姐按照会场的指示寻找自己的座位，找到后却发现有人占了她的位置，于是申小姐很委婉地对那位男士说：“先生，不好意思打扰您一下，请问您的座位号是 35 号吗？”该男士看了座位号后发现自己坐错位置了，于是急忙跟申小姐道歉。申小姐微笑着说：“没关系的”。男士尴尬地站起来，请申小姐坐下。虽然宴会的时间已经到了，但是由于有重要的客人还没有出席商务宴会，所以宴会需要延期一段时间。得知这个消息后，参加宴会的另一位日本分公司职工安藤希在座位上一边抱怨一边用刀具发出各种声音以表示不满，而申小姐还是安静地坐在 35 号座位上等着商务宴会的开始。

宴会终于开始了，长时间的等待让职工安藤希饥肠辘辘。宴会的菜刚上桌，他就迫不及待地拿起筷子夹了一大块，然后又看到自己的右边有一盘特别爱吃的韭菜炒鸡蛋，就把韭菜炒鸡蛋转到自己的面前。他夹了许多，很快盘子就被装得满满的了。而申小姐则是很优雅地享受着宴会的美味，即使漫长的等待也使她饥肠辘辘。安藤希吃得正在兴头上时，主人已经开始敬酒了，他很不情愿地站起来，拿起酒杯，喝了一大口。申小姐则是一一回敬敬酒的人并与他们开心地聊了起来。潦草回敬完酒之后，安藤希目无旁人地大嚼大咽，发出“叭叭”的声音。这时，经理走了过来，向他和申小姐打招呼，他急忙站起来，在嘴里装满了食物的情况下和经理打招呼，可他一开口，难闻的气味和饭粒便喷了出来，导致他和经理都有些尴尬。而申小姐则是很自然地给经理回应，举止得体优雅，一定程度上也缓和了经理的尴尬局面。

【案例分析】

本案例属于酒店商务中心的礼仪问题。一般客人到达赴宴场所时，不要急于找座位坐下，应等主人引座；如果有客人坐错座位，一般应“将错就错”，或很巧妙地加以换座，以不伤害其他客人的自尊心为宜；延期时，应耐心等候，不得摆弄餐具，更不应用餐具发出声响；要等菜肴转到自己跟前时再夹，并且吃饭时应向左传递食物；女士用餐前要将口红用面纸擦掉，不可留在杯子或其他餐具上；吃饭时不应发出声音，口中没有食物时方可交谈，且不宜吃蒜、韭菜等味重的食物，若已经吃过了，应及时漱口清洁。

【服务优化】

本案例中申小姐与安藤先生代表的不仅仅是自己的形象，更是他们各自公司的形象。申小姐很注重商务礼仪，而且表现得得体大方。而安藤先生在整场商务宴会的行为表现则让人不敢恭维。作为公司的代表，本应该是公司各方面都比较出众的人选。由此可看出，安藤先生所在的日本分公司应加强对员工的素质培训和酒店商务礼仪知识的普及。

案例 18　归档的重要性

【情景描述】

泰国曼谷酒店的商务部对酒店商务中心的员工管理采用承包制的方法。酒店给予从事商务中心的员工很大的自主权，开发什么样的客户，如何管理客户的消费情况，都由酒店商务中心人员自己负责，经理只需要控制他们应达到的销售指标即可，而对他们手中客户的资料情况却不甚了解，也没有相关的资料留存。

一开始这个方法的效果还是不错的，由于跟自己的利益直接挂钩，酒店商务中心员工的积极性很高，酒店商务中心的生意也蒸蒸日上，而且客源很稳定，但是经理发现最近许多从事商务活动工作的人员被别的酒店挖走了，更糟糕的是其中许多重要客户的情况及个人资料也随着员工的跳槽而流失了。由于被挖走的员工没有留下关于顾客的任何信息，且酒店平时也没有相应的资料备份，所以新来的员工又得花费大量的时间与精力重新寻找客源，酒店的经济效益因此遭受了很大的损失。

【案例分析】

本案例属于酒店商务中心的销售管理问题。酒店商务部在管理上存在很大的缺陷，对于酒店商务中心员工的销售只有定额管理，却没有其他管理和激励措施，以致商务部业务骨干流失；而且又缺少必要的管理程序进一步对酒店商务中心的销售工作进行控制和记录存档。从本案例可得出结论：建立必要的顾客档案是非常重要的，尤其是重要顾客的消费信息。

【服务优化】

本案例中酒店客人的个人信息资料本应该是酒店的机密，只有酒店人员及管理人员才能接触到的第一手资料，是不可轻易外泄的。酒店应该将商务中心员工手中的顾客资料备份，员工可以把资料保留在手，但是必须跟公司签订保密协议，即使员工离开酒店商务中心的岗位也不能带走酒店顾客的个人信息资料，更不能将其泄露，使酒店流失客源，损害酒店的经济利益。一旦客人的资料外泄，商务中心的员工要负相应的法律责任。

案例19 不能对客人说"不"

【情景描述】

2018年12月，某星级酒店的商务中心会议室里，某大型国企会务组工作人员王先生正在检查酒店商务中心会议室的布置情况。王先生发现这个酒店的商务中心会议室的原有座位为86个，而本次会议人数却是100人，虽然该酒店商务中心相应地增加了一些座位，但细心的王先生突然发现会议室增加了椅子，却未增加相应的茶几，于是就向酒店商务中心的服务员询问原因。服务员解释没有配置茶几的原因：一是会议室太小，茶几放不下；二是茶几不够。王先生觉得桌子和椅子不配套不好看，就问能不能想想办法。负责相关事宜的服务员表示会尽快想办法解决，但是过了一会儿又说实在找不到与之配套的茶几，没办法。王先生有点儿不高兴，于是就自己联系了一个做家具的朋友，通过自己的渠道在外面找了几张茶几搬到酒店商务中心会议室来，才解决了茶几不足的问题。

王先生负责的会议结束后，就去安排参加会议代表们的娱乐活动，于是到楼层询问服务员小赵："请问酒店附近的公园怎么走?"服务员小赵微笑着说："对不起，先生，这个公园我不知道在哪里。"王先生扫兴地摇了摇头。通过这两次的对话，王先生对这个酒店的印象大打折扣，心里暗想，以后不会再来这家酒店了。

【案例分析】

本案例属于酒店商务中心会议服务的问题。从本质上讲，酒店商务中心提供的产品是服务，酒店应该建立的文化是服务文化，酒店管理提供给宾客的服务是一种文化，也是一种产品；同时，以酒店文化为核心，打造一个优秀的团队，对内能形成酒店内部的凝聚力，对外能形成同行业之间的竞争力，是酒店商务中心的迫切需求。

【服务优化】

当服务员在王先生提出增加茶几的要求时，服务员就应当立即回答："好的，我一定想办法帮您解决。"假若找不到备用茶几，也可向领班或部门经理反映情况，并从其他会议室等处暂时挪用几个。如果等客人先提了意见后再来解决问题，那么主动服务就转变成了被动服务，客人是不会满意的。另外，服务员小赵在不知道公园怎么走的情况下，应请王先生先在房间稍候，待自己快速询问知道如何到达公园后再立即告之王先生，并抱歉地说："对不起，先生，让您久等了。"那样，王先生就不会为服务员小赵的“不知道”而怪罪。相反,他会为其热情周到的服务所感动。

案例20 不耐心的等待

【情景描述】

朴逸轩代表韩国某公司去爱丽星级酒店商务中心拜访一位重要的客人,该客户是朴逸轩所在的韩国公司的重要合作伙伴。朴逸轩心想,如果去酒店商务中心早一点,就可以事先找酒店经理接待那位重要客人并且可以告诉经理自己的一些特殊安排和要求,所以上午9点他就到了酒店商务中心,但酒店商务中心接待小姐却告诉他,经理正在开会要等到上午10点才有时间接待他。时间还早,朴逸轩等得有点不耐烦了,就在酒店商务中心四处转悠。终于等到10点了,但该经理还是没有时间接待他,他就直接到酒店商务中心质问相关人员:“你不是说10点经理就会来吗?怎么还不来?”酒店商务中心的接待小姐很抱歉地把他带到经理会客室等待经理。

朴逸轩坐在会客室,看到桌子上有一部电话,心想这下终于有事做了,于是就拿起电话,拨通了好友的电话,开始聊天。正当他说得唾沫横飞、兴致正浓的时候,朴逸轩猛然一回头,看见一个手捧茶杯的服务员正在盯着自己,他尴尬地放下了电话,脸涨得通红,不知该说什么。

【案例分析】

本案例属于酒店商务中心的礼仪形象问题。礼仪在日常酒店商务中心生活及工作中的作用是万万不可忽视的。作为一名代表公司去星级酒店拜访重要客人的工作人员,不仅仅应该注重自己的形象,更应意识到自己的形象与公司的关系,因为自己的形象就代表着公司的形象,所以员工因公事而外出到别的酒店时,要格外注意自己的一言一行。

【服务优化】

本案例说明了代表公司的工作人员的素质问题。

1.拜访时要提前预约,千万不要选择对方酒店开会时去;

2.拜访时若提前到达,不要在酒店内乱走,这可能会影响酒店商务中心其他客人的商务办公;

3.酒店商务中心接待人员请你等待时,在经理的会客厅内不可随便使用会客厅的电话及任何办公物品,如果真有需要,出于礼貌可以向酒店服务人员提出自己的要求,让酒店服务人员为你安排。

案例 21　失灵的传真机

【情景描述】

2013 年 5 月的一天，李恩赫先生拿着一份密密麻麻才整理好的数据单匆忙来到韩国仁川某酒店商务中心，“还有一刻钟，总公司就要拿这些数据单与比特公司谈笔生意，请马上将这份文件传去美国，号码是……”李恩赫一到酒店商务中心就赶紧将数据单交给服务员要求传真去美国。服务员一见李恩赫着急紧张的模样，也就没有仔细看传真的内容就迅速拿过传真件往传真机上放，通过熟练的发送程序，商务中心的服务员很快将数据单传真过去了，而且传真机打出的报告单显示为“发送成功”。李恩赫终于舒了一口气，悬在心中的一块大石头也放了下来。不料第二天，酒店商务中心刚开始营业，李恩赫先生便气冲冲地赶到商务中心质问服务员：“你们酒店用的是什么传真机，昨天传出的那份数据单文件居然一片模糊，一个字也看不清楚。”商务中心的服务员赶紧向李恩赫先生道歉，之后开始寻找出错的原因，可是酒店的传真机一直是好的，能正常工作，昨天一连发出 20 多份传真文件都没出现问题，为什么李恩赫先生的传真数据单会是这样的结果呢？服务员猜想可能是因为数据单的原因，便接过李恩赫先生手中的原件，只见传真件上写满了蚂蚁大小的数据，每个数字都很小，虽然用肉眼仔细看能看得清楚，但传真机识别起来还是比较困难，内容太多，导致墨迹模糊了文件。

【案例分析】

本案例属于酒店商务中心的文员工作问题。事件是由商务中心员工的疏忽造成的，因此应该由员工负全责。如果商务中心的服务员注重细节，事先查看要传的文件，相信这次不必要的投诉就可以避免了。

【服务优化】

本案例中说明了传真一些字体小、行距小的文件时，商务中心的服务员一定要注意提醒客人，再清晰的传真机也传不清楚此类文件。所以商务中心服务员对每份传真的文件要大体看一下，如有此类情况应当提醒客人，可以采取放大复印再传出的办法来避免传真文件模糊不清问题。同时，要将传真机调至超清晰的设置，尽量放慢传真的速度，以提高其清晰度。对于本案例中的事故处理而言，酒店应该及时跟李恩赫先生道歉并重新发送传真一份，对李恩赫先生的损失进行一定的赔偿，提升酒店商务中心服务员在处理商务文件传送方面的能力。

案例 22 没有外线电话

【情景描述】

2018 年 12 月的某个上午，韩国某公司在当地一家五星级酒店的多功能会议厅召开会议。其间，该公司职员韩小姐来到商务中心发传真，发完后韩小姐向酒店商务中心借电话打给总公司询问传真稿件是否清晰可见。商务中心的服务员却说这里没有外线电话，韩小姐不悦地反问没有外线电话稿件怎么传真出去的呢？“我们商务中心的外线电话不对客人免费服务。”服务员回答道。“我已经预付了 20 元的传真费了。”韩小姐生气地说。“我收了您的传真费，并没有收您的电话费啊！更何况您的传真费也不够。”服务员态度强硬地说。“还不够支付传真费、电话费吗？到底你们酒店商务中心要收费多少才可以呢？开张传真和电话费的收据单我看一看。”那名服务员立即开了传真和电话的收据。韩小姐看后又惊讶又生气地问道：“传真收费还有电话收费是以什么为依据，有相应的规定章程吗？”“这是我们酒店的规定。”服务员辩解道。韩小姐进一步说：“请你出示书面规定。”“这不就是价目表吗？”服务员的手指向墙上的价目表，不耐烦地回答说。韩小姐：“你的态度怎么这样差？”“您的态度也不见得比我好呀！而且这本来就是我们酒店的规定。”服务员反唇相讥。韩小姐气得无话可说付完钱就走了。心中不禁顿生疑虑：五星级服务，难道就是这样的吗？毫无规章制度可言，酒店自己随意设置价目表。

【案例分析】

本案例属于酒店商务中心服务员的基本素质问题。服务人员的素质、态度与服务技巧是关系到服务质量的决定因素。对于一个五星级酒店来说，客人对酒店的要求较高，服务人员文雅、热情、亲切、认真、礼貌的工作态度都会给顾客留下深刻的印象。酒店服务质量是一个综合概念，它不仅包括酒店的服务设施设备、整体布局等功能设施，更重要的是酒店的人性化服务质量。

【服务优化】

本案例中韩小姐入住酒店后，其费用开支和所得到的服务是不相符的。一般酒店客人的服务价值标准是以尽可能少的支出，得到最大程度的享受和最舒适的服务。从案例中很明显地看出该酒店商务中心的服务员态度相当差，完全不符合五星级酒店该有的服务态度标准。酒店应加强对商务中心服务人员的培训，提升酒店服务人员的素质；再就是要明确酒店传真费和电话费的收费标准，得到政府物价部门的认证并张贴公示出来，明码标价以免引起不必要的争端。

案例23 客人的委屈

【情景描述】

一天下午，韩国明洞四星级酒店的商务中心收到上海某大公司常客陆先生发来的传真投诉，传真中讲述了他前几天来到酒店的遭遇，要向该四星级酒店讨个说法。

一个星期以前，陆先生打电话到酒店预订两天后的一个大床房，当时酒店预订员告诉陆先生两天后的大床房都已订满，陆先生无奈只好订了一个标准间。两天后，当陆先生来到酒店在前厅办理入住登记手续时，听到旁边一位无预订的顾客却被接待员安排了大床房，陆先生十分疑惑与不满，心想可能有其他原因，也就没说什么。住在酒店的3天中，从无一人询问他是否需要换到大床房。陆先生认为，这本来是一件小事，但作为酒店的长期合作宾客竟然受此冷遇，心里感到十分不快，他还是希望酒店给个合理的解释，并考虑以后是否还会入住该酒店。酒店商务中心的领班看完传真，立刻找到当班预订员小陈和接待员小许查询原因。经查实，在陆先生打电话订房时酒店确实没有大床房了，所以预订员小陈才在征得陆先生的同意后，给他安排了一个标准间。当陆先生入住时，接待员小许根据预订单将预留好的房间分配给陆先生。事又凑巧，此时另一接待员小腾恰好将一间刚刚结账的大床间又分配给了正在前厅询问有没有大床房的张先生。因此在陆先生看来，觉得酒店厚此薄彼，令人难以接受。事情了解清楚后，酒店商务中心的领班精心拟写一份热情诚恳的信件传真给陆先生，向他道歉；并在解释原因的同时，表示酒店的接待工作仍有待完善，非常感谢陆先生中肯的意见。酒店在最近的装修中会适当增加大床房，恳请陆先生的再次下榻。一个月之后，陆先生又光临该酒店，入住了新改建的大床房，他十分满意酒店商务中心领班的处理方式。

【案例分析】

本案例属于酒店商务中心的个性化服务问题。每位顾客在各个方面都有一些差异，才使他们的消费心理和行为与相应的营销策略显示出多样性。因此，酒店的档次要有高、中、低档的合理配套，经营品种、服务项目要齐全或富有特色，接待服务方法要区别对象，切不可千篇一律。以固定的、僵死的模式对待所有的顾客，就不可能满足不同顾客的不同需求。因此,从满足每一位顾客的物质方面和精神方面的需求出发,适应顾客需求的多层次性是所有酒店经营的根本出发点。

【服务优化】

本案例中的常客陆先生在预订时没有大床间,酒店应该把他提出的未能够满足的要求记录在预订单上,当陆先生到来时,服务人员应查询一下房间状态,就不至于发生当陆先生在办理入住登记手续时,碰巧发现没预订的张先生却被安排了大床房,陆先生不满的情绪是完全可以理解的。由于人们的社会地位、经济收入、风俗习惯、文化素质、民族、年龄、性别、职业、消费目的等方面的不同,决定了人们的服务消费需求的多样性。该酒店应新建大床房,以满足客人的需求;对于酒店的常住客人,酒店的商务中心服务人员在接待此类客人时应时刻注意他们的需求。陆先生抵达酒店时恰巧有一个大床房空出来,那么酒店就应该先询问陆先生是否需要更换,而不是当着陆先生的面直接把房间安排给张先生,当然问题出现后,酒店商务中心领班的巧妙处理也极大地挽回了酒店的经济损失。

案例 24 交班风波

【情景描述】

John 是美国一家大型企业的业务副总经理。2013 年 1 月 16 日至 18 日,他计划在广州参加完交易会后,立即返回美国,因为有一个重要会议在等待着他。

18 日早晨,John 来到他所入住的广州某酒店的商务中心,首先向商务中心预订了一张 19 日上午返回美国的机票。商务中心的刘小姐热情地接待了 John,在了解了 John 的需求后立即与航空公司票务中心进行联系,并承诺最迟在晚上 8 点将机票送到 John 的房间。John 听到商务中心接待员的承诺后便放心地离开酒店外出办事了。

John 白天外出办事忙了一整天,直到晚上 9 点多才返回酒店,当他一回到房间就向客房服务员询问订机票的情况,客房服务员却回答说:“这件事是您自己与商务中心联系办理的,您还是自己联系解决吧,对不起,我帮不了您。”

于是 John 马上将电话打到了酒店商务中心,谁知接电话的一名员工说:“这里是有一张广州飞往美国的机票,可是我现在还不敢断定是为您预订的,待我再询问核查之后回答您。”John 只好无奈地答应了。

到了晚上 11 点半,John 仍不见机票送来,心中不免有些焦急,于是他又致电商务中心，商务中心的接待员又回答他说："由于早班人员已下班，我现在联系不上他们，对不起，再请您等一下好吗？"John 听完后很气愤，心想这家酒店怎么在服务上这么没有信誉，明明承诺在晚上 8 点之前就会送来的机票，都快 12 点了还没有着落。John 担心延误明天一大早的返程，因此无法安然入睡，于是便将此事投诉到了大堂副理处。

大堂副理经过了解才知道，原来早上接受 John 订票的商务中心接待员中午突然因生病去了医院，所以未及时告知其他接待员而使登记的内容有误。

了解情况之后，大堂副理拿着机票送到客人的房间时已是深夜了，尽管他向 John 表示了深深的歉意，但客人 John 仍然余怒未消，对这家酒店的印象也因此大打折扣。

【案例分析】

本案例属于酒店商务中心的票务服务问题。票务服务是酒店商务中心对客服务的重要组成部分。作为客人，总是希望入住的酒店能提供便捷、优质的代订票服务，以消除其后顾之忧。酒店对客人代订购各种机票、船票、车票、戏票等都要按照客人的要求去尽力完成，如果有困难或情况发生变化，一定要及时通知其他商务中心的工作人员并征求客人的意见，要由客人自己决定是取消预订还是更改调整。

【服务优化】

本案例中商务中心的工作人员突发急病，没有来得及及时处理客人的需求，但酒店不能因此对客人没有交代，整件事的责任全在酒店商务中心的工作人员。如果商务中心的工作人员及时把客人的要求登记在案，接换班的服务员就可以及时地了解客人的需求，就可以继续为客人办理购票手续，不会因未能及时将机票送达客人而引起客人的不满。所以，大堂副理在第一时间向客人道歉这种做法是正确的，并向客人承诺一定尽全力为客人解决问题，以缓和客人的情绪；另外酒店应加强完善员工替换班的制度，增强制度的严密性、可行性、完整性，在员工接换班时一定要确保做好交接工作，避免此类事情再次发生。

案例 25 改造之前访问长住客

【情景描述】

按照硬件设施改造的周期，某著名五星级酒店定于年底进行 21 世纪的首次分期全面改造。究竟该如何改造？哪些设施需增添？哪些部门该加强？宾馆领导在多种方案中反复比较、斟酌。他们决定发动员工群策群力，集思广益，其中一条措施是到客人中间去了解需求。营销部小赵首先来到几个长住客房间。下面是访谈的摘要。

赵：您认为我店的风格如何？有何吸引力？

客：贵店的风格在于大方、自然的建筑和热情、善解人意的员工，这就是贵店最大的吸引力。目前，酒店业竞争激烈，我们希望贵店进一步保持与发扬这种风格。

赵：您觉得我店的环境怎样？

客：还可以。面积大，绿色植物多。但园艺方面有待改进，尤其在冬天，因为成都气候好，植物保青有条件。良好的外部环境是酒店的一种包装，一定要重视。

赵：您对我们的餐饮有什么建议？

客：这儿的川菜很好，但我想随着国内外客人不断增多，如果贵店能在以川菜为主的基础上，再开设一个粤菜厅及日本料理店那就更好了。

赵：住在这儿购物是否方便？

客：还算方便，不过局限性较大。许多东西我们还得从香港买，特别是食品。

赵：您常去娱乐世界吗？

客：不常去，但我喜欢玩台球。我建议在台球室最好播放柔和的背景音乐。

赵：我店要改造，作为老住客，您有什么建议？

客：贵店改造我很高兴。我提几点建议供参考。注意房间及公共区域的音响；所有客房的窗帘都应垂地，窗帘轨道要平滑；楼层对面储藏室应设计在不显眼的地方。设在楼层服务台附近并不好，说话声音太大，且老是让客人看到许多人在分发客房用品；搞一个出售书报的柜台，多增加一些读物；长住客的房间内，橱柜一定要大，家具要实用，有厨房的房间要多安装几个插座。

在连声道谢之后，小赵又按预约来到另一间长住客人的房间。

【案例分析】

从本例中可以看到，该五星级酒店在设计新产品时，坚持把客人的需求作为“指挥棒”。他们的做法给酒店多层次的启示。

【服务优化】

我国许多酒店在更新改造时也进行较大规模的市场调查，但调查范围多为本市或本地区同行的设施、设备及建筑装潢情况、客源动向、建材价格、工价等方面，到客人中间去了解他们的想法与建议的调查做法则为数不多。

其实，客人往往是酒店采取重大举措的好参谋。从本质上讲，更新改造与推出一个服务项目无多大差别，都是产品的创新。例如：长住房客对客房的要求与短期逗留者明显不一样，因而提出的建议很有针对性。客人是爱酒店的，只要你真诚询问，就会得到很珍贵的意见。本案例中客人参与产品开发创新，就是一个最好的证明。

案例 26　酒店的经济活动分析会

【情景描述】

苏州某五星级大酒店的经济活动分析会，是酒店例会制度中的一个亮点。经济活动分析会每季度召开一次，周期适当，涉及酒店从正、副总经理到各部门经理的整个管理层。主要是对上一季度酒店经济工作进行分析总结，对各项经营指标完成情况及相关数据进行分析汇报，针对存在的问题和不足提出具体的措施和建议，并提出下一季度的工作目标和努力方向，对酒店的经营管理起到了很好的承前启后作用。经济活动分析会要求每个部门经理正确地总结经验，对已取得的成绩，不仅要看结果，而且要讲出因果关系：原因何在？是采取了哪些有效措施所致？除了本部门的努力外，还有哪些综合因素值得吸取？……对存在的问题和不足，也要吸取教训，找出问题所在，有的放矢地采取措施加以改进。这样或使酒店领导和各部门管理者对酒店的现状和趋势，做到心中有数，从而确保酒店健康运营。

【案例分析】

本案例旨在说明经济活动分析会在酒店经营管理中的功效和特色。

【服务优化】

其一，强化管理层之间的信息传递和交流，提高酒店适应市场变化、抢占先机的应对能力。在餐饮经营上，管理层根据酒店自身档次高、规模小的特定条件，明确不能搞粗放经营，必须走精品化之路。在厨师配备上，高薪聘请了 2 个法国厨师和 3 个香港厨师，本店厨师则全部经过五星级广州花园酒店的专业培训。餐饮产品不断推出精品美食(节)，如“蚝皇大鲜鲍”，以及“俄罗斯鲜鱼节”“意大利食品节”等。这条餐饮经营思路在酒店经济工作分析会上得到大家的充分认可，并在此基础上通过有关信息的传递和交流，进一步获得市场拓展。比如，2001 年年底前酒店有部门经理获悉，从 2002 年起苏州工业园区下属各局的接待费将实行包干制，便及时在经济活动分析会上通报了这个重要信息，引起了大家的密切关注。因为这意味着定位高档消费的酒店餐饮，届时势必会流失一部分客户。然而大家对酒店餐饮精品化的发展思路毫不动摇，利用超前信息，未雨绸缪，及早想方设法从市里争取来另一批高层次、高消费的大客户，及时弥补了将流失一部分客户的损失。所以，当 2002 年年初餐饮市场发生预料中的变化时，酒店餐饮经营已占得先机，丝毫未受影响。

其二，群策群力，集思广益，用众人的智慧加强酒店的营销策划和产品开发。通过经济活动分析会，酒店领导和营销部门集中群众智慧，找准酒店主要客源的市场定位——园区商务散客，配合园区招商引资的需要，着重加强对招商的接待、园区各机构和驻园区各公司的促销，取得显著的成效；并利用酒店品牌，加强对周边城市特别是上海的促销，争取了不少高档的会议客源和度假客源，在很大程度上破解了酒店作为城市商务酒店"三天打鱼"(周二、三、四)，四天晒网(周五、六、日、一)的经营难题；还尝试发展高档境外团队客人，作为部分淡季市场的补充。同时采取灵活多变的销售策略，如对长期支持酒店的老客户给予优惠价格。又如，挪威驻上海领事主动找上门来，希望与酒店合作举办挪威"三文鱼美食节"，并愿意免费提供三文鱼原料、宣传资料和技术资料。这个活动到底合不合适搞？开始酒店领导和有关部门有点吃不准，就把问题放到经济活动分析会上提出来。经大家热烈讨论，反复思量，一致认为搞三文鱼美食节符合酒店餐饮精品化经营方针，而且酒店投入少、成本低，只需提供场地和餐具，现成的香港厨师参照技术资料即可操作，应该是一项双赢的合作，可以做。运作结果果然良好，酒店方面获益匪浅：一是加深了对三文鱼这样的深海鱼保健功能的认识；二是掌握和探索了多种三文鱼菜式的烹饪技法(刺身、烟熏以及蒸、煎、煽等)；三是增进了酒店与挪威方面的友好关系，扩大了酒店在欧美国家的名气。

其三，在各种意见的相互碰撞中擦出思想的火花，形成经营思路和运作方案上的共识。在酒店康乐部选择经营方式的问题上，经济活动分析会曾展开过专题讨论，争议较大。一部分人主张尝试康乐部搞承包经营。因为从许多酒店的经验来看，凡是把康乐部承包出去的，往往能"搞活经营"，经济效益较好，即使打点"擦边球"，也合乎"行规"，在情理之中。大部分人通过全面分析，认为康乐部是酒店整体的一个组成部分，一旦承包出去服务质量难免会失控，其结果和影响显然是消极的，会造成对酒店声誉和品牌的损害，从根本上背离酒店的宗旨，损害酒店的利益。最后领导采纳了大多数人的合理意见，康乐部由酒店自己经营管理。康乐部采纳了大家的建议，采取了开展正当的医疗保健按摩、出售会员制健身卡，以及为品牌体育用品做代理商等多项开发和促销措施，取得了相当不错的效果。又如，经济活动分析会上，还就客房销售提高房价或开房率的利弊得失展开过激烈的争论，双方本着求实精神，让数据来说话，经过仔细测算，最后找到了一个最佳平衡点。

其四，对各部门经理日常考核做阶段性小结，成为反映酒店管理者工作业绩的一个"晴雨表"。酒店由人事部对部门经理每周考核一次，考核内容经营占60%，管理占40%。经济活动分析会则是酒店对部门经理一季度日常考核的归纳和小结。对部门经理经营情况的考核，经济活动分析会按完成、超额完成和没有完成三类给予不同的分值。对其管理情况的考核，则是让其在完成经营指标的前提下，回答关于各方面管理到位不到位、管理措施得力不得力等问题，并分析原因，予以打分，不足的地方要扣分。有时部门经理在这一次分析会上对某个老大难问题回答不上，应要求其回去好好准备，在下一次经济活动分析会上给出答案。经济活动分析会对部门经理的考核，一年四次，分量很重，各部门经理高度重视，无不严肃认真地对待。可见经济活动分析会对提高酒店管理干部的素质和水平，也起到了有力的促进作用。

案例 27　面对下属不成熟的建议

【情景描述】

一天下午，我国西南某宾馆负责市场营销的宋副总经理坐在办公桌前，仔细地阅读近期宾馆客源情况和营业收入的统计报表。这时，秘书小李进来递上一份材料。宋副总经理一看，原来是销售部小汪写的一份建议书。

宋副总经理一口气读完了建议书。在建议书中，小汪提出市内最近开辟了交通环线。该宾馆紧靠环线，交通环境大大改善，出入市区十分方便，对商务客的吸引力丝毫不亚于市中心饭店。因此他建议宾馆借环线辟通的机遇，依托上三星级后较新、较完善的硬件设施，改变现在的客源结构，以中、高档商务散客为主，少接甚至不接团队，这样必将给宾馆带来可观的经济效益。一股高涨的热情洋溢于字里行间，并透出对自己的主张非常自信。小汪关心饭店建设的主人翁态度和主动献计献策的一片热情使宋副总经理深受感动，但她同时清醒地意识到，小汪的主张虽不无道理，但与该市饭店市场的现状和宾馆本身的条件不完全吻合。于是，她陷入了沉思……

第二天上午，开完晨会，宋副总经理即给小汪打电话，请他到办公室来一趟。一会儿，小汪来了。这是一个从旅游学校毕业才一年半就被提升为主管的充满朝气的小伙子。宋副总经理微笑着说："你送来的建议书我看过了，很有意思。你对事业的执着追求和实现自我价值的强烈愿望值得赞扬。"一番话说得小汪心里热乎乎的。

宋副总经理继续说："你提出的改变宾馆客源结构的建议，正是我眼下所思考的问题。不过……"小汪听到这里有点急了，不由得抢过话头辩解说："按我这样做，宾馆住房率可能会下降，但营业收入和利润肯定会大大提高。我相信是值得的。"宋副总经理并不生气，仍然心平气和地说道："这正是我要和你探讨的问题。我和你有同样迫切的愿望，但你想想，我市整个酒店市场的商务客源并不充足，总体情况是酒店供大于求……"宋副总经理对本市的客源市场做了精辟透彻的分析，小汪听得连连点头，完全被说服了。

宋副总经理接着说："不过，咱们不必泄气。目前我们在巩固现有中档商务客源的基础上，应积极筹集资金，为今后改造商务楼层创造条件，以便随着本地经济的发展，中、高档商务客源的不断扩大，逐步改变宾馆的客源结构。小汪，既然你提出了这方面的建议，我倒有个想法，请你重点关注本市的中、高档客源市场，加强市场调查和分析，为将来宾馆的开拓发展做积极的准备。你看怎么样？"此刻，小汪不但心悦诚服，而且被宋副总经理对他的信任和重视深深感动。

【案例分析】

酒店上级领导必须和下属人员互相理解，彼此合作，才能顺利地开展管理工作。因此，上下级之间互相沟通是十分重要的。

【服务优化】

在酒店企业中不乏这样一种员工，他们在工作中积极进取，常常有各种建议，希望做一番尝试，施展一下身手，并非常愿意让上级领导看到自己的能力和水平。由于思考角度不同或工作经验不足等，他们的建议有时会有片面性，上级领导对这类员工更应加强沟通，仔细倾听他们对工作的看法，尽量采纳、吸收他们有价值的提议，帮助他们全身心地投入工作。在沟通的过程中，关键是要遵循尊重下级的基本原则，最大限度地将他们身上的积极因素挖掘出来，并加以正确的引导和培养。如此，将对管理工作产生不可估量的积极效应。本例宋副总经理对小汪销售建议的处理就是一个出色的例子。小汪的销售建议虽然不切实际，但宋副总经理却敏锐地从中看到他可贵的主人翁态度和积极进取的精神，看到了他建议中包含的合理因素。

宋副总经理在对小汪总体上予以充分肯定的基础上，通过实事求是的市场分析，既指出了他建议中脱离实际的不足，又认同了他建议中的可取之处，并进一步指明了他今后新的工作方向。这样，宋副总经理对提出不成熟建议的下属员工，既维护了对方的自尊，又充分调动了他的积极性，在上下级之间加深了理解。

案例28　总经理的一次巡视

【情景描述】

一天早上，某酒店总经理巡视到客房三楼廊道上，看到刚走过的客人把撕碎的车票和烟蒂随手扔在走廊的地毯上，就马上走过去，在不惊动客人的情况下弯腰一一捡起来，放到走廊的垃圾桶里。当巡视到电梯旁时，看到三位客人从走廊里向电梯间走来，马上按下电梯下行按钮。客人到达电梯门前时，电梯已到位自动打开，总经理微笑着说道："早上好，三位先生，请！"顺便伸手示意。三位客人见已叫好电梯，再看看其胸前 001 号工牌，投来满意的笑容。其中一位客人说："001 号，酒店老总亲自为我们开电梯，十分荣幸！"总经理微笑着回答："应该的，应该的！"

这位总经理巡视到前厅，看到大厅外旋转门前有几位客人站着正在观察什么，走过去一看，原来这几位客人以为旋转门是电动的，正在左看右看找开关。总经理走上前去，推动旋转门，把几位客人引领进来。边走边介绍说明非电动旋转门的使用方法。客人好奇地打量着总经理，一位中年客人风趣地说："你这个老门童真不赖，给我们推门，又告诉我们怎么使用。"总经理赶紧说："应该的，应该的！"

同酒店质检人员及餐饮部经理一起检查餐饮部的卫生和餐前准备情况时，廊道里迎面走来一群客人，总经理一行人马上一字排开靠墙边站好，同时注视并问候客人，请客人一一通过。几位服务员看在眼里，敬佩老总见了任何客人都那么毕恭毕敬，认真履行接待客人的行为准则。总经理告诉各部门经理，每一个管理者在客人面前都首先是一个服务员，时刻准备为客人服务。服务好，这才是服务意识的具体体现。

【案例分析】

本案例中的酒店总经理是一位很有水平的管理者，他在巡视中几个事例所体现的管理者角色定位，其实质是以顾客需求为导向的全面质量管理。无论是帮客人捡垃圾、开电梯还是推旋转门，唯一的目的就是让顾客在酒店感受到一种满足感。只有让顾客满意、惊喜乃至感动，客人才会成为酒店的回头客，才能为酒店带来长久的效益。

【服务优化】

酒店管理者是企业的领导者，但领导的工作不仅仅是决策企业的发展方向，制定企业的规章制度和管理下级员工，而且是通过一系列的有效管理使酒店更好地为顾客服务。这位总经理通过一系列细致入微的"动作"，向我们展示了什么才是真正的管理者。他虽然做了一些基层人员做的实务工作，但对自己的定位没有改变，态度和目的没有改变。对酒店的下属，总经理或其他管理者所做的主要工作是管理和决策。而对于顾客，酒店所有员工的工作，事无巨细，都是为了让顾客在酒店里产生一种满足感。总经理在此将自己定位为一名服务员，其目的就是让顾客体会到真正的服务，这也是酒店业服务的真谛。

其次，这位总经理通过一些自身行为，让下属看到了什么才是一名合格的服务员。这对于提高企业员工的服务意识、端正工作态度是大有裨益的。可想而知，连总经理都能严格按照待客准则对待每一位顾客，下属还能不做好吗？这就是领导人行为的表率作用，即我们常说的模范带头作用。

最后，总经理的这些行为其实也是对酒店的一种特殊营销。试想，当客人看到连酒店老总都将自己放到服务员的位置，全心全意地为客人服务的时候，肯定会感受到一种前所未有的满足和感动，下次不仅自己要来住，而且有机会肯定也会向其他人推荐这家酒店，这将极大地提高酒店的声誉和知名度，为酒店创造更多的财富。

案例 29 “抛砖引玉”的餐饮促销

【情景描述】

2015 年夏季，某市繁华地区一家二星级酒店一楼临街餐厅的改造即将完工，准备直接面向社会经营。饭店经过策划，向本饭店员工每人发放 50 元就餐券，以带动客人消费，增加人气。开业伊始，效果非凡，络绎不绝的人流，使新装修的餐厅名声大振。酒店在此基础上，陆续调整了菜单里的部分菜肴，使人均消费由 30 多元逐步稳定在 40 元以上。生意稳定了，质量提高了，市场找准了，实践证明改造成功了，营销手段见效了。

几乎是同样的促销手段，近年“六一”前夕，某市经济欠发达地区某县的一家政府宾馆，经过构思策划，印制了数千张“庆六一 · 欢乐自助餐”餐券，向学校学生发放，儿童凭券就餐可免费，成人每人免 20 元。学生们拿着餐券要求父母亲前往，父母亲算了一笔账，在当地市场买半只鸡、一条鱼，炒一盘蔬菜，烧一碗汤才 10 元钱，全家的伙食解决了；要是到宾馆吃自助餐，为了免费的 20 元钱，还要花上 40 元，实在不划算。结果宾馆准备“六一”儿童节前后一周时间的“欢乐自助餐”仅过两三天就草草收场了，而且还收到了家长们的投诉。

【案例分析】

都是“抛砖引玉”式促销，为何效果大相径庭呢？成败原因，经分析发现至少有四：

其一，“砖”的大小。既是抛砖引玉，砖的分量不能忽视，砖大则得不偿失，砖小则不足以引发兴趣。50 元的餐券，在人均消费 30 元的市场，几乎解决了两人的用餐费用，因此来客消费不觉心痛。客人既来了，酒店餐厅气氛、菜品质量后继跟上，人气和财气也就步入良性循环了。反之，赠券价值太少，明显系钓鱼的感觉，本想前来消费的客人可能会来(也不介意赠券的存在，像肯德基、麦当劳小型免费或优惠即为此类)，而专为花费赠券再附带、追加大额消费的客人自然不会很多。

其二，抛向何方。砖头抛出的方向，应该是玉石林立的地方。因为这种促销方法，选择赠券、优惠券的发放对象是至关重要的。即使同一座城市，也有街区贫富之分；纵然同一个街镇，人群消费观念也难免有差异。

其三，何时抛。背时凤凰不如鸡。选择适当时机发放赠券或优惠券，参与消费者消费决策；尤其是在假日经济中，适当超前地激发顾客消费动机，对激活市场、扩大需求是比较有效的。

其四，是否有人“宁为玉碎，不为瓦全”？若是一个地区经常用抛砖引玉作为营销技巧，可能会使一部分消费者产生免疫性和抵触情绪，甚至出现“宁为玉碎，不为瓦全”的思维定式。即只要见到赠券、优惠券，就判断为诱人上当、请吃鸿门宴，消费者视之为陷阱。在这种氛围里，“抛砖引玉”是很难奏效的。

【服务优化】

早就是经济发达的福利型国家的瑞典，有个知名品牌宜家家居(IKEA)。在世界各地开了不少连锁店，在一次市中心市场的开业典礼上，宜家向第一批光临的顾客赠送了洋溢着民族特色的瑞典木屐，但是只有左脚的一只。如果还想要右脚的一只，就得到那家偏远的新店去走一遭。于是，市区新店、偏远的新店都赢得了更多的顾客，创造了更高的销售纪录。这无疑也是“抛砖引玉”式营销的成功。然而它是寄托在发达社会、福利国家，设计抛出具有鲜明特色的“砖块”上的。

案例 30　收益管理与 RevPAR

【情景描述】

A 酒店有客房 400 间，挂牌销售价格为 400 元/(间 · 天)，其客房出租率为 60%，平均房价为 300 元，月收入为 216 万元，每间客房平均收入(RevPAR)＝60%×300＝180 元。B 酒店有客房 400 间，挂牌销售价格为 400 元/(间 · 天)，其客房出租率为 70%，平均房价为 260 元，月收入为 218.40 万元，RevPAR＝70%×260＝182 元。

从上述数据可以看出，B 酒店的 RevPAR 为 182 元，比 A 酒店高，那么是否 B 酒店因此会获得更多的收益呢？我们假定两家酒店每间客房销售成本均为 30 元/(间 · 天)(仅指客用品、水电费等)，B 酒店虽然取得了较高的经营收入，但其客房出租率比 A 酒店高出 10%，即每天 B 酒店要多付出 40 间客房的经营成本，一个月下来为：40×30×30＝36000 元，A、B 两酒店的经营指标对比如下表。

A、B两酒店经营指数对比　　　　单位:万元

酒店	实际收入	潜在收入	收益率	RevPAR	毛利
A	216.00	480.00	45%	180	194.40
B	218.40	180.00	45.5%	182	193.20

由此可见,虽然B酒店的收益率与RevPAR指标都较A酒店高,但其所创造的利润却相对较少。且A酒店的客房出租率要比B酒店低10%,即在同等条件下,A酒店享有的市场竞争力要远比B酒店高。那么,在相同经营资源的情况下(假定A、B两酒店为同档次酒店),为什么B酒店客房出租率、RevPAR指标都高,经营毛利却比不上A酒店呢?我们从目标利润管理的角度来分析一下。

【案例分析】

RevPAR是revenue per available room的缩写,指每间可供租出客房产生的平均实际营业收入,用客房实际总收入除以客房总数,但一般都用实际平均房价乘以出租率表示,结果都是一样的。

作为衡量饭店经营业绩的重要指标,RevPAR与收益管理(yield managemant)的概念已渐为人知。饭店收益管理与RevPAR指标很重要,但还需与目标利润相结合来判断。

目标利润＝目标收入－目标成本(费用)

目标成本(费用)＝固定目标成本(费用)＋变动目标成本(费用)

B酒店通过降价的策略来争夺市场,它如愿以偿地获得了较高的客房收入及收益率,但这个结果是通过较高的出租率换来的,所以它必然要付出比A酒店更多的经营成本(费用)。那么,B酒店通过降价换回来的出租率是否划算呢?从目标利润的公式中我们知道,B酒店就是因为目标收入增加的幅度不能跟上目标成本(费用)增长的速度,因而导致经营毛利未能达到理想水平。

【服务优化】

管理者在实施一项打折促销方案时,首先应考虑到的是方案实施后酒店能否从中获得更多的利润,即目标利润的管理问题。与之相区别的是,收益管理则侧重对收入的管理。

我们谈酒店目标利润管理,大多数情况是在编制酒店经营预算时,按以往经营的情况,结合现行市场分析,对部门全年经营做出的预测,同时也是整个部门的经营目标。而通常在考核一个部门的经营业绩时,其着眼点也在于对目标利润的考核。所以,我们在进行收益管理活动的同时应该有机地与目标利润相结合。

综上所述,酒店业平衡收益管理和目标利润的关键只有一个,那就是找准变动目标成本(费用)的变动目标参数,用公式表示如下:

变动目标参数＝目标收入－现行收入－变动成本(费用)基数×(目标出租率－现行出租率)×客房总额

如果变动目标参数大于零,则营销方案可行,反之则不可实施。例如:A酒店有客房400间,出租率为60%,平均房价250元/(间·天),客房变动费用支出为35元/(间·天)。为抢占市场,A酒店计划推出200元的特价房90间,预计出租率能上升到65%,每月收入增长15000元。那么此方案是否可行呢?

变动目标参数＝[(400×65%－90)×250 ＋ 90×200]－400×60%×250－35×(65%－60%)×400＝－200元

从表面上看,酒店的收入及RevPAR指标同比都有所上升,但变动参数小于零,即目标利润同比减少,因而此方案不可行。在大多数情况下,经营者都能准确计算出营业收入及RevPAR指标增长的情况,但要结合变动费用进行综合预测(含隐性成本),方可实现收益管理与目标利润的共同增长。尤其是在一些平均房价较低的酒店或住客层次较低的地区,客房变动目标成本的准确预测显得更为重要。

案例31 加快应收账款回笼的要诀

【情景描述】

某五星级酒店,最近接了两个住酒店不交房费,拍拍屁股走人的客户。一提到这两个客人,酒店负责销售的郝经理就有一肚子委屈:欠下的房费8000多元,还是我自己垫付的。客人住酒店,房费酒店经理垫付?这还是第一次听说,事情到底是怎样的呢?

林先生是某高档五星级酒店的销售经理,上个月给老客户帮忙订了酒店,本想着从中赚一笔提成,没想到酒店订成功了,客人也入住好了,如今房费欠下的8000多房费还是自己垫付的。上个月的19号,银行的一名叫李静的经理联系林先生,让他帮忙在酒店订两个房间招待客户谈生意。但是酒店有规定,除了长期与酒店合作的公司外不得赊账,必须交付押金,不得赊账入住。因为李静是老客户,而且她郑重承诺:生意谈成了,入住酒店的费用由她来付,如果谈不成,她也会让那两名客人付清。就这样酒店一来因老熟人李静的面子,二来比较信任她,毕竟前几次也是说话算话,允许她的两个客户入住酒店。

大约10天后,两个客人要求离开酒店。林经理一听急了,算了算这几天的房费总共8200元,可是谁来付?于是他就联系了李静。李静给他的答复是:如今生意谈成谈不成她也不确定,客户说有急事处理,你先放他们走,谈成了我来付款,谈不成我找他们付。见老熟人拍胸脯斩钉截铁地又把这话说了一遍,林经理就像吃了定心丸似的,就放那两个客人走了。

如今一个多月过去了,可是找他订房间的老熟人李静那边却没了动静,酒店清账的时间也快到了,林经理觉得很委屈。

【案例分析】

随着酒店业竞争的日益激烈,信用挂账消费自然而然地成为酒店施展营销策略、稳定客源、增加市场份额的一大举措,由此而产生了应收账款。酒店生意既要做得大、做得活,应收账款也要收得来、收得快,这始终是摆在酒店经营者与管理者面前的重要话题。

【服务优化】

某饭店在加快应收账款回笼方面有五点做法可供借鉴。

1.成立催款小组

成立以酒店领导为组长,营销、餐饮、客房、财务四大部门负责人及有关人员为成员的酒店应收账款催款小组,在春节前突击收款。每天事前排出催款路线,收款返回后及时汇总反馈,并及时安排好次日的催款计划。平时,分餐饮、客房两大块进行催款(一般以一个月为挂账收款周期),但分工不分家。比如,遇上餐饮吧台人员无暇外出,有同一挂账客户单位的,客房部则将餐饮账单一并带走收款,反之亦然。这样,既明确了各部门的催款责任,又树立了酒店一体化的思想,同时也增进了各部门、人员的配合协作精神。

2.签订信用消费协议书

以诚信为前提,根据客户单位的企业规模、信用程度、客户往来频率及酒店对其熟悉、了解的程度,采取分级消费优惠政策。同时,在签约书上要求客户提供授权签字者名单,并及时分发到相关业务部门,以便严格把关。对于一些未签约的客户要求消费挂账的,酒店规定必须经酒店相关部门领导同意。特别是对于个人消费挂账,规定凡由酒店相关人员签字担保的,本着谁担保谁负责的原则,超过当月未收回账款的,则在担保人当月工资中予以扣除,直至扣完为止,从而在一定程度上避免了客户消费挂账的损失风险。

3.编制账龄分析单

应收款期越长,形成坏账损失的可能性就越大。通过编制应收账款账龄分析单,可以及时了解挂账客户的账款动态和比例,以便及时采取相应对策,清理拖欠款,加速资金回笼,避免坏账损失。酒店的应收账款账龄分析单,主要包含挂账客户名单、挂账金额、账龄分析、总计及比例等项目。其中账龄分析单一栏又分为30天以内、30～60

天、61～90 天、91～120 天、120 天以上及备注 6 个分项目。账龄分析单统一由财务部负责编制，每月 10 日和 25 日各一次，分别呈送总经理及分管餐饮、客房部的副总经理。通过对应收账款的账龄分析，客户单位挂账时间长短、多少就一目了然，由此可以基本了解客户的消费状况及信用程度，以便有的放矢，加快应收账款的回笼速度，保证应收账款的安全。因此，编制账龄分析单对于加快应收账款的管理很有必要。

4.召开财务分析会

酒店每月 25 日全面盘点后，定期召开一次由酒店领导牵头，营销、餐饮、客房、财务部主要负责人和相关人员参加的财务分析会，着重研究应收账款问题，核账单，排难点，寻原因，做到账账、账表、账实相符。对于一些久欠未清的款项，逐笔进行分析讨论，决不轻易放弃可以催讨的途径和机会。对于个别一段时间没来酒店消费的老客户，则认真分析原因，及时改进服务、菜肴等自身方面存在的不足之处，力争使其最终成为酒店的忠诚顾客。

5.实施奖罚考核制度

为了进一步加强饭店应收账款的管理，明确职责，落实到人，确保资金安全，提高经济效益，调动催款人员的工作主动性和积极性，饭店根据实际出台了《应收账款回笼奖罚考核暂行办法》规定：(1)餐饮应收账款每月余额高于或低于 15 万元、客房应收账款每月余额高于或低于 3 万元的，各按其差额分别对相关部门予以 1% 的奖励或扣罚。(2)应收账款统计截止时间为每月 25 日，以财务部账龄分析单提供的余额为准。(3)各业务部门须及时上交有关账单，做到当月收入当月反映。(4)应收账款回笼奖罚款每月结算一次。予以奖励的，由业务部门填写领款单，经财务审签后报总经理审批领取(具体奖励分配由各有关业务部门负责人自行处理)。予以扣罚的，由财务部在有关业务部门负责人的当月工资中直接予以扣除(具体扣罚由该业务部门负责人视情分解)。(5)营销部暂纳入餐饮部应收账款回笼奖罚考核中，由餐饮部负责人视情予以奖罚。(6)凡有财务人员配合外出催款的，相关业务部门应在当月的应收账款回笼奖励中对其予以适当的奖励。(7)各业务部门及有关催款人员，须妥善保管好账单、发票等凭证，因工作疏忽而丢失的，须承担相应的责任。酒店自实施《应收账款回笼奖罚考核暂行办法》以来，效果较为显著，餐饮、客房等有关部门人员的催款责任心明显增强，积极性大大提高，应收账款余额均未超过预计的控制额度范围。总之，酒店必须高度重视应收账款管理工作，群策群力，周密布置，精心安排，灵活应对，千方百计加快资金周转速度，提高资金运营效益与效率，努力避免和减少坏账损失，永葆酒店的生机与活力。

案例32　一次成功的客房提价

【情景描述】

深圳星级酒店林立，三星级的A酒店只是其中平凡的一分子，但酒店的整体销售工作是相对成功的，特别是客房销售在同一档次的酒店中始终独占鳌头，令同行刮目相看。

A酒店长期以来高度重视销售工作，仅业务人员就多达十几人，在深圳酒店业中可能是数一数二的。每天一上班，部门人员开始碰头进行工作分工后，各自外出公关销售，下午5点集中返回部门开会，汇报工作情况，解决客户提出的问题，部门布置新任务，提出新要求，等等。业务员大部分时间都在外面逐一拜访客户，与客户建立良好的人际关系，同时听取他们对酒店软、硬件设施的意见；适时地推销酒店的新产品和新服务；了解酒店同行业的各种经营和营销策略；等等。在巩固与老客户关系的基础上，销售部采取地毯式的方式不断挖掘新客户，据不完全统计，各类企事业单位、政府机关等与酒店正式签订住房和餐饮消费优惠协议的就达几千家。酒店为协议单位提供住房优惠价，如标准房全价是546元，而协议价仅298元，单人房全价是418元，而协议价仅228元，等等。由于酒店正确的市场定位和合理的客房价格，很多国内外商务客人特别是一大批台湾客人始终青睐A酒店，他们认为A酒店的档次和服务与价位相称，而且位置理想，所以生意一直较火。

然而酒店却面临一个很棘手的问题。酒店当时单人间共有60间，其中有35间是近期装修的，其他25间是较早时期装修的。房间硬件设施设备反差较大，而由于历史方面等诸多因素，当时新旧单人间的协议价同样是228元。结果可想而知，旧单间的客房销售情况不错。而新单人间销售更好，每天上午时段新单间就被预订完毕，晚些预订或没有预订的老客户拿不到新单间表示意见很大，特别是住过新单间的人不愿意住同样价格的旧单间。鉴于上述情况，酒店领导及时召集销售部和相关部门经理协商，共同解决这个问题，会上大家畅所欲言，最后得出两种答案：一种认为不能提价，理由是：其一，客户长期以来已认同228元的房价，提价会导致客人不能接受或不满，可能失去部分客户，影响营业收入；其二，客户会认为酒店生意好了之后就不顾及顾客利益，产生逆反心理，不再支持酒店。另一种观点认为可以提价，理由有以下几点：其一，旧单间228元客人已经完全接受，新旧应有一定的差别；其二，新单间销售非常理想，调整30元幅度不大；其三，客户倾向认为新单间228元价格偏低；其四，酒店利润可大幅度提高，按新单间 90％的住房率计算，每间提价 30 元，一年可多创利 344925 元，这可是一个不小的数字啊。为谨慎起见，避免决策失误给酒店带来不必要的损失，酒店领导要求销售部门做好全面的市场调研工作。经过 15 天的努力，反馈回来的各种结果如下：其一，客户对新单间提价普遍有一定的异议；其二，客户普遍认为新单间 228 元房价是偏低一些；其三，客户对新单间的装修风格、档次普遍认同；其四，客户认为新旧单间档次相差太大；其五，部分客户认为新单间提一点价也是可以接受的。

【案例分析】

基于上述调研，酒店领导几次协商，决定对新单间进行适度提价，调整到 258 元，同时赠送免费自助早茶。但具体执行须有个时间过渡，让客户有个心理调整和接受的过程，因此让销售部以书面和口头形式通知客户，两个月后开始执行新单间价格，并密切注意观察市场动态，做好相关解释工作。最后，事实证明酒店的决策是正确的。

【服务优化】

此次价格调整，说明要正确应用价格策略，一味地降价倾销不见得是一件好事。相反，合理的价格上调应用得当，可以在为企业创造更大利润的同时保持和扩大酒店原有的市场份额。

案例 33　麦当劳代售月票的启示

【情景描述】

麦当劳作为当今全球最大的餐饮业服务企业，长期以来以年轻、活泼的风格面对市场，希望为顾客提供一个轻松的用餐环境。因此，麦当劳在中国容易被年轻人接受和喜欢，却很难赢得中、老年顾客的青睐。如今，麦当劳超越自身既定的经营服务范围，以社会意识作为餐饮业服务价值的卖点，融入社区服务，为居民提供便利。这种营销新策略，为麦当劳塑造起“责任＋服务”的公众新形象，无声无息地起到了不错的促销效果。

最典型的例子就是北京市麦当劳通过调查，发现当地公交月票发售网点不足，一部分乘客很不满，而麦当劳的分店选址都十分注重位于交通便捷、人流量大的地区，于是麦当劳便利用其遍布在北京的各个商业网点代售月票。这一营销创新让广大北京市民从麦当劳的“好事”中获得便利，同时麦当劳也吸引了更多的新食客，不少中、老年顾客为了买月票，顺便在麦当劳就餐，这样顾客接受麦当劳的文化氛围，就成为自然而然的事，从而达到了“双赢”的目的。所以，有餐饮业内人士说，这是餐饮营销理念的一个重大变化。

【案例分析】

众所周知，麦当劳在开设分店时很注重地理区位优势，另外，员工的高效率和热情服务也是其重要的竞争优势之一。麦当劳充分利用自身的资源条件“拾遗补缺”，为广大北京市民提供购月票的便利。看似平淡，其实此举已经突破了麦当劳原有的“方便、快捷”的就餐承诺，客观上起到了吸引新的顾客群的作用，确实有笼络、温暖中、老年顾客的心的效果。这样就理所当然地为其夺得了新的市场份额。

【服务优化】

麦当劳代售月票给国内同行业以有益的启示：

1.我们常见的市场营销手段有广告、促销、公关等，国内餐饮企业在广告、促销方面不乏大手笔之作。而麦当劳却以“便利”作为企业服务价值的一种创新，通过一些产品小改进、服务小好事，不断赋予“便利”以新的内容，创新性地满足了顾客的便利需要。相比之下国内仍有一些餐馆坚持认为，我是卖饭菜的，进了我的店就是入了我的乡，就得随我的俗，意思是要客人“入乡随俗”。这就完全把主次颠倒了，“要顾客随我的俗”的想法成了一些餐馆败走麦城的原因之一。如今公共关系成了市场营销中日益重要的沟通和促销工具，跨国企业在海外经营的关键一着棋就是“本地化”。要想让企业立足和发展，就必须真诚地为顾客服务，得到当地社会公众的肯定和支持。

2.在当今迅速变化且难以捉摸的环境中，餐饮业正受到各种冲击，如全球化、技术变化、多样化和顾客需求分散化等。这些力量往往超出传统的购买习惯，维持餐饮企业与市场同步的能力和能量变得越来越困难，但便民仍是一个颠扑不破的规律。麦当劳并不满足于已有的顾客满意纪录，始终对顾客投以细心的关爱。在北京市，74 个麦当劳分店均代售月票，弥补了北京市只有 88 个月票发售网点的不足，为北京市上百万乘客带来惊喜和便利。高考前夕，麦当劳面对只要一杯饮料就在餐厅待上好几个小时的高考考生，不仅不驱赶，反而特意为他们延长了营业时间。这些小事既平凡又可贵。麦当劳无偿地做着这些看似与赢利无关、看似干扰了正常营业的“好人好事”，正是其“让顾客满意，事无巨细”营销思维的具体体现。这不仅秉承了麦当劳的企业文化，同时也是对“让顾客满意”的服务内容的创新性拓展。

总之，麦当劳以代售月票这一看似微不足道的小事来表达服务顾客的诚意，来营造良好的公众信誉，真可谓以小见大，为我国餐饮业的营销创新提供了一个经典范例。

本篇章案例 15～24 资料摘自《酒店管理 180 个案例品析》(王大悟、刘耿大著，中国旅游出版社 2019 年出版)；案例 25～33 资料摘自《高星级酒店管理案例精析》(唐斌、江燕玲著，重庆大学出版社 2013 年出版)。

第六篇章　酒店财务管理

案例1　储值卡与免费券

【情景描述】

酒店推行储值卡业务，储值卡有专门的储值卡系统，同时会推出各种优惠券及免费卡赠送等。针对储值卡，财务专门出具了财务操作制度，包括储值卡入会及储值人员的分开，入账的流程，每日报表及每月报表的更新，领卡及券的流程等。但是在财务每月突击检查中，在盘点卡和券的过程中发现，赠券信息类别在发放给客人时登记不全；未按照要求模板格式登记相关内容，确保按卡实发赠券，且客人领出的券不必签字和备注联系方式。

【案例分析】

储值卡的管理比较正规，但是对于免费券的管理就比较疏忽。一般认为卡是有价值的，所以会比较重视，但是免费券认为是免费的，所以未做好票券的管理工作。但是对于酒店来说，不管是免费券还是出售的券，都属于有价票券，应视同于有价票据一起保管。免费券一般用于维护客人关系或服务补救，这种直接送出的免费券申请时需要客人基本信息，便于财务日后不定期抽查做电话回访，以防员工申请为己用；售卖券一般有固定的价格，由餐厅提前申请一定数量的备用券，用于餐厅日常售卖，售出时做好登记，及时入账便于财务核算，对于还未售出的券财务不定期盘点。售卖券用完再申请时需要提供之前的销售记录。

【服务优化】

酒店所有的储值卡、免费券以及售卖券全部由财务部保管。各部门需要时，必须提交申请得到酒店管理层批准后方可领取，领取时财务让领取人签字并做好相关登记工作；财务提供登记表格，在领取新的免费券时，必须出示之前已发出的登记表，经过财务核对后才能领取新的免费券；基于储值卡由财务保管的原则，可不定期以抽查的形式盘点部门领取的储值卡。

案例2 员工价那回事

【情景描述】

某酒店财务部于2018年4月10日至2018年4月16日对最近一个月(2018年3月18日至2018年4月10日)本酒店员工在使用集团员工价的操作情况进行检查,并让安保部同事配合查询监控进行核查,发现有违规操作:员工价房间入住非员工本人,客人直接到前台报员工姓名,使用员工价入住。

【案例分析】

员工价是酒店集团给予员工的福利。因价格偏低,所以要遵循预定流程,规定员工必须申请集团的账号,通过网络使用员工价预订。集团之前规定不能预订本酒店的房间,随着福利范围的扩展,开放了本酒店的预订,且一次可以预定两间;但是预订人必须为本人入住或者同行亲属一起入住。故对于前台人员来说,会有使用员工价倒卖酒店房间的漏洞,对酒店收入造成损失。员工价和亲友价是两个不同的概念:员工价只能员工本人预订且本人入住,亲友价是指亲友注册并绑定该员工账号后享有的亲友价。集团推出员工价和亲友价两种不同的价格优惠政策。

【服务优化】

酒店可实行员工通过官方网站不能预订本人所在酒店的员工价。员工预订自己酒店员工价可作为酒店内部员工福利,需内部申请,管理层批准后方可预订;加强审查,对于每一次的员工价入住,必须严格要求本人入住登记,即使是给亲属朋友开的房间,也必须有其中一间由员工本人入住;前台应附员工证件与账单一起投入财务;财务不定期进行抽查,员工价倒卖酒店房间的行为应予以严惩。

案例3 被掉包的做房记录

【情景描述】

酒店客房进行部分外包清洁服务,财务对于10月份提交的客房外包做房奖励表

进行审核,发现以下问题:

2018 年 9 月 16 日至 10 月 15 日的做房报表中,9 月 18 日及 9 月 19 号两天的做房记录实际上是酒店员工 A 做的,但是登记在外包公司名下,且取得了酒店客房部副经理 B 的确认,而当日员工做房的记录上没有。

【案例分析】

外包每间房的清洁费用是 20 元,酒店员工的奖励做房是 15 元,故中间有 5 元的差价。酒店员工做的房间,伪造成是外包员工做,应该是员工与外包负责人之间的私下协商。一来外包若人数不够,可以抵扣做房数量的要求,二来也可以减少人工费用支出,不用额外招聘员工;对于酒店员工,可以拿更高的奖励。且如果客房部主管或者经理都不监督的话,很难发现,但会导致酒店成本增加。

【服务优化】

客房部应建立严格的分房操作流程,登记分配做房人员和做房人分开;主管或经理要每天审阅做房报表;财务要求提供原始的工作单以便核查;一旦发现伪造,要严厉惩戒;条件允许的话,酒店客房清洁工作最好全部外包给第三方清洁公司。

案例 4　删单的秘密

【情景描述】

在某一季度的现金检测中,检测人员发现客人在行政酒廊点的一份金汤力的钱未投入财务,账单被删减。经过调取监控发现收银员在收银台进行操作,按照投入的账单看,账单被删,删单也按财务要求投入了财务,并备注了理由:重新开单到××××× 单号。查×××××号账单发现,确实有一笔金汤力及一份薯条,挂入 1215 号房间,且 1215 客人退房时已付账。通知保安部对该员工进行问询,员工承认将钱存入小金库,保安搜出小金库盒子,里面约 378 元现金。

【案例分析】

如果不是现金测试,按投下的账单看毫无问题,且按财务要求对删单也进行了备注,且备注里的内容属实。这说明该收银员已经熟练应用技巧“偷钱”,如果出现一样的点单,支付现金的账单删除,现金占为己有,并备注到挂房账的单子上,这样财务就没法查出问题。

【服务优化】

酒店严禁员工使用本人二维码收钱,所有微信、支付宝收款均使用酒店账户。所以要严格加强员工培训;对餐厅删除或取消账单设置权限,设置为餐厅经理或者主管才有权限删除或取消账单,所有取消单需要餐厅经理签字并备注原因;对于大堂吧、酒廊等收入不大、金额较小的营业点增加现金测试的频率。

案例 5 客房 Minibar 何去何从

【情景描述】

某酒店财务部门统计发现:客房 Minibar 连续几年收入不断下降,从 20000 元/月的收入降低到 5000 元/月,而 Minibar 的损耗在出租率差不多的情况下,基本保持在 2000 元左右。因 Minibar 食物的流动慢,且品牌酒店执行不查房不退房的政策,若有过期食品则客人拒付损耗,就增加了该部分成本。

【案例分析】

随着互联网的普遍运用,外卖 App 迅速发展,Minibar 因定价高和产品选择有限而缺乏吸引力,使用的客人越来越少,导致收入不断下降;而前期因为成本率低,故即使加上大部分的过期及客人拒付情况,也能抵消成本。而随着收入的下降,这部分的成本无法用收入来弥补了,所以会出现成本率从原来的 15%上升到 50%的现象,有时候甚至出现亏损。同时,更换 Minibar 产品及检查过期食品等,也浪费了做房员工的时间精力,还存在增加客人投诉的风险。

【服务优化】

酒店 Minibar 提供免费供应可作为酒店推销房间的一种方式。若接待大型团队,因人数多,而且一般是协议价格,故可以不享受 Minibar 食物免费赠送优惠,在该团队到达酒店之前,及时撤出 Minibar 食物,也减少退房时酒店客房部核查的麻烦。

案例 6

信息技术是财务信息最好的保鲜剂

【情景描述】

年底的时候,领导要求财务部的同事 A 制作一份近 5 年的财务汇总报告,并进行相应的对比分析。A 开始查找之前的数据档案,发现由于最初几年有的数据资料不全,无法做出完整有效的对比分析。

【案例分析】

财务信息也有保质期,谁都不希望昨天费老大劲整出来的财务信息不久以后就成一堆垃圾。财务信息更不能有变质,一方面管理者当期决策时有得用,另一方面未来决策时可用。前者讲究的是信息的生鲜程度,是效率层面;后者追求的是信息质量的长期保质,所以财务信息的保鲜期要求更长更高。为了达到这个效果,我们也在尝试各种手段,包括流程优化、纸面账簿、电算化等。总的看来,不管是财务信息的当期效率,还是长期质量,都离不开信息技术的支持,所以说信息技术是财务信息最好的保鲜剂。

在财务信息的当期质量方面,及时性最为关键,信息越新鲜价值越大。不过回过来看酒店的实况,很多酒店在本月的 10 日还拿不到上个月的财务报表,有的甚至到 20 日才能召开上个月的经营分析例会。在这个时候,一个月已过大半,财务信息再准确再完整,可惜已过时,也成了明日黄花。“快鱼吃慢鱼”,酒店管理层的经营决策讲究的是时效性,需要的只是大数据参考。这个时候,财务信息需要考虑如何更快,从而更新鲜,而要保证财务信息效率的达成,已非信息技术莫属:通过同事集团系统,每月可很快出财务报告。

【服务优化】

财务本身作为一个信息系统,目的是支持企业管理者的经营决策,如果用一个公式来描述财务信息的价值的话,即:财务信息的价值=准确度×完整度×及时度×需求满足度。四个要素都是用百分比来表达,它们之间是乘数关系,而不是单纯的累加,这也就意味着只有四者同时优秀,结果才可能卓越,因而体现的是综合素养。从上述公式可以看出,即使财务信息的准确度和完整度达到最完美的 100%,如果及时度只有 50%,那财务信息的价值也会打对折。

在财务信息的长期质量方面，准确度、完整度和及时度已不是问题，关键在于信息的可用性，也即需求满足度的达成情况。在未来决策时，由于决策目的和决策事项的差异，对信息的需求也不一样，这就对财务信息的精细程度和维度属性提出了要求，所以需要在一开始进行财务信息采集的时候就要有所预期。虽然未来需求不可完全预测，好在常规的需求基本上可以提前把握。比如对于预算控制等，有了这些信息，未来的需求基本上都可以满足。

也就是说，对于财务信息的长期质量，核心在于信息的足够精细化，属性足够充分，以使未来的需求都可以通过信息单元的排列组合进行满足。这就使得财务信息具备了相当的弹性，也就降低了信息变质的风险。但这种弹性带来的挑战在于，信息的保质期越长，弹性越大，意味着信息量越大，工作量也越大。海量信息的采集、加工、报表生成等，如果仍用手工管理，无疑是一个不可能完成的任务，此重担又非信息技术莫属。特别是在报表生成方面，维度属性越丰富，报表的灵活度就越大。而且，在报表的使用方面，需要达到随时随地查阅报表的效果，这更是信息技术的强项。

因此，在信息技术的帮助下，即使时间再长，信息都能用、可用、好用，财务信息的准确度、完整度、及时度和需求满足度都能达成。有此效果，财务信息自然不会变质，财务信息的价值自然得到了体现。所以说，信息技术是财务信息最好的保鲜剂。

案例7　合理设计采购的重要性

【情景描述】

2018年A酒店实现销售收入1.34亿元，较上年增加20.4%，净利润2000万元，比上年增长37.9%；而B酒店营业收入1.87亿元，净利润1500万元。排除其他的原因分析：A酒店2017年第四季至2018年上半年，财务建议趁某些保质期较长、原材料价格处于低位时增加了采购库存，而保质期较短、成本较高的原材料相应减少采购库存，因此保持了现时的毛利率水平。

【案例分析】

财务采购作为酒店的一个重要部门，与各类供应商打交道，熟知市场价格规律，在采购的源头之处为酒店把关商品质量，在保证供应商高品质服务的同时，也能减少酒店的成本。采购作为成本控制的一个重要环节还是需要加强管理的，不然等采购执行完毕、生米做成熟饭到生产环节控制就有些亡羊补牢了。

【服务优化】

怎样让采购成本控制管理成本体系？企业应当如何对采购环节进行体系化管理，才能减少采购支出？提高采购效率？扩展利润空间？提升经济效益？

1.完善采购管理流程

(1)计划管理：在保证无计划不允许采购的前提下，以完整、准确、及时为原则，参照生产计划、原始统计数据、消耗定额及其他内部资源制定采购计划，充分发挥计划的指导作用。(2)采购管理：以质量和效益为中心、坚持“四比”(比质量、价格、服务、资信)、“三公开”(产品明细、厂家报价、采购结果)、“两必须”(货比多家、签订合同)、“一到底”(谁采购谁负责到底)，做到采购程序公开、厂家参与机会平等、竞争有序。(3)到货验收制度：凡是采购的物资必须经检验和验收合格后，方可投入生产。(4)资金与核算办法：一要加强资金管理，合理分配资金用途，防止有限资金被分散，提高资金利用率；二要严格成本项目核算，进行奖惩控制，形成动力机制；三在保证效益最大化总目标的前提下，做到采购计划与财务计划的统一，实现财务对采购的有效监管。

2.完善采购组织建设

(1)加强生产、财务、仓管、采购等部门的联系，建立采购需求的联动机制。

(2)在采购部门内部建立有分工有合作、既能紧密衔接又能相互制约的内部运行机制。

3.合理选择采购方式

4.与供应商建立合作伙伴关系

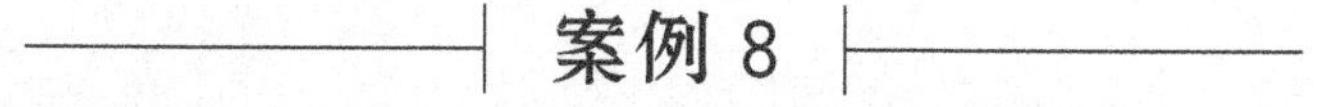

案例8

财务部门属于职能部门还是业务部门？

【情景描述】

酒店运营部门一般与客户直接打交道，是直接为酒店创造效益的部门，如商务发展部等，而财务部则划归后端职能部门，为业务部门提供服务与支持。可是在酒店里往往存在运营部门某些人员时有大放厥词，说财务部是他们养活的，这就让财务部门的员工听了极为不爽。

【案例分析】

其实，酒店财务部门不仅仅是职能部门，同时也是业务部门，如需要追讨拖欠款时，就需要财务部门协同。财务部门把自己当作业务部门，一方面可以正确理解自己在公司中的重要性与价值，另一方面也可以形成业务角度的思维，以及全局观的视角。

【服务优化】

1.提升内部职能素养。对于决策层，财务部要提供战略价值评估、战略规划、财务情报、分析和报告等方面的信息与服务；对于业务经营，财务部要提供计划和分析、管理会计、成本会计、预算、绩效考核、风险管理、价格分析、运营资本管理、财务信息管理等信息与服务。例如，财务要对合同条款把关，对于增值税发票相关项目把关。

2.优化部门间协同。财务部门要想真正参与到酒店经营中，成为酒店价值的真正创造者和管理者，就必须去了解业务，懂得业务部门的语言。财务人员要从改变财务部门的定位开始，要把财务部门变成酒店价值的管理者，变成业务部门的合作伙伴。要做财务分析、预算、内控，要帮助业务部门赚钱。财务工作在酒店的成本控制、定价策略、风险管理等方面的作用也越来越被业务部门认识。良好的财务监控能够反映出各项工作的成果和不足，业务部门不应将财务部门的规定和要求（计划、制度、回款、费用控制等）视为对业务的束缚，财务部门也应该根据业务特点和市场情况给业务部门提供灵活的政策和支持。财务部门宜定期拿出最详细的数据，如成本预算与实际对比、项目销售预算与实际对比、项目利润预算与实际对比等资料，以便告诉业务部门实际业绩怎样，并在此基础上讨论如何改进、哪些是重点以及时间表和责任人等。关键是细节方面的数据统计、分析和沟通讨论。比如说经营成本高了，业务部门需要明确哪一部分成本高了，原材料中的哪一个项目、哪一个产品的成本高了，是报价低了还是实际生产控制的问题等。对于客户和供应商，财务部要处理应付、应收、固定资产管理、信用管理和收款等。

案例9　酒店财务审计的“四性”

【情景描述】

C酒店属大中型综合酒店，各种设施较为齐全，且拥有优越的地理优势。餐饮部分设两个中餐厅和两个西餐厅。中餐厅经营情况一直良好，餐食成本率能够控制在合理的水平，客源比较稳定。西餐厅经营情况不稳定，餐食成本率指标一度达到92.67%。基于上述情况，审计人员对酒店管理情况进行了专项审计，并根据审计结果给出了改进建议。

【案例分析】

当酒店形成一定规模后，往来的账目款项会越来越复杂，再加上公司部门众多人员出入频繁，财务复杂性可想而知。为了确认财务收支情况，发现问题并给予运营部门相应的改进建议，做财务审计是非常有必要的。

【服务优化】

首先要检查各类报表是否编报齐全，仔细阅读报表说明，注意报表反映的会计期间的财务状况、经营成果以及资金变动情况与其他会计期间的分析对比，有关重大影响因素是否予以揭示，并结合报表内容的审计，验证报表附注说明是否真实。通过有效的财务审核可以确保以下几项：

1.公司财务的真实性。为了确保财务账目的真实性，相关业务在特定期间，检查与账户记录是否相符，有没有资产、负债余额及收入等出现虚列情况。

2.公司财务的完整性。被记录的账目会在会计报表列出，应检查期间是否发生遗漏、隐瞒经济业务，有无账外资产。

3.公司财务的合法性。根据《企业会计准则》及其他有关财务会计法规的规定，查看公司报表的结构、项目、内容等是否合法，确保经过调整后没有违规事项。

4.公司财务的准确性。对公司报表各项目进行分析，确保信息准确无误，并能反映到相关会计报表中。

案例10

一封陌生邮件引发的信息安全问题

【情景描述】

酒店某财务工作人员接收到一封陌生人发来的电子邮件，以为是集团信息，点击邮件中的链接，结果造成了电脑信息的泄露。

【案例分析】

网络信息安全已然成为酒店一个不容忽视的大问题，千万不要随意点击陌生链接。酒店财务信息技术部门应明确信息安全管理的范围，对信息安全的风险进行识别与分析，在此基础上，制订出信息系统风险应对的措施，从而进行风险控制，降低信息系统风险，以保障信息系统的安全。陌生人发来包含链接的电子邮件在酒店很常见，建议酒店员工使用集团邮箱处理工作；信息技术人员要加强信息安全方面的培训，如遇特殊情况应及时解决。

【服务优化】

1.做安全需求分析,确保整个系统在建设之中和建设之后维护的安全性,所涉及的范围包括:信息,包括数据、资料等;硬件和软件;环境及支持设备;参与人员的管理;网络通信设备;存储设备等。

2.风险识别与分析:从潜在的危险和系统的安全威胁等方面进行风险识别与分析。

3.风险响应规划:根据上面风险识别与风险分析结果,制定相应的风险应对措施。

4.要有信息涉密级别管理方案,如:建立私密文件夹,设立权限;建立部门文件夹,各部门文件夹不通用;对特殊岗位设专属文件夹等。

5.涉密介质安全使用管理方案:U 盘、硬盘、光盘、磁带等涉密介质应标明级别,并按相应密级管理;酒店电脑一般不能插入 U 盘、硬盘、光盘等,如必须使用时,需要使用信息技术人员提供的安全 U 盘。

6.身份管理方案:处理秘密级信息的涉密系统可采用口令进行身份鉴别,口令长度不得少于 8 个字符,口令更换周期不得长于 1 个月。

7.风险监控的策略:(1)建立合理的、科学的信息安全工作体系。(2)减少威胁:通过身份认证、访问控制、网络监控、入侵监测、审计和安装防病毒软件等技术措施,建立黑客防范系统和恶意代码防范系统,减少信息系统受到内部员工黑客行为和恶意代码攻击的机会。(3)减少薄弱点:通过教育和培训强化员工的安全意识和安全操作技能,建立和完善信息安全管理制度,强化安全制度的检查和落实。(4)减少威胁可能的影响程度:应用密码技术对信息的存储和传输进行加密处理,建立并实施业务系统的应急响应计划,此计划包括备份保护、应急响应、测试维护等。

8.安全解决方案动态调整:安全解决方案的基础是风险分析,应该根据风险的变化,进行动态调整。一成不变的静态风险管理,在风险发生变化时不仅起不到应有的安全作用,反而会产生负面影响。因此,风险管理应该动态进行,达到风险预测、实时响应、降低风险的良性循环。

案例 11 POS 机故障,到底扣款否?

【情景描述】

客人李雪飞先生于 2019 年 3 月 14 日凌晨两点半左右,在某酒店 KTV726 包厢消费结账时通过信用卡付款￥3322 元(人民币:叁仟叁佰贰拾贰元整),刷卡时 POS 机未出小票,收银员查询交易明细时未查询到该笔交易,当场告知客人该笔刷卡操作未成功需重新受理,但客人表示已收到发卡行扣款短信通知,坚决不愿再次刷卡。

【案例分析】

因通信问题造成 POS 机信号不稳定,导致客人已收到扣款短信但实际 POS 机未交易成功而不能正常出票,存在款项漏收风险。

【服务优化】

由于收银设备出现故障而导致收银成功与否待于查验,对于此类问题,首先应向客人表示歉意,并向客人说明情况,沟通二次刷卡事宜,留好客人收款账号信息及联系电话,以便若多收客人款项时能及时与客人沟通退款事项。其次,若客人不愿二次刷卡,在表示歉意的基础上,耐心疏导客人情绪,最后做到让客人在账单上签字并注明未以其他方式付款等字样,留下联系电话以便酒店跟银行确认未收款后与客人联系,尽量避免与客人发生正面冲突。

案例 12 漏签担保公司惹来的麻烦

【情景描述】

2018 年 10 月 1 日某酒店仁乐厅账单消费 16600 元,账单上签注是×××公司担保,但未注明担保公司名称。事后发现该账款应与“晋江少体篮球班同学联谊会”会议款一起结,但因该会议款已结账,造成此单漏结,事后再跟客人收款时客人意见较大,给收款造成很大困难,最终中餐厅副总出面道歉并给予了适当的优惠券后方才结清账款。

【案例分析】

因担保人未写清被担保公司名称，并未与收银及财务部门及时沟通，导致会议款项漏单。

【服务优化】

针对此事，财务部门应对营业部门及各收银员进行对应的担保操作规范培训，要求客人消费结账时必须写明担保人名字和公司名称，否则拒收单据；事后追讨款项时要积极协同相关人员，遵循将损失减少到最小限度的原则，妥善处理此类问题。

案例 13　中餐赠送房变有价房

【情景描述】

2018 年 9 月 20 日，陆史娜女士登记入住 921 房(中餐赠送房)，客人签了￥500 元预授权。21 日退房时经查房客人没有消费，应撤销客人 500 元预授权，而前台员工操作失误导致扣了客人 200 元。财务审计时发现有此服务缺陷。

【案例分析】

前台工作人员对业务不熟，不清楚房价，误把中餐赠送房以公司内部结算价向客人收取，导致误收客人款项，同时让客人误以为内部结算 200 元房价是为销售价。

【服务优化】

财务审计及时，审计单应及时处理并通知前台退还客人款项，同时要做好对客人的解释工作，弱化因多收房费造成的“服务承诺虚假”的不良影响；要求对前台员工加强业务培训，对操作失误员工给予适当处罚以示警诫。

案例 14　“本期应还款金额”不对

【情景描述】

2019 年 2 月 25 日，金鼠王公司财务反映酒店信贷所递送的 1 月份对账单的“本期应还款金额”不对。

【案例分析】

此问题经查，是因酒店股东分红抵扣挂账款单据未能第一时间送达应收会计员，告知该款项已扣回，导致应收会计2月中旬出具“对账单”时未能及时扣减已抵扣金额，双方公司应收余额不符。

【服务优化】

财务工作细如发丝，核对是第一关键；财务部门应要求出纳、会计付完当期分红抵扣应收账款后，第一时间告知应收会计给予及时销账；应收会计基于工作习惯，若发现当月与往月有出入，应多沟通多核对，避免出现工作失误。

案例15　酒店开具了假发票？

【情景描述】

2020年2月底的一天，某酒店审计经理的手机接到一个陌生电话，告知她是某公司的财务，因酒店于今年2月中旬开具给他们公司的发票，多次验证均失败，怀疑酒店开具假发票，要求酒店予以解决。审计经理的私人电话是由酒店前台员工提供给客人的。审计经理询问了相关信息后，添加了客人微信，对方财务将发票票面信息和国税网的验证信息均发给审计经理，审计经理仔细核对了票面信息和验证信息，发现是客人将验证码161738输成131738，所以验证失败。

【案例分析】

客户表示发票无法验证，前厅部未按照正常流程与客人核对票面信息，而是直接将审计经理电话推给对方财务，这是不符合标准操作的，尤其是将私人号码给对方。正常情况下，酒店财务部不属于运营部门，一般不对客服务，以防出现服务不标准引起的投诉。

【服务优化】

客人的发票显示无法验证的情况在酒店经常出现，不能验证的原因也有很多种。根据以往惯例，大部分是填写发票验证信息时，信息填写有误。对此，作为一线营业部门，应加强发票的一些常规知识培训，了解发票的验证流程。财务部也可根据实际情况，对该信息进行整合并分享，提高解决问题的效率。

案例16 因押金不足引起的酒店坏账

【情景描述】

有一外籍客人入住上海某高端酒店，入住时因前台接待失误，未收取客人押金。后与客人联系请求补交，客人坚持无须交付押金，退房后一定会一起结账。因宾客服务经理未提交每日 Credit Limit Report(信贷额度报表，反映客人交付的押金是否能够满足在店期间消费的报表)，财务部信贷组未及时发现该漏洞。客人入住 20 多天后，财务部才从 Credit Limit Report 发现此问题，并立即以邮件的形式通知前厅部。前厅部经理与客人沟通，客人表示因业务需要，需在酒店入住一个月左右，先支付半个月房费 18 万元，后半个月待退房时一起支付。为维护客户关系，前厅部经理同意客人的要求。然而未等到客人退房，该客人就被公安局抓走。原来该外籍客人是欺诈犯，已在世界各地犯案。酒店立即报警，但于事无补，客人在店消费的 19 万元无人支付，且很有可能成为永久烂账。

【案例分析】

1.前台在客人入住时未按标准流程收取押金，且因是外籍客人，前台主观认为外籍客人信用度高，擅自决定免押入住，成为该事件的起源；宾客服务经理未将每日 Credit Limit Report 上交财务，以致财务未能及时发现此漏洞；前厅部经理在客人交付半个月房费之后，在不知客人背景，没有任何担保的情况下同意客人继续免押入住，未有风险意识，以致最终产生高额账务无人处理。

2.财务部也有监管不力之责。宾客服务经理未提交 Credit Limit Report，财务部未每日催交，且财务系统有相关报表也可检查在店押金情况，但财务部未主动审核；后续客人仍免押入住，却因前厅部经理口头担保而不予理会，没有采取相关的防范措施。

【服务优化】

1.收取足额的押金是前台接待的重要内容之一，也是上岗前的必要培训。如有特殊情况，应立即上报前台经理，由管理层决定如何处理。除有合作协议，或有销售人员或其他管理层担保，也可视情况做免押入住。一般担保的额度不超过担保人工资的 80%。

2.大副报表是审核收银操作是否正常、房费是否足额收取等的重要途径，也是各大品牌酒店要求检查的项目之一，宾客服务经理与财务部都应该按各自的标准作业程序进行复核,以便及时发现并解决问题,避免不必要的损失。

案例 17　酒水盘亏如何处理

【情景描述】

酒店成本部与酒店大堂吧进行 2019 年 7 月月底酒水盘点时,发现少了一整瓶希望庄园猎博希哈干红,也未有任何调拨记录。大堂吧主管询问当月所有上岗人员,均说未拿过该红酒。经调取系统所有的入账明细,以及每日投给成本部的酒水报表,终于发现,原来是在 7 月 13 日那天,大堂吧员工张某接到总机电话,告知 8366 房需要点一瓶希望庄园希哈干红。张某以为希望庄园猎博希哈干红与希望庄园希哈干红为同一款酒,所以系统入账项目为希望庄园希哈干红,实际出希望庄园猎博希哈干红(猎博希哈干红比希哈干红价格贵 150 元)。当日制作手工酒水报表时,仍未发现两款红酒的不同,从而使月底盘点出现差异。

【案例分析】

案例中体现的一个很明显的问题,是收银对酒店产品的不熟悉,尤其是自己所在的运营区域。酒店内经常会有客人来咨询经营范围,所以一线的收银应完全熟悉本区域的可消费产品,并知晓其他运营区域的酒店产品。在对客服务中,非常忌讳"不知道""不明白""不清楚""不了解"等,这些都将会让客人的满意度大打折扣。

【服务优化】

酒店行业越来越重视个性化服务,酒店产品知识也是个性化服务很重要的一节。所以各运营点应加强自身部门员工就酒店产品知识的相关培训,作为收银员也应在实际操作中主动学习酒店产品知识,并积极推销,提高酒店收益。

案例 18　每班次盘点备用金的重要性

【情景描述】

2019 年 8 月某日下午 5 点,某酒店审计经理突袭检查前台 4 个收银柜台的备用金，发现第三个抽屉的备用金有异常情况。根据收银填写的备用金交接记录和现场盘点的现金数，发现该收银柜短款263元。因现场收银无法确认为何短款，故告知财务待核实清楚后向财务部反馈结果。半小时后，前台主管Cherry告知，还有263元现金被收银柜的现金补差单压着，盘点时现场员工未能提供出来盘点。

审计经理告知前台主管盘点时收银柜已全面检查，不会有遗漏，且有监控视频可备查。且根据备用金交接记录填写的数据，几天前该收银台的备用金总额（包括现金、补差、借款等）与现场检查的数目一致，均为短款263元。

审计经理将此事报前厅部经理。经查：8月23日下午，收银尹某误将一张已还的263元的现金借款单计入备用金，导致前台3号柜长款263元。尹某将其报至前台主管林某处，林某将长款的263元先收入前台办公室寄存柜，未告知其他前厅部员工。

【案例分析】

备用金是酒店根据实际运作需要而设立的，是酒店的资产，财务部每月不定期对其进行盘点，以确保备用金的正常使用和安全。在实际操作中，很多收银因为此类意识不够，经常未按照实际情况对备用金进行清点，以致备用金出现问题。案例中，前台发现长款，未及时核对账目金额与实际附件是否一致，前台主管发现备用金长款263元未上报部门负责人，而是自行处理长款。以上均属于违规操作，酒店可根据实际情况对员工予以严惩。

【服务优化】

对于现金，每名收银员都应严肃对待。收银员需每日打印收银报表，与每笔现金账单进行复核。若发现账目与实际现金有出入，应第一时间复核收银报表，确认是否为账务问题。若非账务问题，且无法核实差异原因，前台应立即上报部门负责人和财务部，并将长款上投财务部出纳处，待后续处理。

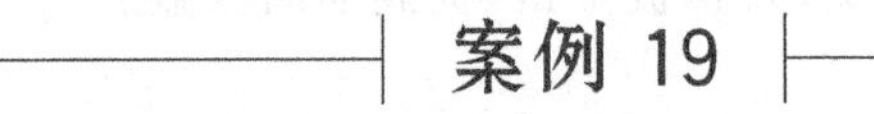

案例19

电脑文件数据丢失该如何应对

【情景描述】

2018年5月中旬，一种名叫"勒索病毒"入侵众多国内品牌酒店服务器，一时间酒店内的Opera、Sun、MC、Outlook邮箱等系统全部宕机，各部门保存在电脑C盘的资料、文件等全部遗失。因信息技术人员当月未及时备份相关数据，财务部全员耗时近一个月，才将当月的系统数据补回。

【案例分析】

信息技术部门的岗位职责除了平日帮各营业点解决网络、系统维护等问题，服务器重启维护和数据备份也是其重要的工作内容。案例中，因黑客入侵，以致酒店系统崩溃、数据遗失，因采取措施及时，未造成客户资料的泄露，但这仍属于酒店的重大问题。

【服务优化】

1.信息技术部门应根据实际情况，定期刻录酒店各系统数据的光盘备份。

2.信息技术部门应定期对酒店服务器进行维护，加固防火墙。

3.建议：各部门的重要文件等尽量保存在本地盘，保存在C盘遗失风险较大，且容易引起系统卡机等问题。

4.各部门员工勿使用酒店网络进入非正规网站，这样会极大加重安全隐患。信息技术部门也应加强对外网使用的管制，未经管理层批准，一律不予开通内网。

第七篇章　酒店设备与工程管理

案例 1　意外砸伤

【情景描述】

某工程部员工在下雨天清理室外排污井，掀开井盖时不小心砸伤脚背，造成脚面淤青肿大，影响工作。

【案例分析】

第一，下雨天室外路面易滑，存在较多安全隐患；第二，下雨天室外作业没有做好安全防护措施；雨天室外作业，天气恶劣，容易导致精力分散，存在很多安全隐患。

【服务优化】

1.加强雨天室外安全作业培训。

2.雨天室外作业须二人以上相互配合。

3.工程作业，要做好安全防护，穿戴好手套、安全鞋等。

案例 2　高配跳闸

【情景描述】

某酒店晚上 7 点 30 分左右在二楼中餐用餐区域忽然漆黑一片，3 分钟后恢复供电。经查是二楼强电井电箱钻孔施工安装电源互感器，铁屑掉入空开引起跳闸。

【案例分析】

首先，施工时间不对，酒店工程施工应该错开客用（营业高峰）时间；其次，负责工程跟进人员没有强调施工保护问题，施工过程保护措施不到位，因而引起跳闸事故。

【服务优化】

电路跳闸是工程小事，但对酒店而言尤其是在酒店营业时间发生，势必引起顾客恐慌与不安，影响他们消费情绪和满意度。所以万事求稳，不要存在侥幸心理，在工程施工过程中一定要考虑可能出现的危险。

案例3　水疗中心地漏常堵

【情景描述】

某酒店水疗中心二楼男宾泳池区地漏排水管经常性堵塞。

【案例分析】

客人淋浴时，常常不经意将地面的杂物与小石头掉进地漏里，甚至造成管内堵死无法疏通，必须到水疗中心停车场天花处的 PVC 排水管锯开，取出堵塞物，然后重新接管对接。若出现有车停至该处，则操作起来非常不方便。

【服务优化】

工程部培养员工时，应要求该区域部门人员清理时要将大物体清出，且不能随意将地漏过滤网取出。将水疗中心对应的停车场天花板上 PVC 排水管开口后做活节管处理，这样如再发生堵塞事件，操作快捷方便。

案例4　还是原配的好

【情景描述】

某酒店西厨在餐厅操作时，排烟风机电动机突然烧坏。

【案例分析】

酒店差不多每个季度末，西厨排烟风机电动机都会烧坏一台，工程部一直认为是排烟风机因长期满负荷而容易烧坏。后测量三相电流均为满载运行，检查其他项无异常，经认真反复思考研究，发现电动机传动轮型号不匹配，不是原出厂的，是被改换过的（稍大），排风量是增大了，电动机出力出功也相应增大，但设计原匹配的电机与电源线路规格参数一定，所以导致电机烧坏，长期下去还会影响加速线路老化，造成安全隐患。

【服务优化】

建议酒店建立设备档案，记录设备出厂参数。大型设备不要随意改变设备出厂规格与参数，要考虑综合因素，若不得不做出改换，得在危险可控的范围做出科学合理的改善，以提高效率与质量。

案例5　值班室停不住的蜂鸣声

【情景描述】

有一天，A酒店安装在强电值班室里的各区水箱的水位报警蜂鸣声响个不停。

【案例分析】

当酒店某个区水箱处于高水位时，强电值班室里的水位报警声就会响起。当班值班人员告知提醒机管人员，查看后发现前段时间水位暂降时，蜂鸣器一直在响，当班人员暂将水位继电器拔出取消报警声，过后却忘了还原复位，以致造成下一次报警失效，延误了第一时间排查处理。

【服务优化】

第一，要完善报警系统，增加消音功能；第二，强调值班人员勿将报警系统里的继电器随意拔出，做好交接确认工作；第三，故障未消除，延时后再次报警提示。

案例6　酒店洗衣房蒸汽利用及节能

【情景描述】

B酒店在年底财务核算时发现洗衣房的蒸汽锅炉年耗柴油为180吨，大大超过了同类酒店的能耗。所以，酒店工程部研究的重点在于如何做好管理上的提升，降低洗衣房蒸汽锅炉的年耗油量，节省酒店的经营成本，创造较好的经济效益，也降低工人的劳动强度。

【案例分析】

酒店日常的经营运作，能源费用是酒店的很大支出，一般占到酒店总收入的1/10，而洗衣房的能源费用又占到酒店总能源费用的 1/5。一般一个大型酒店的洗衣房的能源费用全年也要在 100 万元左右。

酒店洗衣房大型洗衣机中布草在洗涤时都需要加热。洗衣房的能源消耗主要集中于蒸汽机、烘干机、大烫机、水洗机、人像机、夹机等，几乎所有的机器均使用蒸汽，而且耗量也很大。一个中型酒店洗衣房每天的蒸汽用量也应该在 6 吨左右。

【服务优化】

为了降低能耗，让能源充分利用，我部申请改造完善设备，蒸汽热源技术回收，洗衣房设备蒸汽交换热量后通过疏水器变成高冷凝水，通过管道收集回到锅炉的储水箱，同时提高了水箱内水温度，节约了水和热能，也可重复利用。改造中，也对锅炉进行完善，更换加大热交换器，吸收更多天然燃烧热能。改造之前洗衣房的水电气能耗与改造之后对比，高效、经济、实用。

案例 7　油烟倒回的厨房

【情景描述】

某酒店厨房员工一段时间内经常出现油烟倒回的现象，报告工程部后管理人员检查发现，酒店厨房排油烟系统腐蚀、抽风功效低，存在一定的火灾隐患。

【案例分析】

酒店厨房排油烟不畅，往往都是由于长时间没有对油烟系统与风管道清洗，油污积聚堵塞。油烟风叶积油太多，影响风机正常运转，电机负荷重，发热，电线短路，烧毁电机。由厨房设备泥污所引发的火灾事故已经不胜枚举，所以不可掉以轻心。

【服务优化】

由专业的厨房油烟管道清洗公司，每年每季度对酒店厨房进行定期清洗保养排油烟系统。清洗工人先进管内对其铲除重油垢层，结合使用炉灶清洁剂、强效化油剂对其化油清洁，对排烟管道内进行全面除油处理后再做保养，使油烟气流畅通排出，同时形成保护膜，油渍污渍不易残留在表面。清洗内容包括：烟罩表面、烟罩内的灯罩、排风口、排烟口以及电机、灶台表面。如果是烟道硬连接，不但对风机、风柜、风箱、风道表面进行清洁，而且将风机、风柜、风箱净化品进行拆卸对其内部进行清洁。定期清洗保养排油烟系统,不仅快速畅通空气流通,排油烟效果好,也消除了火灾隐患。

案例8 断电风波

【情景描述】

客人来前台办理入住,投诉A酒店停车场停车闸无法开启,电梯没电无法上楼,也没有人提前通知他酒店断电,对房间没有电无法接受,客人在前台大吵大闹。值班经理安抚客人情绪,并向客人解释情况,以及对带来的不便表示歉意。经过和工程部确认,断电将于凌晨3点恢复,值班经理告知客人将在3点恢复供电,表示先带客人回房间休息,并且给客人提供两份免费早餐作为补偿。客人表示同意,但要求第二天要给个说法。随后值班经理从40楼员工梯(40楼也为该酒店大堂)带客人回房间休息。经过确认,客人是凌晨1点致电总机订房,并告知会预计两小时左右到达酒店,但总机并未提及断电事宜。2点14分,客人致电总机,表示停车闸无法开启,车无法驶入停车场,总机即刻通知了物业协助客人停车,随后客人到达一楼大堂,保安和礼宾的同事协助客人坐员工梯到40楼大堂办理入住。客人回房间后表示当天要给个说法,一定要相应的补偿。第二天值班经理将继续跟进并且给予客人相应的补偿,客人得到补偿之后表示不再追究。

【案例分析】

由于断电的因素客人无法进入酒店停车场停车,又因为此时已经是凌晨,因此给客人带来了不便,客人表示无法接受。在这一案例中,酒店总机在接到客人的预订之后未向客人提及当晚会停电的情况,没有让客人提前得知这个信息,没有任何心理准备,所以引起客人心情不悦。在遇到这种情况时,我们最先考虑到的应该是此时已经是凌晨,客人需要休息,应该尽快让客人入住。

【服务优化】

由于情况特殊,酒店服务人员乘坐员工电梯到达大堂办理入住。在得知停电情况下,酒店服务人员可以采取电子设备、电子灯等为客人带去喜出望外之感,体现酒店的"极尽努力"服务;同时,针对顾客提出的合理要求给予一定的补偿,减少顾客的不满,提升顾客的满意度。

案例 9　适时的维修

【情景描述】

9 月 11 日上午，工程部强电工章志强接到维修任务。当他走到西餐厅，准备对西餐冰箱展示柜内的照明灯进行维修时，发现冰箱展示柜旁有两位外国客人在用餐，并且在低声交谈，因冰箱展示柜内操作空间较小，且灯管四周用不锈钢支架固定，更换时会发出声响。为了不影响外国客人的用餐及交谈，章志强当即暂停操作离开，等到外国客人用完餐离开后，才到现场完成维修工作。

【案例分析】

酒店是一个由各个特殊功能的子系统组成的有机系统，其每个环节都相互作用、相互依赖。顾客对整个服务工作中的任何一项不满意，都会对整体的服务质量带来否定，这就是服务行业中常说的服务质量“100－1＝0”。即 100 个员工中如有 99 名员工都很尽职尽力，给客人比较优质的服务，仅 1 名员工工作中有失检点，或 100 个服务节点中 99 个干得都不错，仅 1 个节点没有达到规范要求，因此招致客人不悦，客人对该酒店的总体评价即是零。酒店服务无小事，用心方可成。

【服务优化】

该案例中章工看到客人在用餐，为了不影响客人用餐心情，待客人用完餐后才开始维修冰箱展示柜，而不是为了自己方便，忽略客人的感受。应将此案例作为员工服务细节培训的内容，推荐给其他部门和相关人员学习。

案例 10　停水维修的背后

【情景描述】

7 月 26 日，酒店设备机房内热水系统挠性管接头老化破裂漏水，经酒店领导同意，工程部于 14:00—15:00 组织紧急停水抢修。考虑到停水将会对酒店的经营造成一定影响，机修主管张文武和机修组的当班同事确定了一套在该漏水部分管先增加一套截止阀提前供水,边供水边进行维修的方案。经过充分的准备工作,班组同事在闷热的机房内赤膊上阵,26 分钟后恢复全酒店供水,将计划停水的时间缩短了一半,减少了给客人带来的不便。在不影响供水的情况下继续维修,15 点顺利完成了维修任务。在酒店生意繁忙的时间段迅速解决问题,避免了客人投诉。

【案例分析】

机修班组的同事能为客人着想,为了让客人及时用上热水,边供水边维修,将停水时间缩短了一半,用心为客人服务。

【服务优化】

酒店任何行为的发生首先要考虑的就是顾客的利益,真正体现“顾客就是上帝”的服务宗旨。该案例“边供水边维修的方案”应该作为员工内训的案例,推荐给相关部门及人员学习。